Werner Hübinger

Prekärer Wohlstand

Neue Befunde zu Armut und sozialer Ungleichheit

LAMBERTUS

Werner Hübinger

Prekärer Wohlstand

Neue Befunde zu Armut und sozialer Ungleichheit

Lambertus

Die Deutsche Bibliothek – CIP-Einheitsaufnahme

Hübinger, Werner:
Prekärer Wohlstand: neue Befunde zu Armut
und sozialer Ungleichheit / Werner Hübinger. –
Freiburg im Breisgau: Lambertus, 1996
ISBN 3-7841-0869-5

Umschlaggestaltung: Christa Berger, Solingen
Umschlagfoto: Uwe Stratmann, Wuppertal
Herstellung: Druckerei F. X. Stückle, Ettenheim
ISBN 3-7841-0869-5

Inhalt

Für
Pili und Daniel
meine Mutter
und Christel

Besonderer Dank an
Prof. Dr. Richard Hauser, Prof. Dr. Wolfgang Glatzer
und Privatdozent Dr. Lutz Leisering und vor allem Wolfgang Knoke

Vorwort

Armut ist in den Sozialwissenschaften zu einem vielbeachteten Thema geworden. Allem Anschein nach wird das soziologische Wissen über das Armutsproblem immer differenzierter, die öffentliche Diskussion hingegen wird nach wie vor von holzschnittartigen Argumenten beherrscht. Dabei wird die Existenz von Armut in der Wohlstandsgesellschaft in Frage gestellt; jedoch wird in keiner Untersuchung von Armut in der modernen Gesellschaft unterstellt, daß heutige Armutserscheinungen mit denen der vor- und frühindustriellen Gesellschaften oder der Armut in Entwicklungsländern gleichgesetzt werden können. Armut in der Wohlstandsgesellschaft hat einen anderen Charakter: sie definiert sich relativ zum vorhandenene Reichtum und wird in Lebenslagen sichtbar, die weit unterhalb des normalen Versorgungsstandards liegen.

Das vorliegende Buch nimmt eine Neubestimmung der Armut und des Wohlstands in der Bundesrepublik Deutschland vor. Armut stellt nur für eine Minderheit der Armen eine dauerhafte, verhärtete Lebenssitutation dar. Ein großer Teil der Armutsbevölkerung wechselt zwischen Armuts- und Wohlstandslagen; die unteren Wohlstandslagen stellen nicht gefestigten, sondern prekären Wohlstand dar, der durch Auf- und Abstiegsprozesse mit den Armutslagen verbunden ist. Vor allem vor dem Hintergrund der strukturellen Arbeitslosigkeit wird der prekäre Wohlstand eher ansteigen.

Die Armutsstudie geht aus einem interdisziplinären Arbeitszusammenhang an den Fachbereichen Gesellschaftswissenschaften und Wirtschaftswissenschaften an der Johann Wolfgang Goethe-Universität Frankfurt am Main hervor. Sie steht in enger Verbindung mit der großen Armutsuntersuchung der Caritas aus dem Jahr 1993. Insbesondere Wohlfahrtsverbände wie die Caritas definieren sich - nicht zuletzt auf Basis ihrer normativen Grundlagen - als Anwalt der sozial Schwächeren und versuchen insbesondere in den letzten Jahren deren Interessen in die Diskussion um den Abbau des Wohlfahrtsstaates einzubringen.

Eine moderne Gesellschaft braucht sozio-ökonomische Ungleichheit, nicht zuletzt, weil Leistungsanreize im Produktionsprozeß gesetzt werden müssen. Aber eine Gesellschaft, deren sozio-ökonomische Ungleichheit akzeptable Grenzen überschreitet, ruft soziale Spannungen und Folgeprobleme hervor. Die Herausforderung, ein angemessenes Maß an Ungleichheit zu finden, wird zunehmen, wenn prekärer Wohlstand für größer werdende Teile der Bevölkerung zu einer dauerhaften Lebenslage wird.

Frankfurt am Main, im Juni 1996

Wolfgang Glatzer, Richard Hauser

Einführung

1. Hauptfragestellungen und Ansatzpunkte: soziale Ungleichheit und Armut

In den letzten Jahren häufen sich die kritischen Einwände gegen die herkömmliche Sozialstrukturanalyse und die Analyse sozialer Ungleichheit. Mit einigen Stichworten lassen sich die Argumente dieser Kontroverse benennen: Individualisierung, Pluralisierung der Lebensstile, Zerfall der Klassen- und Schichtstrukturen, De-Institutionalisierung des Lebensverlaufs. „Alte“ Begrifflichkeiten zur Analyse der Sozialstruktur und sozialen Ungleichheit scheinen obsolet zu werden, hierzu zählen insbesondere Klasse, Klassenlage, soziale Schicht. „Neue“ Begrifflichkeiten tauchen auf oder erhalten größere Bedeutung: Soziale Lagen, Milieus, Lebensstile, Lebenslage (Hradil 1987; ders. 1992; Glatzer/Hübinger 1992; Klocke 1993; Vester u.a. 1993; Andretta 1991; Clemens 1994). Die Strukturierung der Gesellschaft in (wenige) Schichten und (wenige) Klassen, ebenso wie das traditionelle und dominante (männliche) Lebensverlaufsmuster, das sich in der Abfolge von Ausbildung, Erwerbstätigkeit und Einmünden in den Ruhestand manifestiert, weichen veränderten und vielfältigeren Mustern. Die abgegrenzten gesellschaftlichen Räume von Produktion und Reproduktion, von Arbeit und Freizeit, von Öffentlichkeit und Privatleben scheinen sich aufzulösen (Zapf u.a. 1987: 133). Die Tauglichkeit der bekannten Schichtabgrenzungen steht in Frage, weil sie weitgehend heterogene soziale Gruppierungen nur einer Kategorie - einer Schicht oder einer Klassenlage - zuordnen. Mit der Beobachtung der zeitlichen, biographischen Abfolgen sind soziale Zustandswechsel, sogenannte Ungleichheitsphasen (Berger 1990; Ludwig 1994; Buhr 1995; Leibfried u.a. 1995), entdeckt worden. Die Dauerhaftigkeit der Sozialformen, die lebenslange Zugehörigkeit zu einer bestimmten Schicht oder Klassenlage scheint nicht der Wirklichkeit zu entsprechen. In der Sozialstrukturdebatte wird konstatiert, daß sich schichtspezifische Denk- und Verhaltensmuster weitgehend aufgelöst haben (Hradil 1987: 8). Individualisierung habe zur Herauslösung der einzelnen aus historisch vorgegebenen Sozialformen und auch Bindungen geführt und geschichtlich gewachsene Sicherheiten hinsichtlich des Handlungswissens und leitender Normen obsolet gemacht (Beck 1986). Dennoch habe Individualisierung nicht zu einer allgemeinen

Zerstörung sozialer Solidaritäten geführt, sondern es seien neue Arten und Formen sozialer Einbindung entstanden und würden laufend hervorgebracht (Beck 1986: 206f.; Hondrich/Koch-Arzberger 1992). Die Kritik an herkömmlichen Sozialstrukturkategorien hält fest, daß die Sozialstruktur sich zunehmend weiter differenziert und die groben Schichtabgrenzungen nicht geeignet seien, die Vielfalt der Lebensbedingungen in einem vertikal abstufenden Modell zu erfassen. Um dem Objekt der vermeintlichen Heterogenisierung näherzukommen, sind in der allgemeinen Sozialstrukturanalyse die Konzepte der „sozialen Lage" und „sozialer Milieus" (neu-)entwickelt worden.

In die Diskussion um den Wandel der Sozialstruktur mischen sich seit einigen Jahren verstärkt Armutsforscher ein. Zwar nimmt die Armutsforschung innerhalb der Soziologie nur eine Randposition ein, dennoch zielen ihre neueren theoretischen Ansätze und empirischen Ergebnisse auf wichtige Themenstellungen der Sozialstrukturanalyse und Ungleichheitsforschung. Die Armutsforschung stellt fest, daß die Sozialstrukturanalyse sich fast ausschließlich auf die gesellschaftlichen Mittelschichten bezogen hat und das untere Segment der Ungleichheitsstruktur weitgehend aus der soziologischen Wahrnehmung und Analyse ausgeschlossen war (Leisering 1993b; Leibfried/Voges 1992b; Glatzer/Hübinger 1990). Der neueren Forschung über Armut scheint nun eine wichtige Rolle bei der Erforschung „sozialer Ungleichheit am Scheideweg zu institutionalisierter Exklusion (...) zuzukommen" (Leibfried/Voges 1992b: 10f.).

Folgt man der Feststellung, daß sich die Theorie ebenso wie die empirische Forschung zur sozialen Ungleichheit weitgehend aus der Soziologie verabschiedet und nicht zuletzt in der Armutsforschung ein neues Standbein errichtet hat (Mayer 1987: 373f.), dann muß zugleich resümiert werden, daß bis Anfang der 70er Jahre die Armut sozialwissenschaftlich nur selten behandelt wurde (Hauser/Neumann 1992). Eine Vielzahl verschiedener gesellschaftlicher Gruppierungen und Schichten sind nach dem Zweiten Weltkrieg Gegenstand der soziologischen Analyse gewesen, den Armen ist in diesen theoretischen Überlegungen und empirischen Untersuchungen aber nur selten Aufmerksamkeit zuteil geworden, was zur wissenschaftlichen Vernachlässigung eines wichtigen Spektrums der Gesellschaft führte (Ausnahmen sind insbesondere Münke 1956; Strang 1970). In den 70er Jahren begann eine Rethematisierung der Armut, zunächst in der Randgruppen- und Sozialarbeitsforschung (Iben 1971; Vaskovics/Weins 1979). Mit dem Aufwerfen der „Neuen Sozialen Frage" durch Heiner Geißler (1976) kam es in der Folgezeit zu einer Reihe von Arbeiten zur Einkommensarmut, die insbesondere durch im Rahmen des SPES-Pro-

jekts[1] arbeitende Sozialindikatorenforscher vorangetrieben wurden (Glatzer 1977; Klanberg 1978). In der zweiten Hälfte der 80er Jahre wurde vor allem deutlich, daß Armut in der Bundesrepublik ein beachtliches quantitatives Ausmaß angenommen hatte, das bis heute an sozialer Brisanz laufend zugenommen hat. Der Terminus der „Neuen Armut“ sollte diese Entwicklung charakterisieren (Balsen u.a. 1984).
Die großen empirischen Studien zur Armut in den 80er Jahren konzentrierten sich vor allem auf den Nachweis dieser Entwicklung und einer genaueren Beschreibung der Armutsbevölkerung (vgl. insbesondere Hauser u.a. 1981; Hartmann 1981; Krug/Rehm 1986). Ab Mitte der 80er Jahre rückten (bundesweit meist nicht repräsentative) Untersuchungen verstärkt die Ursachen und Folgewirkungen der Armut in den Mittelpunkt (insbesondere Strang 1985; Lompe 1987; ISG 1987; Priester/Klein 1992). In den 80er Jahren etablierte sich auch eine kommunale Armutsberichterstattung, die die Bedeutung von Arbeitslosigkeit und Wohnungsnot für Verarmungsprozesse in der breiten Öffentlichkeit herausstellte (vgl. zusammenfassend Hanesch 1992; Scherer 1992). Standen in den 70er und 80er Jahren vorrangig sozialstrukturell angelegte Analysen im Vordergrund, so zielen neuere Untersuchungen viel stärker auf die konkreten Lebensumstände der in Armut lebenden Menschen. In den letzten Jahren sind die Untersuchungsschwerpunkte der Armutsforschung in Deutschland erheblich ausgeweitet worden. Anfang der 90er Jahre haben die beiden großen Wohlfahrtsverbände, der Deutsche Caritasverband (Hauser/Hübinger 1993a; 1993b) und der Paritätische Wohlfahrtsverband (Hanesch u.a. 1994) großangelegte Armutsuntersuchungen vorgelegt. Durch diese beiden Studien liegen aktuelle und repräsentative Informationen über Umfang und Struktur der Armut in West- und Ostdeutschland vor.
Darüber, welche Lebensumstände mit der Armut einhergehen und welche sie verursacht haben, wird erst seit relativ kurzer Zeit intensiv geforscht. Das größere Interesse an qualitativen Forschungsansätzen hat das Analysespektrum zusätzlich bereichert. Nicht nur die objektiven Lebensumstände der Armen, sondern auch ihr persönlicher Umgang mit der Armutssituation, ihre persönliche Einschätzung und Bewertung der Situation sowie die Handlungschancen und Perspektiven zur Bewältigung der Armut geraten in das Blickfeld der Armutsforschung (Ludwig 1994). Die „dynamische Armutsforschung“ hat der Zeitdimension der Armut besondere Beachtung geschenkt (Buhr/Ludwig 1991; Leisering 1993a; Andreß 1994). Ein weiteres wichtiges

[1] Sozialpolitisches Entscheidungs- und Indikatorensystem für die Bundesrepublik Deutschland.

Ergebnis neuerer Armutsforschung ist der Nachweis der Heterogenität der Armutspopulation (insbesondere Krause/Schäuble 1988; Leisering/Zwick 1990; Hübinger 1991; Tobias/Boettner 1992). Das Konzept der „Lebenslage“ dient dazu, die Vielfalt der Erscheinungsformen von Armut angemessener zu erfassen und analysieren zu können (Hartmann 1992; Clemens 1994).

Faßt man die wichtigsten neueren Ergebnisse der Armutsforschung zusammen, dann konturiert sich langsam ein verändertes Bild der Armut in der modernen Gesellschaft. Armut muß nicht, wie es noch häufig kolportiert wird, als umfassende soziale Deprivation verstanden werden oder als soziale Lage, die sich durch Kumulation von Unterversorgung und psychosozialer Vernachlässigung auszeichnet. Die Ergebnisse vermitteln ein vielfältigeres Bild der Armut, als bisher angenommen wurde. Neue Einschätzungen gewinnt man hinsichtlich der individuellen Dauer der Armut, der konkreten Lebensumstände und der subjektiv-biographischen Bedeutung der erlebten Situation für die Betroffenen. Die Tatsache, daß sich die Armen nicht generell einer dauerhaft deprivierten und marginalisierten sozialen Unterschicht zurechnen lassen, wird als Heterogenisierung und Differenzierung der Armut beschrieben.

Bislang weitgehend vernachlässigt hat die Armutsforschung jedoch die Lebenslage unterer sozialer (Einkommens-)Schichten, die nicht als arm bezeichnet werden, oftmals aber ein hohes Risiko haben, in Armut abzudriften. Mit dem Ausstieg der Betroffenen aus der Armut verliert die Armutsforschung sozusagen ihre „Objekte“ aus dem Forschungsfokus. Dabei hängt eine mögliche Verbesserung der Lebenslage besonders davon ab, wie weit nach dem Ende der Armut der Aufstieg in die Einkommenshierarchie reicht. Vom Muster her offenbart sich daher in der Armutsforschung ebenso eine Verengung des Blickwinkels wie in der das Armutssegment vernachlässigenden Sozialstrukturforschung. Schaut die Ungleichheitsforschung zu einseitig auf die sozialen „Mittellagen“, so verengt sich der Blick der Armutsforschung auf das unterste Bevölkerungssegment und verkürzt dadurch auf diese Weise das Spektrum sozialer Ungleichheit. Gerade der empirische Zugriff auf die Zeitdimension sozialer Ungleichheit und Armut, auf die Einkommensmobilitätsprozesse, hätte den Blickwinkel der Armutsforschung ausweiten müssen. Es erscheint unzureichend, die Dauer des Verbleibs in Einkommensarmut auf der Grundlage neuerer Längsschnittdatensätze immer präziser berechnen zu können, ohne intensiver nachzuforschen, „wohin“ die Ausstiege aus der Armut führen und wie sich die Lebenslage der „Aussteiger“ im Zeitverlauf gestaltet. Der Ausstieg aus der Armut erscheint der Forschung immer noch als „Bruch“, als Verlassen einer mehr oder weniger deprivierten sozialen Lage. Zu bedenken gilt hierbei jedoch, daß bereits ein Einkommen von nur einer D-Mark über der Armutsgrenze genügt, um eine Person oder einen Haushalt nicht mehr als arm zu bezeichnen. Die Einkommensverteilungsforschung hat festgestellt, daß eine starke Häufung der Bevölkerung knapp oberhalb der Armutsgrenze, die bei 50% des gewichteten Netto-Haushaltseinkommens pro Kopf angesetzt ist, existiert. Es ist zu vermuten, daß sich die Lebenslage nicht kleiner Teile der Bevölkerung nur unwesentlich von der Lebenslage der Einkommensarmen selbst unterscheiden dürfte. Diese Frage empirisch aufzuhellen, hat sich die vorliegende Untersuchung zu einem ihrer Ziele gesetzt.

Die Diskussion über den Verbleib der Armut und der Fluktuation aus ihr heraus knüpft an die kontroverse Diskussion der aktuellen Sozialstrukturanalyse an. Wie lassen sich die Entwicklungstendenzen der Sozialstruktur beschreiben und auf den Begriff bringen? Bestimmt „Konsistenz“ und eine Tendenz zu mehr Rigidität sozialer Ungleichheiten oder aber „Differenzierung“ sowie eine Tendenz der Abschwächung sozialer Ungleichheiten, eine Auflösung von Klassen(-lagen) und rigiden Schichtabgrenzungen die Sozialstruktur (West-) Deutschlands? Die Debatte hierüber geht weiter, die vorliegende Untersuchung versteht sich auch als ein Versuch, in die Diskussion mit neuen empirischen Befunden einzugreifen. Diese Untersuchung rekurriert nur auf die Sozialstruktur Westdeutschlands. Der zugrunde liegende Datensatz beruht auf einer Befragung ausschließlich in Westdeutschland lebender Personen.

Die zentralen Fragestellungen dieser Untersuchung lauten: Wie gestalten sich die soziale Struktur und die Lebenslage der Menschen im unteren Bereich der Einkommenshierarchie, die aber nicht als einkommensarm gelten, im Vergleich mit den Einkommensarmen? Die nähere Betrachtung des unteren Einkommensbereichs und auch des gesamten Wohlstandsspektrums erweitert die bislang eingeengte Perspektive der Armutsforschung. Der Blick auf die relative Einkommensarmut wird also ergänzt durch die eingehende vergleichende Analyse der nichtarmen Einkommensschichten, d.h. des Wohlstandsspektrums. Dabei werden die Faktoren analysiert, die das Ausmaß der Armut und des Wohlstands beeinflussen. Es ist zu vermuten, daß materielle Unterversorgung und soziale Deprivation nicht nur auf die als relativ einkommensarm bezeichneten Bevölkerungsgruppen beschränkt sind. Unterversorgung und Mangelerscheinungen enden nicht an der relativen Armutsgrenze. Zu ermitteln, in welchem Ausmaß sie auf die Nichtarmen zutreffen, welche Einkommensgruppen von Deprivationen weitgehend geschützt sind, ist der Schwerpunkt der nachfolgenden empirischen Analyse. Die vorliegende Untersuchung versteht sich als Analyse sozialer Ungleichheit in einer gesellschaftlichen Problempopulation unter besonderer Berücksichtigung der Einkommensdisparität. Wie gestalten sich die Einkommens- und Lebenslagen in der ganzen (Einkommens-)Bandbreite zwischen Armut und Wohlstand? Das ist zentrale Leitfrage des empirischen Teils dieser Untersuchung.

2. Gang der Untersuchung

Die vorliegende Untersuchung gliedert sich in vier Teile. Im theoretischen Teil 1 werden in den Abschnitten 1.1. und 1.2. die wichtigsten Begriffe und Konzepte der Analyse sozialer Ungleichheit, wie Klasse und soziale Schicht, sowie die an ihnen geübte Kritik angesichts der Sozialstrukturentwicklung vorgestellt. Die aktuelle Sozialstrukturdebatte läßt sich in den einander entgegengesetzten Positionen der Konsistenzhypothese (Verkrustung sozialer Ungleichheiten) und der Differenzierungshypothese (Verflüssigung sozialer Ungleichheiten) zusammenfassen. Dabei wird eine neuere Sichtweise des gesellschaftlichen Modernisierungsprozesses in die Diskussion eingeführt, die den „paradoxen" Charakter gesellschaftlicher Modernisierung thematisiert. An diesen theoretischen Hintergrund wird in den resümierenden Abschnitten auf der Grundlage der empirischen Befunde im empirischen Teil 4 der Untersuchung wieder angeknüpft. Welchen Stellenwert die Armutsfrage in der Ungleichheitsforschung einnimmt und welche theoretischen und konzeptionellen Ansätze die Armutsforschung heute verfolgt, wird anschließend in Teil 1, Abschnitt 1.3. und 1.4. behandelt. Armut ist ein vieldeutiger Begriff und seine Operationalisierung wirft mannigfaltige Probleme auf. In Abschnitt 2. wird das terminologische und methodische Instrumentarium der Armutsforschung, wie es in Deutschland seine Anwendung findet, ausgebreitet, seine Bedeutung für die allgemeine Sozialstrukturanalyse herausgestellt und Erklärungskonzepte erläutert.
In Teil 2 werden die zentralen Begriffe und Variablen (die Faktoren) der empirischen Untersuchung definiert und operationalisiert. Vor dem Hintergrund verschiedener Verfahren der Messung der Armut wird durch die Festlegung eines bestimmten Bruchteils des gewichteten durchschnittlichen Netto-Haushaltseinkommens pro Kopf (soge-

nanntes durchschnittliches Äquivalenzeinkommen) eine relative Einkommensarmutsgrenze entwickelt. Sie wird jedoch im Sinne einer Verknüpfung des Ressourcenkonzepts mit dem Lebenslagenkonzept durch die Berücksichtigung der Wohnkosten modifiziert.
Teil 3 der vorliegenden Arbeit stellt die Grundgesamtheit, die Stichprobe und den institutionellen Rahmen der empirischen Untersuchung vor. Die Gegenüberstellung der Untersuchungspopulation mit der Bevölkerung Westdeutschlands in Abschnitt 3. anhand wichtiger sozialdemographischer Merkmale vermittelt erste Hinweise der besonderen Problembetroffenheit der Untersuchungspopulation. Als Auswertungsbasis liegt dieser Untersuchung der Caritas-Datensatz zugrunde. Dabei handelt es sich um eine repräsentative Klientenerhebung in Westdeutschland als zeitpunktbezogene Querschnittsbefragung bei Klienten der Einrichtungen der offenen Hilfe des Deutschen Caritasverbandes im Jahre 1991. Die Stichprobe von 2.807 Personen ist durch eine überproportionale Repräsentation der unteren sozialen Schichten charakterisiert. Deshalb sind Detailanalysen in einem Teilbereich des unteren Einkommensspektrums der Gesellschaft durchführbar, auf die wegen des Mangels an geeigneten Datensätzen sonst meist verzichtet werden muß.
Teil 4 enthält die Darstellung und Diskussion der empirischen Ergebnisse. Befunde zur sozialen Herkunft der Untersuchungspopulation (Abschnitt 2.) und zur Verbreitung der Armut anhand von globalen Armutsquoten (Abschnitt 3.) leiten den empirischen Teil der Untersuchung ein. Zum Kern der Untersuchung zählen die Abschnitte 4. und 5., die sich dem „Ausmaß“ der Armut und dem „Ausmaß“ des Wohlstands der Untersuchungspopulation widmen. Die Indikatoren „Armutslücke“ und „Armutsgrad“ einerseits sowie „Wohlstandsspanne“ und „Wohlstandsgrad“ andererseits zeigen an, in welchem Maße das Einkommen unterhalb oder oberhalb der Armutsgrenze liegt. Dies wird zunächst anhand globaler und differentieller Maße zum Ausmaß und zur Verteilung von Armut und Wohlstand auf Basis der Quintileneinteilung demonstriert. In ein- und mehrfaktoriellen Varianzanalysen sowie multiplen Vergleichstests wird der Einfluß der wichtigsten in Teil 2 entwickelten Variablen auf das Ausmaß von Armut und Wohlstand ermittelt. Durch Zusammenfassung der Haushalte der Untersuchungspersonen werden zehn verschiedene Teilgruppen - fünf gleich stark besetzte Armutsgruppen und fünf gleich stark besetzte Wohlstandsgruppen - gebildet, die sich nach dem Ausmaß ihrer Einkommensarmut bzw. ihres Wohlstands unterscheiden. Diese zehn Gruppen werden als Einkommenslagen (auch als Einkommensquintile) bezeichnet und als Armutslagen oder Wohlstandslagen spezifiziert.

Da das Armutsspektrum 46% der Befragten bzw. Haushalte umfaßt, sind zudem auch die Fallzahlen aller zehn Teilgruppen annähernd gleich groß, was zuverlässige Interquintilsvergleiche ermöglicht. Die Kennzeichnung aller Einkommenslagen durch ein Sozialprofil erlaubt Aussagen über Ähnlichkeit und Verschiedenheit der einzelnen Armuts- und Wohlstandslagen nach sozialen Merkmalen. Die Konstruktion von Lebenslagenprofilen zeigt schließlich den Anteil der Betroffenheit von Deprivationen in verschiedenen Lebensbereichen je nach Zugehörigkeit zu den einzelnen Einkommenslagen, was als Grundlage zur Beantwortung der zentralen Fragestellung dieser Untersuchung dient. In Abschnitt 6. werden Folgerungen und Konsequenzen aus der empirischen Analyse gezogen, zunächst für die Untersuchungspopulation, anschließend unter Berücksichtigung von Ergebnissen der Einkommensmobilitätsforschung für die Gesamtbevölkerung. Im Rückbezug auf die theoretische Debatte in Teil 1 werden im Abschnitt 7. die Ergebnisse dieser Untersuchung zusammengefaßt und Schlußfolgerungen für die Ungleichheits- und Armutsforschung in Deutschland gezogen.
Der hier entwickelte Ansatz stellt eine Ungleichheitsanalyse unter besonderer Berücksichtigung der Strukturen der Einkommenssituation in einer gesellschaftlich besonders benachteiligten Teilpopulation dar. Die Ergebnisse sind repräsentativ nur für die Caritas-Klienten im Bereich der offenen Hilfe, jedoch werden - soweit möglich - Verallgemeinerungen von Ergebnissen in bezug auf die Klientel aller Wohlfahrtsverbände oder die Gesamtbevölkerung unter bestimmten Bedingungen angestrebt.[2]

[2] Zum Problem der Repräsentativität der Caritas-Ergebnisse und der Hochrechnung der Stichprobe auf die Grundgesamtheit der während eines Monats die Caritas-Einrichtungen aufsuchenden Klienten siehe auch: Hauser/Hübinger 1993a, Teil II, Abschnitt 5 sowie Wiedenbeck (1993).

Teil 1
Ausgewählte Aspekte der Diskussion zur sozialen Ungleichheit und Armut in Westdeutschland

1. Soziale Ungleichheit in der modernen Gesellschaft

1.1. Strukturelle Differenzierung und soziale Ungleichheit

Eine hervorstechende Eigenschaft, die Soziologen der modernen Gesellschaft zuschreiben, ist die beschleunigte „strukturelle Differenzierung". Individuen, Gruppen und Organisationen spezialisieren sich zunehmend auf bestimmte Aufgaben, bleiben aber dennoch bzw. gerade deswegen miteinander verwoben. Das Individuum teilt mit fast niemandem sonst dieselben sozialen Beziehungen und doch ist Solidarität ein spezifisches soziales Bindemittel zwischen den Individuen (Hondrich/Koch-Arzberger 1992). Menschen unterscheiden sich immer mehr voneinander, gleichzeitig wächst jedoch auch die Abhängigkeit zwischen ihnen (van der Loo/van Reijen 1992: 81f.). Aber was unterscheidet in soziologischer Hinsicht die Menschen voneinander, wenn sie doch alle abhängig voneinander sind, insbesondere von der Arbeit der anderen? Eine Antwort liegt darin, daß „das Ergebnis menschlicher Zusammenarbeit (...) meist nicht zu gleichmäßiger Verteilung von Gütern, Macht und Prestige (führt)" (ebd.: 96). Im gesellschaftlichen Gesamtrahmen läßt sich dann von „sozialer Ungleichheit" sprechen, einer Schlüsselkategorie soziologischer Thematisierung der spezifischen Verteilung gesellschaftlich erzeugter Güter. „Soziale Ungleichheit" muß klar abgegrenzt werden von „individueller Ungleichheit" (Dahrendorf 1986: 336f.). Die Menschen unterscheiden sich durch persönliche Eigenschaften wie Aussehen, Charakterzüge usw. voneinander. Hinsichtlich solcher Merkmale werden sich immer Ungleichheiten ergeben, die aber soziologisch gesehen keine Rangunterschiede implizieren. Die individuellen Ungleichheiten betrachtet die Soziologie nicht, wenn sie die soziale Ungleichheit untersucht. Verschiedene soziale Positionen können zum einen hinsichtlich der Unterschiede in ihrer „Art", zum anderen im Hinblick auf die Unterschiede des „Ranges" betrachtet werden. Ohne Bezugnahme auf eine „Rangordnung" haben wir es mit „sozialer Differenzierung" zu tun. Wird jedoch eine Abstufung - eine Rangordnung - in die Betrachtung einbezogen, dann taucht das Phänomen der sozialen Ungleichheit auf. Weil soziale Positionen innerhalb einer Gesellschaft Ungleichheiten ihres Ranges implizieren, läßt sich die Gesellschaft als ein System der sozialen Schichtung abbilden. Eine Definition sozialer Ungleichheit hat Hans Paul Bahrdt (1984: 132f.) gegeben:

„'Soziale Ungleichheit' heißt, daß die Chancen der Individuen, ihre jeweiligen Bedürfnisse zu befriedigen, ungleich verteilt sind. Insbesondere handelt es sich um Ungleichheiten in den Chancen, 1. sich mit Gütern zu versorgen, 2. wichtige Informationen zu gewinnen und 3. das Handeln anderer Menschen gegebenenfalls auch gegen deren Widerstand zu beeinflussen."

Der Autor fährt fort (ebd.: 133), daß die ökonomischen Chancen wie auch die Informations- und Machtchancen meist in vielfältiger Wechselbeziehung zueinander stünden und nur analytisch aus den komplexen Bündeln herauszulösen seien.
Wenn auch in modernen Gesellschaften ein bestimmtes Maß an „funktioneller" Ungleichheit für ihr erfolgreiches Bestehen als unvermeidlich angesehen wird, so ist soziale Ungleichheit jedoch „schärfstem Legitimationsdruck" auszusetzen und bei „unzureichender Rechtfertigung anzufechten" (Wehler 1989a: 16f.).[1] Zwar prägt die lebenslange Zuweisung einer gesellschaftlichen Position, die Unmöglichkeit, irgendwann einmal ein Mehr an Gütern, Macht oder Prestige zu erlangen, nicht mehr die soziale Realität in den fortgeschrittenen europäischen Gesellschaften.[2] Das heißt aber dennoch nicht, daß in den modernen Gesellschaften soziale Ungleichheit beseitigt wäre. Hans van der Loo und Willem van Reijen (1992: 98) betonen daher: „Noch immer ist die Position im Stratifizierungssystem für den Einzelnen und dessen oder deren gesellschaftliche Chancen bestimmend. Wohnen, Arbeiten, Studieren, Reisen - um nur einige Aktivitäten zu nennen - werden in ihren konkreten Erscheinungsformen mitbestimmt durch die Position, die man auf der gesellschaftlichen Stufenleiter einnimmt."

---

1 Mit dieser Sicht äußert der Historiker Hans-Ulrich Wehler „seine erkenntnisleitenden Interessen" bei der Abfassung seiner umfassenden „Deutschen Gesellschaftsgeschichte", deren ersten drei Teile vorliegen. Sie können auch in weiten Kreisen innerhalb der Soziologie als konsensfähige Stellungnahme bezüglich der sozialen Ungleichheit angesehen werden, besonders wie auch seine These (1989a: 17), daß „Ausgleich, nicht die völlige Aufhebung struktureller sozialer Ungleichheit (...) als ein Langzeitproblem auch der künftigen deutschen Politik verstanden" wird.

2 Gesellschaften mit rigidem Ungleichheitssystem gibt es weiterhin auf der Erde. Zu denken ist an die indische Gesellschaft, die in weiten Bereichen auch heute keine soziale Durchlässigkeit kennt. Einer „Kaste" zugehörig sein bedeutet, dies ein Leben lang zu sein. Ein „Aufstieg" ist höchstens auf dem Wege der „Seelenwanderung" möglich, als Lohn für gemäßes Leben; umgekehrt freilich ist auch ein Abstieg möglich.

In der Soziologie haben sich eine Reihe von „Typenbegriffe(n) für Formierungen sozialer Ungleichheit" (Bahrdt 1984: 130) herausgebildet. Die wichtigsten sind Klasse und Schicht. Ihr Nutzen für die Sozialstrukturanalyse ist in den letzten Jahren zunehmend in Frage gestellt worden. Bevor auf die kritischen Stellungnahmen eingegangen wird, sollen die beiden klassischen Begriffe „Klasse" und „Schicht" näher erläutert werden.

1.2. Die Sozialstruktur-Debatte: Verflüssigung oder Verkrustung sozialer Ungleichheiten

1.2.1. Die klassischen Sozialstrukturkategorien „Klasse" und „Schicht" zur Analyse sozialer Ungleichheit

Der Begriff der Klasse ist untrennbar mit den Namen Karl Marx und Max Weber verbunden. Die moderne Sozialstrukturforschung nimmt immer wieder Bezug auf ihre Klassenbegriffe, hat aber gleichwohl verschiedene Spielarten des Klassenbegriffs entwickelt (vgl. hierzu Strasser 1987). Nach Marx ist es die Produktionssphäre, der Besitz oder Nichtbesitz von Produktionsmitteln, die ungleiche Lebensverhältnisse und Einflußchancen erzeugen. Marx sah eine im historischen Verlauf sich zuspitzende Verschärfung der Klassengegensätze, was zu einer Formierung der Gesellschaft in ausschließlich zwei Lager führen werde. Der Klassenbegriff von Marx ist nicht lediglich ein Strukturbegriff, sondern er verbindet theoretisch sozio-ökonomische (wirtschaftliche Struktur, Lebensbedingungen), sozio-kulturelle (Bewußtseinsformen) sowie sozio-politische (Aktionsformen, Klassenhandeln) Dimensionen (Hradil 1987: 60f.). Mit der Klassenzugehörigkeit verknüpfen sich nicht nur ungleiche Lebensbedingungen, sondern auch gegensätzliche gesellschaftliche und soziale Interessen. Durch Identifikation der einzelnen mit der eigenen Klasse entsteht nicht nur ein Bewußtsein der Zugehörigkeit, sondern auch ein „Wir-Handeln" (Bahrdt 1984: 136f.), das sich am „gesellschaftlichen Antagonismus" orientiert. Dieser Antagonismus beschreibt zwei „polar miteinander verknüpfte soziale Wirklichkeiten" (Brock 1994: 66), der Klassenbegriff nach Marx beschreibt „eine nicht mehr durch eine einheitliche Ordnung integrierte Gesellschaft" (ebd.). Anhand des Klassenbegriffs von Marx läßt sich aber die moderne soziale Wirklichkeit nicht beschreiben. Dieser Begriff trifft die Situation der frühen Industriegesellschaft des 19. Jahrhunderts. Die „Abkehr" von dem antagonistischen Klassenbegriff geht auf Max Weber zurück.

Auch Max Webers Klassenkonzept rekurriert auf das wirtschaftliche Kriterium, aber anders als Marx, der von „materialistisch-strukturtheoretischen Prämissen“ (Hradil 1987: 61) ausgeht, geht Weber handlungstheoretisch vor und nutzt die gesellschaftlichen Erfahrungen, die sich durch fortschreitende Differenzierung der Arbeiterschaft und auch der staatlichen Sozialpolitik herausbilden. Die von ihm unterschiedenen Besitzklassen und Erwerbsklassen, die sich gemäß der Herkunft ihrer Einkünfte (aus Besitz oder Erwerb) unterscheiden, gliedert Weber in verschiedene Klassenlagen auf, die sich je nach der Art des Besitzes (zum Beispiel Boden, Wertpapiere) oder der Leistungen (zum Beispiel Qualifikationen) ergeben. Weber gelangt schließlich zu vier verschiedenen „sozialen Klassen“: die Eigentümer an Produktionsmitteln, die administrativen Fachkräfte[3], das Kleinbürgertum, worunter kleine Gewerbetreibende und Freiberufler zählen, sowie die Arbeiterschaft. Ein wichtiges Unterscheidungsmerkmal der Klassentheorie von Weber gegenüber der von Marx liegt in der Beurteilung des gesellschaftlichen Entwicklungsprozesses. Nicht die von Marx prophezeite allmähliche Dualisierung der Gesellschaft in zwei sich feindlich gegenüberstehende Großgruppen sah Max Weber voraus, sondern die weitere Ausdifferenzierung der sozialen Klassen in verschiedene Klassen, Stände und Parteien (Hradil 1987: 63; van der Loo/van Reijen 1992: 103f.).
Verschiedene Forscher haben in den letzten Jahren differenzierte Klassen-(lagen-)Analysen durchgeführt (zum Beispiel Bourdieu 1982 und Giddens 1988). Ein Beispiel in der Bundesrepublik Deutschland sind Handl u.a. (1977). Bei ihnen beschreiben unterschiedliche Klassenlagen Ungleichheiten an Lebenschancen, die durch schulische und berufliche Ausbildung vorgezeichnet sind. Durch eine beachtliche Streuung der Haushaltseinkommen kommt es nicht nur zu „Einkommensdifferenzen“ innerhalb der Klassenlagen, sondern auch zu „Einkommensüberlappungen“ zwischen den Klassenlagen. Unter „sozialer Lage“ verstehen die Autoren eine Ausdifferenzierung innerhalb von Klassenlagen in Bevölkerungsgruppen mit gleicher Einkommenslage (Handl u.a. 1977: 45f.). Der Ausdifferenzierung von Klassen in verschiedene sozio-ökonomische Teilgruppen wird auch in anderen Untersuchungen Rechnung getragen (Krysmanski 1982; ders. 1989). Moderne Klassenmodelle sind durchaus geeignet, die sozio-ökonomische Struktur der Gesellschaft zu gliedern, wenn auch eher großflächig. Sie beschreiben zentrale Strukturierungsprinzipien moderner kapitalisti-

[3] Heute würden hierunter die Manager in Politik und Wirtschaft zu rechnen sein.

scher Gesellschaften. Entwickelte kapitalistische Gesellschaften differenzieren sich also nicht nur in zwei Klassen aus, sondern es entstehen verschiedene Klassenlagen, worauf bereits Max Weber ausführlich hingewiesen hat. Grenzlinien verlaufen nicht mehr nur zwischen den Klassen, sondern auch innerhalb derselben.

Einem weiteren in der empirischen Forschung häufig verwendetem Konzept zur Charakterisierung sozialer Ungleichheit liegt der Schichtbegriff zugrunde. Eine soziale Schicht bezeichnet einen Bevölkerungsteil, der unter weitgehend gleichartigen Lebensbedingungen lebt. Ein Schichtgefüge ergibt sich folglich aus einer Anzahl von mehr oder weniger privilegierten Bevölkerungsgruppen, die sich in eine vertikale Anordnung bringen lassen. Innerhalb jeder Gruppe verfügen die Mitglieder über dauerhafte Lebenschancen in einem ähnlichen Grad und in ähnlicher Art. Soziale Schichten implizieren daher erkennbare und auch erfahrbare Grenzen zwischen den Bevölkerungsteilen (Bahrdt 1984: 133). Die besondere soziale Situation jeder sozialen Schicht macht sie untereinander abgrenzbar.

Der Schichtbegriff zielte ursprünglich nicht ausschließlich auf sozioökonomische Kriterien. Stefan Hradil (1987: 84) macht „nicht-ökonomische Aspekte“ in Schichtkonzepten besonders im Ständebegriff von Max Weber und in Warners Schichtkonzept aus, in welchen die sozio-kulturellen Momente gegenüber den später dominant werdenden ökonomischen eine zentrale Rolle spielten. Die neueren Schichtuntersuchungen operieren meist nicht nur mit einem Ungleichheits-Kriterium (eine Dimension), sondern sie sind weitgehend mehrdimensional angelegt. Die wichtigsten Dimensionen sind Bildung, Beruf, Einkommen und Macht[4]. Sie lassen sich auch als „Handlungsressourcen“ auffassen, „weil sie im Maße ihrer Verfügbarkeit individuelles Handeln ermöglichen“ (ebd.: 85). Die drei zentralen Dimensionen der Ungleichheitsforschung - Bildung, Beruf und Einkommen - sind in einer Marktgesellschaft mit fest verankertem Leistungsprinzip die entscheidenden Elemente der Statuszuweisung; sie prägen das soziale Ansehen eines Menschen, was Kreckel (1992) „die meritorische Triade“ genannt hat. Idealerweise vollzieht sich der soziale Statuszuweisungsprozeß demnach über Bildungsqualifikationen und dadurch erreichbare berufliche Positionen. Davon wiederum hängen die Einkommenschancen und der Rangplatz ab, den ein Individuum in der Schich-

---

[4] Hradil (1987: 88) bemerkt, daß die Machtdimension in empirischen Schichtstudien meist entfällt, weil sie erhebliche Schwierigkeiten hinsichtlich einer vertikalen Anordnung mache.

tungshierachie einnimmt. Alle Elemente zusammen prägen das soziale Ansehen - das Sozialprestige - eines Individuums.
Die schichtspezifischen Teilkulturen beruhen nicht ausschließlich, aber in hohem Maße auf Bildung, d.h. „dem Erwerb von Bildungsgütern" und auf Ausbildung, d.h. dem „Erwerb von verwertbaren Qualifikationen" (Bahrdt 1984: 143f.). Von der Allgemeinbildung und den besonderen Qualifikationen hängt es nach Bahrdt entscheidend ab, welche Berufsposition erreicht wird und welcher Schicht man angehört. Nach Bahrdt sind soziale Schichten dauerhafte Gebilde. Die Schichten zugehörenden Menschen bilden „komplexe Interaktionszusammenhänge und verfestigte Orientierungsmuster aus" (Bahrdt 1984: 133). Innerhalb der Schichten entstehen „soziale Binnenräume", aus denen heraus gegenseitige Verhaltenserwartungen erwachsen. Die „Ranggleichen" ähneln sich hinsichtlich verschiedener Merkmale und Chancen. „In aller Regel" kommt es zu „schichtspezifischen Teilkulturen", was zur Herausbildung „spezifischer Normen, Bräuche und Interpretationsmuster für die Deutung der Wirklichkeit" führt (ebd.: 134). Über die Familie werden Erfahrungen und ebendiese Normen und Deutungsmuster an die nachfolgende Generation weitervermittelt, wodurch sie zur „Reproduktion der Schichten" beiträgt.
Ein zentrales gemeinsames Merkmal von Klasse und Schicht ist ihre Dauerhaftigkeit. Die Heranziehung dieser beiden „Typenbegriffe" sozialer Ungleichheit trägt dem Bild einer Gesellschaft Rechnung, die durch soziale Gebilde geprägt ist, der die Menschen langfristig - nicht selten über Generationen hinweg - angehören.

1.2.2. Die Kritik an den klassischen Sozialstrukturkategorien vor dem Hintergrund gesellschaftlicher Modernisierung

Kritik an Klassen- und Schichtkonzepten wird neuerdings vor allem unter Berufung auf die sich besonders in den letzten rund 25 Jahren stark veränderten Lebensbedingungen formuliert (vgl. insbesondere Beck 1986: 115-120; Zapf u.a. 1987: 18-30). Genannt werden hier die Verkleinerung der Haushaltsgrößen, die Entwicklung der Frauenerwerbstätigkeit, die Erhöhung des Lebensstandards und der Lebenserwartung, die Bildungsexpansion, die Verkürzung der Arbeitszeit sowie der langfristige Ausbau des Sozialstaats. Diese gesellschaftlichen Trends haben die Lebensbedingungen und die individuellen Wahlmöglichkeiten, aber auch Entscheidungsnotwendigkeiten der Menschen in verschiedenen Lebensbereichen weitreichenden Veränderungen unterworfen. Dabei sollen sich, folgt man Wolfgang Zapf u.a.

(1987: 28), die Differenzen zwischen den sozialen Gruppen infolge der Trends im langfristigen Zeitvergleich einander angenähert haben. Folgt man den Kritikern, so tragen insbesondere seit den 60er Jahren wohlfahrtsstaatliche und sozialkulturelle Prozesse und Maßnahmen zunehmend zur Ausgestaltung der Lebensbedingungen bei. Weitreichende Veränderungen von Arbeits- und Lebensorientierungen[5], im Bereich von Ehe und Familie[6], neue Zeitorientierungen[7] und auch die Veränderung der Identitätsstruktur vollziehen sich nach Rainer Zoll (1993: 142) in der „Lebenswelt“ und folglich nicht in der Arbeitswelt. Dieser Wandlungsprozeß wirkt aber auf die wirtschaftliche Sphäre zurück und sorgt dort für zunehmende Veränderungen (ebd. S. 157f.). Die berufliche Sphäre tritt in ihrer sozialen Bedeutung zumindest relativ zurück. Das „Ende“ der kulturellen Basis der Klassengesellschaft, deren Entstehung ins frühe 19. Jahrhundert hineinreicht, wird belegt mit der Auflösung der klassengeprägten Sozialmilieus und der alten Lebenswelt der Arbeiterkultur, die durch besondere Organisationen und Solidaritäten, Mentalitäten und Verhaltensweisen geprägt waren (Mooser 1983; Beck 1983; ders. 1994).

Eine Abkehr vom traditionellen Bild von moderner Gesellschaft vertreten auch Wolfgang Zapf und seine Mitarbeiter: „Die klare Strukturierung der Gesellschaft in Schichten und Klassen, die klare Gliederung des Lebenslaufs in Ausbildung, Erwerbstätigkeit und Ruhestand (...) werden durch vielfältigere Muster ersetzt“ (Zapf u.a. 1987: 133). Zudem wird festgehalten, daß „die Sozialstruktur differenzierter und 'flüssiger'“ werde. Hier setzen die Autoren auch ihre Pluralisierungsthese an. Zwar bezieht sich diese These auf die Pluralisierung der Konsumstile, das Muster der Pluralisierung kann aber auch auf andere Bereiche wie Familienformen und Erwerbsarbeitsformen übertragen

---

5 Zoll (1993: 95-97) beschreibt dies als Übergang von der Arbeitsorientierung zur „Lebensorientierung“, wobei erstere ihre zentrale Bedeutung für die Lebenspraxis der Menschen verlöre: „das Leben hat nicht den Sinn, den ihm die Lohnarbeit im Rahmen einer bestimmten Ethik gibt, sondern nur den, den ihm das Individuum gibt“ (ebd.: 96).

6 „Der Motor dieses Moments der kulturellen Veränderungsbewegung sind eindeutig die Frauen“ (Zoll 1993: 102). Vgl. hierzu auch Hondrich/ Koch-Arzberger (1992: 72-79), die die Frauen in der „fordernden“ Rolle für grundlegende Veränderungen in den Familien- und Ehebeziehungen sehen.

7 Im Hinblick auf die Lebenszeit stellt der Autor fest: „An die Stelle der Kontinuität und Rigidität der Normalbiographie tritt eine neue Variabilität, treten Brüche, Moratorien und Neuanfänge“ (ebd.: 114). Vergleiche hierzu auch: Beck/Beck-Gernsheim (1990: 11-19).

werden. Sie bezeichnet folglich die Vervielfältigung individueller und familiärer Lebensweisen[8]. Hondrich (1992: 153) spricht von der „Verwandlung der Klassen in Mittelstandsmilieus" als einem „säkularen Trend".

Die Lebensbedingungen werden nicht mehr nur von der wirtschaftlichen Stellung (wie Beruf und Einkommen) beeinflußt gesehen. Sozial relevant werden „neue" Dimensionen sozialer Ungleichheit (Hradil 1987: 29-39). Zu diesen Dimensionen zählen die Arbeits- und Freizeitbedingungen, die Wohn- und Wohnumweltbedingungen, die soziale Sicherheit sowie sogenannte Ungleichbehandlungen, die in Beziehungen zwischen Menschen zustandekommen (wie Vorurteile, Diskriminierungen und Stigmatisierungen). Nicht selten sind es askriptive Merkmale, die den Prozeß der Statuszuweisung beeinflussen. Hradil (ebd.: 40-46) nennt „neue Zuweisungsmerkmale sozialer Ungleichheit": Geschlecht, Wohnort, Familienverhältnisse, Alter, Kohortenzugehörigkeit und Nationalität. Resümierend kommen Hradil wie auch Zapf und seine Mitarbeiter zum Ergebnis, daß das System sozialer Ungleichheit zunehmend komplexer wird und seine Struktur sich weiter ausdifferenziert, was auch das begriffliche und methodische Instrumentarium zur Erfassung der veränderten Wirklichkeit nicht unberührt lassen kann. Das System der sozialen Ungleichheit erzeugt und reproduziert sich folglich in komplexen sozialen Prozessen, wobei politisch-administrative Interventionen und sozial-kulturelle Vermittlungsprozesse gegenüber den wirtschaftlichen Prozessen zunehmend wirkungsvoller werden.

Der beschriebene sozialstrukturelle und kulturelle Wandel mache herkömmliche Sozialstrukturbegriffe zunehmend defizitär, so die Argumentation der Differenzierungstheoretiker. Soziale Ungleichheit ist auf Basis der drei zentralen Dimensionen Bildung, Beruf und Einkommen nicht mehr angemessen zu erfassen und durch eine soziale Schichtung zu beschreiben. Kritik wird auch wegen des spezifischen konzeptionellen Zugriffs auf das Phänomen sozialer Ungleichheit in „klassischen" Schichtansätzen laut. Die auf das Erwerbssystem zentrierten Dimensionen erfassten lediglich die erwerbstätige Bevölkerung und ordneten die Familienmitglieder der Stellung der Erwerbstä-

---

[8] Operational formuliert lautet die Pluralisierungsthese: „Abnehmende Unterschiede zwischen den sozialen Gruppen bei gleichbleibender oder sogar sinkender Varianz innerhalb der sozialen Gruppen würde eine Nivellierung sozialer Unterschiede bedeuten. Nur wenn die Varianz innerhalb der Gruppen größer wird, liegt eine Pluralisierung (...) vor" (Zapf u.a. 1987: 28). „Unterschiede" können sich auf verschiedene Merkmale beziehen, zum Beispiel Lebensformen, Konsummuster oder Lebensstile.

tigen zu. So zielt das Schichtmodell in erster Linie auf sogenannte Normalfamilien (bestehend aus einer berufstätigen Person, nichterwerbstätigem Partner und den Kindern), um etwaige Zuordnungsprobleme zu umgehen. Neben die „Ökonomisierung" trete auch eine „Objektivierung" des Schichtkonzepts, was sich darin zeige, daß die Individuen bloß als Träger der Schichtkriterien („Merkmalsträger") aufgefaßt werden, deren Mentalitäten und Verhaltensweisen (im Sinne einer Ursache-Wirkungsbeziehung) aus den objektiven Merkmalen abgeleitet würden (Hradil 1987: 84f.). Für Hradil sind die „klassischen" Klassen- und Schichtmodelle nicht mehr in der Lage, die neuen Differenzierungen der Sozialstruktur sowohl theoretisch als auch empirisch angemessen zu erfassen.
Ein alternatives Konzept sieht Stefan Hradil in den „Sozialen Lagen". Dieses handlungstheoretisch ausgelegte Modell bezeichnet „typische Kontexte von Handlungsbedingungen, die vergleichsweise gute oder schlechte Chancen zur Befriedigung allgemein anerkannter Bedürfnisse gewähren" (Hradil 1987: 153). Dabei wird zwischen „speziellen" und „allgemeinen" Sozialen Lagen unterschieden. Erstere enthalten besondere Lebensbedingungen bestimmter Gruppen (wie zum Beispiel die der Obdachlosen); letztere teilen die gesamte Bevölkerung in Soziale Lagen ein. Dieses Konzept strebt an, alle Erscheinungsformen sozialer Ungleichheit einzufangen: alle Dimensionen, Verteilungsmodi und Ursachenfelder (ebd.: 157f.). Da eine Soziale Lage „weitgehend homogene Handlungssituationen" umschließt, sollen auch aussagekräftigere Verhaltenserklärungen, als dies durch die „alten" Schichtkonzepte geschehen kann, möglich sein. Dem Begriff „Soziale Lagen" haben sich auch andere Forscher angenommen. Bei Zapf u.a. (1989) sind „soziale Lagen" durch Erwerbsstatus, Geschlecht und Alter gebildet worden, die sich durch objektive, d.h. beobachtbare Ressourcen wie zum Beispiel Einkommen und erfragte Bewertungen zur subjektiven Wohlfahrt wie Lebenszufriedenheit, Sorgen um wirtschaftliche Zukunft auszeichnen. Wegen der großen Einstellungs- und Handlungsunterschiede innerhalb einer sozialen Lage definieren diese lediglich den „Rahmen der Ressourcen und Zugangschancen der in ihnen zusammengefaßten Personen und Haushalte, nicht mehr ihre Nutzung dieser Möglichkeiten" (Zapf u.a. 1989: 511-513).[9] Bei Noll und Schuster (1992: 536) grenzen sich soziale Lagen durch ungleiche Lebensbedingungen ab, daher seien sie als „Handlungskontexte" aufzufassen, die unterschiedliche Chancen der Lebensgestaltung ermögli-

[9] Dennoch zeigt die empirische Analyse, daß die Arbeiterschaft sich deutlich von anderen Schichten abhebt, was ein Indiz für Schichtspezifik ist.

chen. Bei der Operationalisierung „sozialer Lagen" beschränken sie sich aber auf die klassischen Dimensionen der Bildung, des Berufs (beruflicher und außerberuflicher Status) und des Einkommens. Durch den Indikator der „subjektiven Schichteinstufung" schließen die Autoren auf die Milieuzugehörigkeit. Auch Hradil (1987: 158-162) nutzt den Milieubegriff; zur Bestimmung von Milieus rekurriert der Autor dabei auf „subjektive" Faktoren, wie Einstellungen oder Lebensplanung.[10]

1.2.3. Gegenpositionen zur Kritik an herkömmlichen Sozialstrukturkategorien

Die Gegenkritik verweist auf die weiterhin und mit unverminderter Prägekraft wirkenden (klassischen) Schichtungskriterien wie Bildung, Beruf, Einkommen und soziale Herkunft. Eine Schichtungshierarchie existiere noch immer, was sich anhand verschiedener Merkmale, die ungleiche Lebenschancen und Befriedigungsmöglichkeiten anzeigen, nachweisen lasse. Besonders prononciert haben sich Hans Bertram und Karl Ulrich Mayer gegen den „Abschied" von Schichten und Klassen und die Entstrukturierungsannahme in der neueren soziologischen Diskussion gestellt.[11] Die Autoren wehren sich gegen die „Annahme einer „Verflüssigung sozialer Strukturen" (Bertram 1991: 653) und gegen die Annahme „einer Ablösung beziehungsweise Abschwächung von Klassenstrukturen und Schichtungstendenzen einerseits und von einer zunehmenden De-Institutionalisierung von Lebensverläufen im Sinne einer geringeren gesellschaftlichen Prägung und Steuerung" andererseits (Mayer 1991: 681). Hans Bertram weist die nach wie vor hohe Prägekraft der väterlichen Bildung für die Bildungsabschlüsse der Kinder nach, ebenso den engen Zusammenhang zwischen Einkommensdifferenzen und Berufspositionen; er belegt schichtspezifisches Partnerwahlverhalten und die Abhängigkeit der Lebensformen von der Schulbildung. Karl Ulrich Mayer (1991) dokumentiert eine kohorten-

---

[10] Der Milieubegriff wird auch bei Hradil (1987: 158-170) ausführlich behandelt und gehört zu seinem Instrumentarium für eine Erneuerung der Sozialstrukturanalyse. Eine aufwendige empirische Studie zu sozialen Milieus hat eine Forschergruppe kürzlich vorgelegt (Vester u.a. 1993). Auf den Milieubegriff soll hier aber nicht näher eingegangen werden.

[11] Kurz und prägnant haben die Autoren ihre Positionen auf dem 25. Deutschen Soziologentag in Frankfurt am Main 1990 im Plenum 9 „Wandel der Lebensführung und der Lebensformen" vorgetragen (Zapf 1991: 633-687). Siehe hierzu auch den Einführungsbeitrag von Rosemarie Nave-Herz (1991: 633-635).

spezifisch gesehen zunehmende Ungleichheit bei der Verteilung der Ungleichheitsdimension Bildung, einen im Zuge der Bildungsexpansion in den 60er Jahren sich verstärkenden Einfluß der sozialen Herkunft auf das erreichte Bildungsniveau insbesondere bei Männern. Die „Chancenungleichheit“ bei Frauen nach sozialer Herkunft bezogen auf die (schulische und berufliche) Ausbildung habe zwar abgenommen, so daß für Frauen daher „der Zugang zu Bildung sozial offener geworden“ ist (ebd.: 676). Jedoch hat sich bei der Betrachtung von drei Kohorten der Herkunftseffekt beim Berufszugang verstärkt, wodurch die vermehrten Chancen bei der Ausbildung wieder konterkariert wurden. Die Ungleichheitsdimension „soziale Herkunft“ zeigt ihre weitreichende Wirkung auch bei Familienbildungsprozessen. Beobachtbare Veränderungen im Heirats- und Fertilitätsverhalten resultieren nicht aus schichtübergreifenden Verhaltensänderungen, sondern folgen der Logik von Kompositionseffekten. Das heißt, es wandelt sich nicht das Verhalten innerhalb von sozialen Gruppen, sondern, was zum Vorschein kommt, ist vielmehr Ausdruck einer im Zeitablauf sich verändernden relativen Größe der Bildungsgruppen innerhalb der Gesamtgesellschaft. Angehörige gleicher Bildungsschichten verhalten sich weiterhin in gewohnten Mustern. Mayer (1991: 684) folgert sogar, daß die aus den empirischen Untersuchungen erkennbaren Tendenzen „einer stärkeren Verkrustung und Rigidität sozialer Ungleichheiten eher noch zunehmen werden“.

Ein weiterer Beleg für die Konstanz der Struktur sozialer Ungleichheit läßt sich aus einer aktuellen Untersuchung zur Einkommensungleichheit entnehmen (Hauser/Becker 1994). Ein in der empirischen sozialpolitischen Forschung verwendeter Indikator zur Messung von Einkommensungleichheit ist die prozentuale Verteilung des Gesamteinkommens auf gleichgroße Personen- bzw. Haushaltsgruppen, sogenannte Einkommensquintile[12]. Von 1973 bis 1990 zeigt sich für sechs Beobachtungsjahre[13], daß die Einkommensanteile, die auf die einzelnen Quintile entfallen, weitgehend gleich groß geblieben sind. Sie schwanken lediglich im Zehntelprozentpunkte-Bereich. Das bedeutet konkret, daß das unterste Einkommensquintil im Jahr 1973 10,36% und im Jahr 1990 9,85% des verfügbaren Gesamteinkommens in

[12] Dabei werden die Untersuchungspersonen (die Bevölkerung) aufsteigend nach ihrer Einkommensposition in fünf gleichgroße Klassen aufgeteilt (Quintile). Dann wird der prozentuale Anteil des Einkommens ermittelt, der auf jedes Quintil entfällt.

[13] Verglichen werden die Jahre 1973, 1978, 1983, 1985, 1987 und 1990; Hauser/Becker 1994, Tabelle 7.

Westdeutschland zur Verfügung hatte. Das oberste Quintil hingegen verfügt 1973 über 35,87% und 1990 über 35,96% des Gesamteinkommens[14]. Eine andere Möglichkeit, Einkommensungleichheit zu analysieren, ist die Zuordnung der Bevölkerung auf Vielfache des durchschnittlichen Nettoäquivalenzeinkommens.[15] So läßt sich zeigen, wie groß der Anteil der Bevölkerung ist, der über weniger als die Hälfte des (bundes-)durchschnittlichen Nettoäquivalenzeinkommens pro Kopf verfügt. In der Armutsforschung definiert diese Einkommensschwelle eine „Armutsgrenze“. Personen, die unter diese Schwelle fallen, gelten als von relativer Einkommensarmut betroffen. Festgestellt werden kann nun, daß von Mitte der 70er bis Ende der 80er Jahre der Anteil der von relativer Armut Betroffenen weitgehend konstant geblieben ist (Hauser/Hübinger 1993a: 56; Müller u.a. 1995).
Diese aus Querschnittsbetrachtungen hervorgehenden Belege sprechen für die weitgehende Konstanz der Einkommensdisparität in Westdeutschland im Zeitablauf und demonstrieren die Fortexistenz eines zentralen Aspekts sozialer Ungleichheit. Bei der Längsschnittbetrachtung über mehrere Jahre - durch Panel-Beobachtung - sind jedoch Fluktuationen bei einzelnen Individuen festzustellen (Hauser/Berntsen 1992; Berntsen 1991). Das Bild der Einkommensungleichheit als zentralem Aspekt sozialer Ungleichheit ist also facettenreicher, als es der erste Anschein suggerieren mag.
Als Einwand gegen die Verflüssigungsthesen kann die in der politischen Öffentlichkeit und der gewerkschaftlichen Diskussion in den letzten Jahren häufig erhobene These der Zwei-Drittel- oder Drei-Viertel-Gesellschaft gesehen werden (Glotz 1984; Leibfried/Tennstedt 1985b). Diese Thesen bezeichnen ein Negativszenario für die nahe Zukunft, in dem ein Teil der Bevölkerung dauerhaft ausgegrenzt wird

---

[14] Es gibt einen Koeffizienten, der in einer einzigen Zahl das Ausmaß der Einkommensungleichheit ausdrückt, das ist der Gini-Koeffizient. Sein Variationsbereich schwankt von 0 bis 1. Auch diese Maßzahl bestätigt die Konstanz der Einkommensungleichheit von 1973 bis 1990, sogar mit einer kleinen Tendenz zu sich vergrößernder Ungleichheit. Der Wert des Gini-Koeffizienten betrug 1973 0.2537 und im Jahr 1990 0.2601 (Hauser/Becker 1994).

[15] Darunter ist das auf die Haushaltsmitglieder aufgeteilte Netto-Haushaltseinkommen (Haushalts-Bruttoeinkommen abzüglich von Steuern und Sozialabgaben) zu verstehen, wobei altersspezifische Bedarfsunterschiede der Haushaltsmitglieder berücksichtigt werden. Das bedarfsgewichtete Pro-Kopf-Einkommen wird auch als Nettoäquivalenzeinkommen bezeichnet. Zur Berechnung von Äquivalenzeinkommen siehe Teil 1, Abschnitt 1.4.1.

(Bäcker 1993: 142). Diese Spaltungsthesen behaupten eine Polarisierung der sozialen Schichtung oder der Klassenbildung, die einerseits durch ökonomische Prosperität und Erwerbsintegration der Mehrheit der Bevölkerung und andererseits durch zunehmende Marginalisierung und Ausschließung einer Bevölkerungsminderheit aus dem Erwerbssystem gekennzeichnet ist. Verbunden damit ist die Verarmung eines Teils dieser Minderheit. In jüngster Zeit wird auf neue gesellschaftliche Spaltungslinien hingewiesen, die durch die Ausgrenzung eines beachtlichen Teils der erwerbsfähigen Bevölkerung aus dem Erwerbsleben durch die wachsende (Langzeit-)Arbeitslosigkeit hervorgerufen werden könnte (Dettling 1994)[16]. Empirisch sind die Spaltungsthesen aber niemals hinreichend belegt, umgekehrt jedoch auch nicht schlüssig widerlegt worden. Eine Modifizierung der Spaltungsthese wurde mit der Beschreibung der westdeutschen Gesellschaft als einer „75 : 15 : 10 - Gesellschaft" (Habich u.a. 1991) versucht. Diese aus der Armutsforschung kommende These basiert auf dem empirischen Befund, daß 75% der bundesdeutschen Bevölkerung innerhalb eines Sechs-Jahreszeitraums (1984-1989) niemals von Einkommensarmut betroffen waren, 15% hingegen in einem oder zwei Jahr(en) und 10% in drei- oder mehr Jahren arm waren. Als Armutsindikator fungiert eine relative Armutsgrenze, die bei 50% des durchschnittlichen Nettoäquivalenzeinkommens in Westdeutschland liegt.
Neue gesellschaftliche Spaltungstendenzen resultieren nach Brock (1994: 62) aus dem Aufbrechen des zentralen Integrationsmodus entwickelter Industriegesellschaften. Es seien weniger ein von allen geteiltes Wertesystem und kulturelle Bindekräfte, die die Gesellschaft zusammenhalten und integrieren, sondern die „materielle Kultur". Gegenseitige Abhängigkeiten und Bindungen resultieren aus der Inanspruchnahme von Gütern und Dienstleistungen der Industriegesellschaft und der infrastrukturellen Netze von der Elektrizitätsversorgung bis zu den Kommunikations- und Informationsnetzen durch jeden einzelnen. „Die materielle Kultur legt auf technischem Wege fest, *wie* etwas getan werden muß, und bringt Menschen in bestimmter Weise miteinander in Verbindung" (ebd.; Hervorhebung im Original). Diesen Integrationsmodus, der letztlich friedliches und zivilisiertes Zusam-

---

[16] Dieses Argument ist aber nicht neu; es erhält wegen der zugespitzten Arbeitsmarktsituation seit 1993 lediglich wieder neuen Auftrieb. Die Spaltung des Arbeitsmarktes ist in Theorien dualer Arbeitsmarktsegmentation schon Anfang der 70er Jahre in den USA thematisiert worden (Doeringer/Piore 1971). In Deutschland sind vor allem die Arbeiten von Sengenberger zur Arbeitsmarktsegmentation zu nennen (Sengenberger 1975; 1978).

menleben gewährleistet, sieht Brock vor dem Hintergrund der wachsenden Einkommensdisparität und des Anstiegs der Armut als gefährdet an. Das habe zur Folge, daß die gesellschaftliche Minderheit, die „den zivilisatorischen Standards" nicht mehr gerecht werden könne, stetig wachse. Der Autor fragt, ob sich ein „neuer Klassenkonflikt" (im Marxschen Sinne) herausbilde. Offensichtlich seien Tendenzen einer neuen gesellschaftlichen Spaltung erkennbar. Die „Modalitäten des Alltagslebens" und die „Koordinaten des Denkens und Handelns" spalteten sich in zwei ganz unterschiedliche Modelle auf, in zwei soziale Wirklichkeiten, die auch die frühe Industriegesellschaft kennzeichneten (ebd.: 70f.).[17] Ein weiteres Ansteigen der Ungleichverteilung gesellschaftlicher Ressourcen würde auf die Dauer zum Nebeneinander von „erster" und „dritter" Welt in ein und demselben Lande führen.

1.2.4. Das Konsistenz- und Differenzierungsparadigma oder die Paradoxa der Modernisierung

Hans Bertram (1991) und Karl Ulrich Mayer (1991) belegen ihre Positionen mit empirischen Befunden, die einige Schwächen aufweisen, worauf die Autoren allerdings selbst hinweisen. Auch widersprechen ihre Argumente vielfach nicht wirklich denen ihrer vermeintlichen Widersacher (wie insbesondere Ulrich Beck). Der schichtspezifische Zusammenhang zwischen der Berufsposition und dem Einkommen („persönliches Nettoeinkommen") wird nur unzureichend nachgewiesen, weil kein wohlfahrtsrelevanter Einkommensbegriff, der zumindest Anzahl und Alter der Haushaltsmitglieder berücksichtigt, gewählt wurde (Bertram 1991: 643). Der Beleg der Chancenungleichheit im Zugang zu Bildung nach sozialer Herkunft wurde mit den drei Geburtsjahrgängen 1929-1931, 1939-1941 und 1949-1951 geführt und damit Aussagen zur „Bildungsexpansion der sechziger Jahre" gemacht.[18] Wirklich aufschlußreich werden die Ergebnisse für „spätere" Kohorten sein, die den eigentlichen Schub der Bildungsexpansion in den 70er Jahren einzufangen gestatten, worauf Mayer (1991: 676) selbst hinweist. Wirklich aufklärende Ergebnisse hinsichtlich der Entwicklung der „Bildungsexpansion und Chancenungleichheit" in

---

[17] Nach Brock ist der ansteigende Nationalismus als Resultat der Spaltungstendenzen zu sehen.

[18] Ende der 60er Jahre waren unter den Schulabgängern noch über 60% sog. Vollzeitschulpflichtige (Volksschüler), Ende der 70er Jahre schon weniger als 50% und 1984 lediglich noch ein gutes Drittel (Zapf u.a. 1987: 20).

jüngerer Zeit seien daher erst noch zu erbringen - zumal handle es sich auch nur um eine „Zwischenbilanz“ (ebd.: 678).
Nach Hradil - einem „Differenzierungstheoretiker“ - sind die „Klassenverhältnisse (...) 'objektiv' kaum geschwunden; sozial und politisch sind sie jedoch fast irrelevant geworden“ (Hradil 1991: 362). Beck (1986: 210) unterschätzt keineswegs die Prägekraft der klassischen die Sozialstruktur bestimmenden Dimensionen, wenn er schreibt: „Die freigesetzten Individuen werden arbeitsmarktabhängig und *deshalb* bildungsabhängig, konsumabhängig, abhängig von sozialrechtlichen Regelungen und Versorgungen, von Verkehrsplanungen, Konsumangeboten, Möglichkeiten und Moden in der medizinischen, psychologischen und pädagogischen Beratung und Betreuung“ (Hervorhebung im Original). An anderer Stelle hält Beck (1993: 77) fest, daß das Verschwinden sozialer Klassen als erfahrbare soziale Zusammenhänge (als „Wahrnehmungs-Klassen“) mit einer Verschärfung sozialer Ungleichheit einhergeht. Beck sieht auch keineswegs eine Minderung des Einflusses der sozialen Herkunft, wie das Bertram (1991: 645) unterstellt, sondern vielmehr eine Stabilität des Bestimmungsfaktors Herkunft „für die Zuweisung sozial ungleicher Chancen“ (Beck 1986: 141). Beck geht auch nicht von einer Verringerung der Abstände zwischen den sozialen Schichten und Klassenlagen aus, sondern beobachtet eine Verschärfung. Er behauptet indes eine Auflösung von Schicht- und Klassenlagen als „lebensweltliche Identität“ und den Verlust der sozialen Wahrnehmbarkeit des Klassenbegriffs (ebd.: 139-143). Mayer (1991: 670) unterstellt, daß Individualisierung nur dann „strukturellen Sinn“ mache, wenn damit „institutionelle Prägungen und Kontingenzen des Lebensverlaufs abnehmen“ würden. Beck (1986: 210) hingegen spricht von „institutionenabhängigen Individuallagen“ und einer „institutionenabhängigen Kontrollstruktur von Individuallagen“. Er behauptet also, daß Individualisierung, Institutionalisierung und Standardisierung gleichzeitig auftreten und „Individualisierung (...) zur *fortgeschrittensten* Form markt-, rechts-, bildungs- usw. -abhängiger Vergesellschaftung (wird)“ (Hervorhebung des Verfassers). Die Reichweite des Individualisierungsprozesses auf die Gesamtgesellschaft schränkt Beck auch erheblich ein und entgeht damit dem Argument einer unzulässigen Generalisierung der Veränderungen in der eigenen Lebenswelt (der Soziologen) auf die Gesamtgesellschaft (so Mayer 1991: 683). Denn Beck und Beck-Gernsheim (1990: 18f.) schreiben mit Blick auf Individualisierungsprozesse, daß ihr Bild unausgewogen sei und sich ihr Blick „mehr auf das sich anbahnende Neue als das Alte, Bekannte“ zentriere. Soziale Ungleichheit werde weiterhin durch die berufliche Stellung im Arbeitsprozeß geprägt,

doch von der beruflichen Stellung lasse sich ohne Rekurs auf andere Faktoren nicht mehr auf „Lebensformen, Lebenslage, Lebensstile der Personen schließen“ (Beck 1993: 77).

Der Kern der Individualisierungsthese liegt, folgt man diesen Äußerungen, weniger in der Beschreibung und Einschätzung makrostruktureller Entwicklungen als vielmehr in den subjektiven Bewältigungsformen institutioneller Zumutungen und Abhängigkeiten. Individualisierung zielt auf die Wahlmöglichkeiten und Entscheidungsnotwendigkeiten der Einzelnen. Das betrifft Fragen über Ausbildung, Beruf und Arbeitsplatz ebenso wie die Wahl des Partners und die Art und Weise der Familienbildung. Dabei betonen die einen Verfechter der Individualisierungsthese stärker die Wahlmöglichkeiten[19], die anderen stärker die Entscheidungsnotwendigkeiten[20]. Während Wolfgang Zapf und seine Mitarbeiter den Verlust dieser Determinationskraft konstatieren, behauptet die Individualisierungsthese, wie sie insbesondere von Ulrich Beck und Rainer Zoll vertreten wird, nicht die Auflösung von Schichten und Klassen und den Verlust der Determinationskraft klassischer Schichtungskriterien. Ulrich Beck betont die Stellung des einzelnen Individuums zu seiner sozialen Umwelt, das nicht mehr so restriktiv wie in früheren Zeiten den Rollenerwartungen und Vorgaben sowie Zwängen seiner sozialen Bezugssysteme, Familie, Klasse und Schicht ausgesetzt sei. Zwar wirkten die Schichtungskriterien fort, aber ihre (subjektive) Prägekraft habe sich gewandelt. Der Einzelne als Entscheidungsinstanz, der mit den gesellschaftlichen Zumutungen individuell umgehen könne und müsse, agiere vor dem Hintergrund des Verlusts von traditionellen Sicherheiten, wie sie bislang durch soziale und religiöse Normen und Orientierungen vorgegeben und durch tradiertes Handlungswissen vorgezeichnet waren. Das bürde dem Individuum zusätzliche Lasten auf, wenn es private und familiale Konflikte und Belastungen bewältigen und verarbeiten müsse. Unbeantwortet bleibt hierbei allerdings die wichtige Frage, welche sozialen Gruppen oder Schichten verstärkt von den Wahlmöglichkeiten (den Optionen) profitieren (können).

Die beiden niederländischen Autoren, der Soziologe Hans van der Loo und der Philosoph Willem van Reijen (1992) beschreiben die Spezifik des Modernisierungsprozesses mittels des Terminus „Paradoxa der Modernisierung“. Die Autoren begründen zum Beispiel das „Paradox der Individualisierung“ wie folgt: „Erlöst von den drückenden Bin-

[19] Hier kann Wolfgang Zapf und seine Arbeitsgruppe genannt werden (Zapf u.a. 1987).

[20] Hier ist Ulrich Beck selbst zu nennen.

dungen traditioneller sozialer Beziehungen und mit immer mächtiger werdenden bürokratischen Strukturen konfrontiert, glaubt sich das moderne Individuum immer selbständiger in seiner Entscheidungsfreiheit, während es gleichzeitig auch immer stärker unter dem Zwang steht, diese Entscheidungen überhaupt zu treffen" (ebd.: 194f.)[21]. Die Diskussion in Deutschland über Individualisierung betont die Zwiespältigkeit von Individualisierung, welche die niederländischen Autoren gerade als zentrales Merkmal herausstellen, nicht stark genug. Den Optionen von Selbständigkeit und Handlungsfreiheit stehen gleichzeitig direkte Abhängigkeit (von Institutionen, Organisationen) und Gefühle der Machtlosigkeit und Ohnmacht gegenüber (ebd.: 38). Autonomie einerseits und Abhängigkeiten andererseits bedingen sich daher gegenseitig: „Zunehmende Autonomie des Individuums und weltweite Abhängigkeit gehen Hand in Hand. Zwar nimmt die Abhängigkeit hinsichtlich jedes Einzelnen ab, aber die totale Abhängigkeit wächst" (ebd.: 116).

Die wissenschaftliche Kontroverse über die angemessene Beschreibung und Erklärung der Strukturierung der Gesellschaft, über zeit-adäquate Sozialstrukturmodelle geht weiter (Bonß/Plum 1990: 694). Die Individualisierungsthese betont vor allem die *subjektiven* Aspekte des gesellschaftlichen Modernisierungsprozesses, während bei den in der Ungleichheitsforschung häufig verwendeten Dimensionen (wie Bildung, Beruf, Einkommen) oder den neuen Ungleichheitsdimensionen (wie Wohnen, soziale Sicherung) die subjektiven Anpassungsleistungen im Zuge des Modernisierungsprozesses nicht im Mittelpunkt des Interesses stehen. Daher ist es fraglich, ob sich die widerstreitenden Positionen überhaupt in einen Gegensatz zueinander stellen lassen. Schon Peter A. Berger (1990) hat darauf hingewiesen, daß sich die beiden Lager - die dem Konsistenzparadigma auf der einen und dem Differenzierungsparadigma auf der anderen Seite zuneigenden Autoren - nur „bei bewußter Zuspitzung" in eine Frontstellung bringen ließen.[22] Sieht man sich die Texte der einzelnen Autoren genauer an, widersprechen sich die Argumente häufig nicht. Insofern ist fraglich, ob die „Differenzierungsparadigmatiker" mit ihren Individualisierungs- und Pluralisierungsthesen auf der einen Seite und die „Konsistenz-

---

[21] Neben dem Paradox der Individualisierung beschreiben die Autoren drei weitere Paradoxa der Modernisierung: das der „Differenzierung", der „Rationalisierung" und der „Domestizierung" (vgl. hierzu kurzgefaßt: van der Loo/van Reijen 1992: 34-40).

[22] Darin sieht Berger auch eine Manifestation der von Habermas (1985) festgestellten „neuen Unübersichtlichkeit".

paradigmatiker" auf der anderen Seite, die an „alten" Strukturkategorien festhalten und neueren Begrifflichkeiten skeptisch und abwägend gegenüberstehen, lediglich unterschiedliche Seiten desselben komplexen Modernisierungsprozesses thematisieren und somit letztlich keine sich ausschließenden Gegensätze formulieren. Der Streit mit seinen Zuspitzungen über die Beurteilung der Sozialstrukturentwicklung ist nicht zuletzt auf Mißverständnisse und unterschiedliche wissenschaftliche Ansätze und Perspektiven zurückzuführen.

1.3. Soziale Ungleichheit und Armut

1.3.1. Zur Lokalisierung der Armen im Schichtungsgefüge

Die Analyse sozialer Ungleichheit ist ein Ausgangspunkt der Soziologie gewesen (Leibfried/Voges 1992: 10) und weiterhin ein zentrales Thema der Sozialstrukturanalyse (Kreckel 1987: 94). Wenn Armut eine soziologische Thematisierung hätte erfahren können, dann sicherlich im Rahmen der Analyse sozialer Ungleichheit. Doch in diesem Reflektionszusammenhang ist sie nicht explizit einbezogen oder allenfalls als ein Randproblem angesehen worden, trotz der unbestreitbaren Tatsache, daß Armut besonders seit Anfang der 80er Jahre zu einem wichtigen sozialen Problem geworden ist (Hauser/Hübinger 1993a; Hanesch u.a. 1994). Ein wichtiger Grund der soziologischen Geringschätzung der Armutsproblematik liegt darin, daß für die Ungleichheitsforschung die Schicht- oder Klassenzugehörigkeit von Individuen in erster Linie über ihre Stellung im Arbeitsprozeß und zum Produktionsprozeß festgestellt wird (Kreckel 1987: 95). Dadurch geraten die „Inaktiven", die Nichterwerbstätigen (Arbeitslose, Hausfrauen, Rentner, Kinder) und „Randgruppen" (wie Nichtseßhafte, Obdachlose) nicht ins soziologische Blickfeld, gerade all jene, die überdurchschnittlich häufig von Armut betroffen sind. Soziologische Klassen- und Schichtungstheorie war (und ist) auf die „gesellschaftlichen Mittellagen" konzentriert und grenzte damit die Armen und die Reichen aus ihrer Betrachtung aus (Leibfried/Voges 1992: 14)[23]. Auch scheinen die Begriffe „Pauper" oder „Lumpenproletarier" wenig geeignet, „in-

---

[23] In der Randgruppenforschung in den 70er Jahren (mit Blick auf Obdachlose und Nichtseßhafte oder Kriminelle) sehen Leibfried und Voges (1992: 15) dennoch einen eigenständigen soziologischen Zugriff auf besondere Ausprägungen von Deprivation und Armut. Dennoch sei im Rahmen dieser Forschung Armut nicht als ein allgemeines gesellschaftliches Phänomen thematisiert worden.

aktive“ soziale Unterschichten der modernen Gesellschaft zu bezeichnen. Klassen-(lagen)- wie auch Schichtmodelle scheinen auf den ersten Blick bis heute kein begriffliches und theoretisches Instrumentarium anzubieten, um das unterste Segment der Schichtungshierarchie - das Armutssegment - analytisch differenzieren und hinreichend beschreiben zu können.

Die Vernachlässigung der Armutsbevölkerung hatte nun zur Folge, daß „die Gesamtbetrachtung von Gesellschaft vereinseitigt und das Spektrum sozialer Ungleichheit künstlich verkürzt wurde“ (ebd.: 11). Dabei ist die Armut als die extremste Ausprägung materieller und sozialer Ungleichheit zu bezeichnen, als das „untere Segment des Ungleichheitsspektrums“ (Leisering 1993b: 487). Ob jedoch die Armut als „eigenes“ Segment in der sozialen Schichtung angesehen werden kann oder ob sie nur eine Erscheinungsform bzw. „Ausprägung“ der sozialen Unterschicht darstellt, ist keineswegs beantwortet. Für Honneth (1993: 519) beispielsweise beginnt Armut dort, wo die Zugehörigkeit zur sozialen Unterschicht aufhört. Wenn dem „unteren Segment“ der Charakter einer sozialen Schicht zugesprochen würde, so wären die von Armut Betroffenen als „Armutsschicht“ zu bezeichnen. Die Armut bzw. die Armutsbevölkerung wäre, folgte man dem Schichtkonzept von Bahrdt (1984: 132-135), als ein „relativ dauerhaft“ bestehender „Interaktionszusammenhang“ anzusehen, dem „verfestigte Orientierungsmuster“ zugrundeliegen würden. Die Armutsschicht verfügte über einen eigenen „sozialen Binnenraum“, der dem sozialen Handeln Regeln anheimstellen würde. Eine „schichtspezifische Teilkultur“, die sich in aller Regel in einer sozialen Schicht herausbildet, würde zu spezifischen Normen, Bräuchen und Interpretationsmustern der Armen für die Deutung ihrer sozialen Wirklichkeit führen.

Vieles spricht jedoch gegen die Zuordnung der Armen zu einer Armutsschicht. Die Implikationen, die aus Bahrdts Schichtansatz zu schlußfolgern wären, zeigen, wie theoretisch folgenreich die explizite Behandlung der Armut für die Sozialstrukturanalyse ist. Die neuere zeit-dynamische Armutsforschung hat festgestellt, daß Armut für viele Betroffene meist von vorübergehender Dauer ist. Eine schichtspezifische Teilkultur wird sich daher keineswegs für die ganze zu einem Zeitpunkt registrierte Armutsbevölkerung ausbilden können. Das könnte allenfalls für die dauerhaft Armen geschehen. Wenn die Schicht- und Klassenlagenzugehörigkeit sich immer auch durch Dauerhaftigkeit auszeichnet, können sich durch temporäre Armut keine Interaktionszusammenhänge der Armen formieren. Auch dürften die sozialen Erfahrungen der Betroffenen nicht strukturbildend oder strukturstabilisierend sein, um eine soziale Schicht oder soziale Lage dauerhaft konstitutieren zu können. Ein Merkmal moderner Sozialstruktur, die Schichtmobilität, ist auch im unteren Spektrum der Schichtungspyramide feststellbar. Erweitert man hingegen das Konzept der Messung von Einkommensdeprivation, wie dies im empirischen Teil dieser Untersuchung erfolgen wird, kann man zu differenzierteren Schlußfolgerungen über die Plazierung von Armen (und Armutsgefährdeten) in der Schichtungshierarchie kommen.

1.3.2. Armut in der soziologischen Ungleichheitsdiskussion

Fragen sozialer Ungleichheit werden heute verstärkt in der Nationalökonomie und dort insbesondere im Bereich der Einkommensverteilungsforschung und Armutsforschung thematisiert[24]. Die Armutsforschung hat besonders seit der zweiten Hälfte der 80er Jahre das Wissen über das unterste gesellschaftliche Segment erheblich erweitert und insbesondere in neueren Studien die Sozialstrukturanalyse sowohl theoretisch als auch empirisch bereichert. Dennoch ist Armut ein Begriff, den man in der deutschen[25] soziologischen Diskussion und speziell in der Ungleichheitsforschung meist vergeblich sucht. Armutsforschung hat bislang keinen etablierten Platz innerhalb der Soziologie, obwohl ihre Fragestellungen vielfach genuin soziologischer Natur sind. Die Soziologie ist bislang „recht zurückhaltend" mit dem Thema Armut umgegangen (Hauser/Neumann 1992: 238), eine kontinuierliche Beschäftigung mit der Armutsfrage und dem Begriff Armut hat nicht stattgefunden (Schäfers 1992: 105). Das mag nicht zuletzt auch damit zusammenhängen, daß Armut in der westdeutschen Gesellschaft nur selten ein vorrangiges Thema in der politischen Öffentlichkeit war

---

[24] Siehe die umfangreiche theoretische und empirische Forschungstätigkeit des Sonderforschungsbereichs 3 der Universitäten Frankfurt und Mannheim (Sfb-3). Eine resümierende Darstellung der zwölfjährigen Tätigkeit dieses erfolgreichen Sonderforschungsbereichs (Sfb-3) gibt Hauser (1993a). Während dieser Forschungszeit hat sich der Sfb-3 in vielen Publikationen den Fragen der Ungleichheitsforschung gestellt. Das läßt sich aus dem Publikationsverzeichnis ersehen (Sonderforschungsbereich 1991). Für die Forschungslaufzeit (1979-1990) werden insgesamt 1053 Veröffentlichungen in Büchern und Fachzeitschriften gezählt, und intern wurden 338 Arbeitspapiere erstellt.

[25] In Großbritannien und den USA hat das Armutsproblem in den Sozialwissenschaften, in der Soziologie und in der Ökonomie, einen viel größeren Stellenwert als in Deutschland.

(Leisering 1993b) und das Wort „Armut“ im öffentlichen Spachgebrauch meistens vermieden wurde[26].

Bei der konzeptionellen und operationalen Erfassung von Lebenslagen im Bereich der Armut stellen sich vergleichbare Fragen wie in der allgemeinen Sozialstrukturanalyse oder der Theorie sozialer Ungleichheit. In einer soziologischen Betrachtungsweise ist „Armut ein gesellschaftlich zugewiesener Ort, der innerhalb je einer Gesellschaft relativ bestimmt wird“ (Leibfried/Voges 1992: 21). Stellt ein soziologisches Armutskonzept auf „gesellschaftsspezifische Erfordernisse individueller Reproduktion ab“ (ebd.), dann lautet für die soziologische Armutsforschung wie für die allgemeine Sozialstrukturanalyse und die Theorie sozialer Ungleichheit die Frage, „wie die Position bzw. der Status von Personen im gesellschaftlichen Gefüge zu konzeptualisieren sind“ (ebd.). Bislang seien diese Fragen jeweils getrennt innerhalb der Armutsforschung, der Sozialstrukturanalyse und der Mobilitätsforschung aufgegriffen worden. In der Verwendung des Begriffs der „Lebenslage“ könnte sich, so Leibfried und Voges, eine „Konvergenz“ und „Überschneidungsfläche“ abzeichnen.

Die drei zentralen Schichtungskriterien - Bildung, Beruf und Einkommen - hätten durchaus das operationale Rüstzeug bereitstellen können, ein unteres Bevölkerungssegment - die Armut - aufzuspüren. Zumindest die Dimension Einkommen hätte dies leisten können. Doch aus den bereits angeführten Gründen, insbesondere der Fokussierung der Forschung auf erwerbstätige, Lohneinkommen beziehende Personen, ist das untere Segment der Bevölkerung, das etwa 10 Prozent der Gesamtbevölkerung ausmacht[27], nicht explizit bezeichnet und untersucht worden.

In Klassenlagenanalysen ist das Armutssegment dennoch nicht immer kategorisch aus der Beobachtung ausgeschlossen worden, wie eine aufwendige empirische Untersuchung des SPES-Projekts Mitte der 70er Jahre zeigt. Innerhalb von Klassenlagen (Arbeiterschaft) wurde

---

26 Leisering (1993b) betont in demselben Aufsatz zugleich die entgegengesetzte Position zur „Verdrängung“, nämlich die „Dramatisierung“, die sich in Wissenschaft, Publizistik und auch (politischer) Öffentlichkeit bemerkbar macht. Dramatisierung meint die weitgehende Gleichsetzung von Armut und allgemeiner Deprivation, Armut nicht nur als vorübergehendes Phänomen, sondern ein alle wichtige Lebensbereiche in Mitleidenschaft ziehendes, dauerhaftes, häufig über die soziale Herkunft bedingtes, soziales Problem.

27 Zugrundegelegt ist bei dieser Quantifizierung eine relative Armutsgrenze bei 50% des gewichteten Pro-Kopf-Haushaltsnettoeinkommens (durchschnittliches Nettoäquivalenzeinkommen) (Hauser/Hübinger 1993a: 56).

eine soziale Lage identifiziert, die in Armut oder Armutsnähe lebte.[28] Eine weitergehende Analyse dieser am Rande der Armut lebenden Haushalte erfolgte aber nicht.

Insgesamt läßt sich festhalten: Theoretische und empirische Forschung zur sozialen Ungleichheit hat seit Mitte der 80er Jahre wieder Auftrieb erhalten, wobei der Begriff der Armut weiterhin eine Randkategorie innerhalb des soziologischen Diskurses bleibt. Wenn es zudem zutrifft, daß die Forschung zur sozialen Ungleichheit vor allem in die Armutsforschung ausgewandert ist (Mayer 1987: 373), die ihr „Standbein" ja nicht in der Soziologie hat, ist im weiteren zu fragen, was die Armutsforschung zur Sozialstrukturanalyse und zum Verständnis sozialer Ungleichheit theoretisch und empirisch beitragen kann.

1.4. Wie untersucht die neuere Armutsforschung die Armut?

Zwar ist die Armutsforschung theoretisch viel weniger fundiert als die (soziologische) Ungleichheitsforschung. Dennoch verfügt sie über ein hoch entwickeltes methodisches Instrumentarium und gewinnt dadurch neue Einsichten in die Sozialstruktur. Anregungen hat die Armutsforschung vor allem aus dem angelsächsischen Raum erhalten. Besonders der aus Großbritannien stammende Soziologe Peter Townsend hat den Armutsbegriff theoretisch wie auch empirisch zu einem Konzept „relativer Deprivation" ausgearbeitet und ein hochkomplexes empirisches Instrumentarium zur Messung von Armut entworfen und auch laufend weiterentwickelt (vgl. zuletzt Townsend 1993). Seine klassische Studie, „Poverty in the United Kingdom", die 1979 in Großbritannien erschien, basiert auf einer Untersuchung aus dem Jahre 1968. Armut wird darin gemessen als Verknüpfung von Ressourcenmangel (monetäre Mittel) mit dadurch bedingter Zurücknahme von in der Gesellschaft gewöhnlich geltenden Verhaltensweisen (zum Beispiel hinsichtlich der Ernährung, der sozialen und gesellschaftlichen Aktivitäten). Damit ging dieser Ansatz weit über bis dahin in Deutschland verwendete Meßkonzepte der Armut hinaus. In den USA verfügt die Armutsforschung schon seit Ende der 60er Jahre über qualitativ hochwertige Datensätze. Zu nennen ist besonders der Längsschnittdatensatz „Panel Study on Income Dynamics - PSID", auf dem

[28] Das betraf im Jahre 1971 ein Drittel der Haushaltsvorstände in Arbeiterhaushalten, die mit weniger als DM 800,- monatlich auskommen mussten. Da die Haushaltsstruktur nicht aufgeschlüsselt wird, kann nur vermutet werden, daß je nach Größe der Haushalte eine Armutssituation vorlag (Handl u.a. 1977: 61).

zahlreiche Untersuchungen über Armut in den USA fußen (Duncan 1984; Bane/Ellwood 1986), die viel zur Hypothesenbildung neuerer deutscher Armutsforschung, die der Zeitdimension von Armut und Sozialhilfebezug eine intensive Aufmerksamkeit widmet, beigetragen haben (Buhr 1991).[29] Im folgenden sollen drei zentrale Komponenten der Konzeptualisierung in der Armutsforschung vorgestellt werden:

(a) die Verwendung von Haushalten als Bezugseinheit und Äquivalenzeinkommen als Wohlstandsindikator,
(b) das Lebenslagenkonzept zur Differenzierung von Dimensionen sozialer Ungleichheit,
(c) die Berücksichtigung der Zeitdimension von Armutslagen.

Deren Nutzen im Hinblick auf die Beschäftigung mit der Sozialstruktur und sozialer Ungleichheit dürfte außer Frage stehen.

1.4.1. Haushalte als Bezugseinheit und Äquivalenzeinkommen als Wohlstandsindikator

Die Konsumchancen, die Möglichkeiten der Vermögensbildung und des Besitzerwerbs, die Teilhabe am gesellschaftlich üblichen Lebensstandard hängen entscheidend von der Verfügbarkeit über Einkommen ab (Hauser u.a. 1981; Krieger/Schläfke 1987; Schlomann 1990). Dabei ist weniger die Herkunft des Einkommens (wie bei Klassen- und Schichtanalysen) als vielmehr dessen Höhe im Sinne seiner Wohlstandsrelevanz von Bedeutung. Die Schlüsseldimensionen der Armut und der Armutsforschung sind das „Duo" Einkommen und Vermögen[30]. Zwar wird ihnen die Schlüsselstellung für die Entstehung von verschiedenen Lebenslagen und deren Ungleichverteilung zugeschrieben (Krause/Schäuble 1986: 23), dennoch rekurrieren Armutsuntersuchungen meist nur auf das Einkommen.
Die Bezugseinheit in der Armutsforschung ist meistens die Haushalts- oder Familiengemeinschaft (Sautter/Serries 1993: 39f.). Privathaushalte sind nicht nur Orte des Zusammenlebens und gemeinsamen Wirtschaftens[31], sondern gelten auch als „soziale Elementareinheit der Vermittlung von Lebenschancen" (Krause/Schäuble 1988: 32). Die

[29] Daß (europäische) Armutsforscher viel von US-amerikanischen lernen können und sie vielfach auch Pionierarbeit geleistet haben, zeigt auch Korpi (1992).

[30] Dem Vermögen der Armen hat sich ausführlich Schlomann (1990) gewidmet.

[31] Haushalte mit nur einer Person, sog. Einpersonenhaushalte, sind der Grenzfall dieser Definition, da sie keine soziale Gruppe darstellen.

Sozialstrukturforschung orientiert sich hingegen weiterhin an einzelnen Personen und ihren Merkmalen, auf Haushalte wird kaum Bezug genommen (ebd.: 31); Ausnahmen scheinen diese Regel zu bestätigen (zum Beispiel Handl 1977). Ohne diese Bezugnahme verliert die Sozialstrukturforschung ein zentrales Kriterium für ungleiche Lebensbedingungen aus dem Blickfeld. Das Wohlstandsniveau eines Haushaltes hängt neben anderen Faktoren insbesondere von der Mitgliederzahl ab.[32] Bei gleichbleibendem Haushaltseinkommen sinkt das Wohlstandsniveau mit steigender Personenzahl. Der Rückgang erfolgt aber nur unterproportional zur wachsenden Mitgliederzahl. Zur Messung von Einkommensungleichheiten ist ein um die Anzahl und das Alter der Personen „bereinigter" Einkommensindikator unerläßlich. So entsteht das sogenannte Äquivalenzeinkommen[33]: Allen Personen im Haushalt wird ein spezifisches Gewicht (eine Äquivalenzziffer) zugemessen, das von ihrem Alter abhängt[34]. Mit dieser Gewichtung wird der Tatsache Rechnung getragen, daß gemeinsames Wirtschaften zu Einsparungen führt und der Bedarf eines Haushalts vom Alter der Mitglieder abhängt. Die Division des Haushaltsnettoeinkommens durch das aufsummierte Gesamtgewicht eines Haushalts erbringt ein bedarfsgewichtetes Pro-Kopf-Nettoeinkommen, was als Nettoäquivalenzeinkommen (oder einfach Äquivalenzeinkommen) bezeichnet wird.

Die Bildung von relativen Einkommensarmutsgrenzen ist nicht voraussetzungslos, sondern beruht auf mehreren Annahmen. Faik (1995:

[32] Zwei Haushalte mit gleicher Struktur (hinsichtlich Altersverteilung der Mitglieder und Höhe des Haushaltseinkommens) können sich durch die Anzahl der Erwerbspersonen unterscheiden. Ob das bestehende Wohlstandsniveau nur durch eine vollzeiterwerbstätige Person oder durch eine zweite oder mehrere zusätzliche Erwerbspersonen erreicht wird, ist sicherlich eine Frage, die bei der Diskussion von Wohlstandsniveaus berücksichtigt werden müßte, was hier aber nicht weiter verfolgt wird.

[33] Nach einem solchen Einkommensmaß sucht man in der Ungleichheitsforschung fast vergeblich. Eine Ausnahme ist die Sozialstrukturuntersuchung von Krause und Schäuble (1988, 25f.), die deshalb die Nichtberücksichtigung des Haushaltskontextes in üblichen Untersuchungen kritisieren.

[34] Zugrundegelegt wird in deutschen Einkommens- und Armutsuntersuchungen meistens die Sozialhilfeskala, die auf den Regelsatzproportionen der Sozialhilfe beruht. In der (internationalen) Forschung wird auf andere Äquivalenzskalen zurückgegriffen. Dabei zeigt sich ihre Bildung höchst voraussetzungsreich und die Verwendung unterschiedlicher Skalen äußerst folgenwirksam (Atkinson 1983; Buhmann u.a 1988; Buhmann 1991; Kohl 1992; Faik 1995).

16) nennt vier Annahmen, die in die Bildung des gewichteten Pro-Kopf-Einkommens als Wohlstandsindikator eingehen: (1) die „Poolannahme", (2) die „Wohlstandsgleichverteilungsannahme", (3) die Annahme gleicher personeller Bedarfsstrukturen und (4) die Annahme gegebener Haushaltsgrößen und -zusammensetzungen. Erstere besagt, daß alle Einkommen der Haushaltsmitglieder in die Haushaltsgemeinschaft eingebracht werden und von sogenannten Vorbehaltseinkommen, d.h. Einkommen, die nicht allen Mitgliedern des Haushalts gleichermaßen verfügbar sind, abgesehen wird. Die zweite behauptet, daß das Haushaltseinkommen auf alle Mitglieder nach den individuellen Bedürfnissen aufgeteilt wird und der Konsum innerhalb des Haushalts derart erfolgt, daß jedes Mitglied das gleiche Wohlstandsniveau erreicht. Die dritte Annahme bedeutet, daß sich bei Veränderungen der Haushaltsstruktur das Bedarfsniveau, jedoch nicht die Art des Bedarfs ändert. Das Bedarfsniveau richtet sich nach der Altersdifferenzierung des Haushalts, was durch die Äquivalenzgewichte Berücksichtigung findet. Der Bedarf eines Haushalts wird folglich nicht auf individuelle Präferenzen zurückgeführt, sondern lediglich auf demographische Merkmale, wie die Mitgliederzahl und das Alter (Sautter/Serries 1993: 60)[35]. Schließlich beinhaltet die vierte Annahme, daß Veränderungen in der Haushaltstruktur nicht „als Entscheidungsvariable bei der Konstruktion von Äquivalenzskalen angesehen (werden)" (Faik 1995: 17). Nach Faik bedeutet dies, daß von sogenannten immateriellen Wohlfahrtseffekten bei Änderungen der Struktur des Haushalts, zum Beispiel durch die Geburt von Kindern, abstrahiert wird.

1.4.2. Lebenslage: Differenzierung von Dimensionen sozialer Ungleichheit

Klassen- wie auch Schichtmodelle bieten kein ausreichendes begriffliches und theoretisches Instrumentarium, um die neuen sozialen Ungleichheiten und das unterste Segment der Schichtungshierarchie - das Armutssegment - hinreichend analytisch zu differenzieren und zu beschreiben. Das Lebenslagenkonzept[36] scheint geeignet zu sein, die

---

[35] Diese beiden Annahmen sind nicht unbestritten, da innerhaushaltliche oder innerfamiliale Verteilungsaspekte nicht berücksichtigt werden (vgl. hierzu ausführlich Jenkins 1990).

[36] Der Begriff der Lebenslage wird verschieden definiert und interpretiert. Die nachfolgende Interpretation faßt das „Lebenslagenkonzept", wie es meistens in der Armutsforschung (auch in kommunalen Armutsberichten) verwendet wird. Eine ausführlich Diskussion des Begriffs (Kon-

komplexe soziale Realität viel differenzierter abzubilden. Es ist ein multidimensionales, verschiedene Ungleichheitsdimensionen umfassendes und auch handlungstheoretisch relevantes Konzept zur Erfassung und Beschreibung (ungleicher) Lebensverhältnisse (Glatzer/Hübinger 1990; Glatzer/Neumann 1993; Hartmann 1992; Clemens 1994). Der Begriff der Lebenslage ist zwar keine Schöpfung der Armutsforschung, aber innerhalb derselben mehrfach erfolgreich angewendet und weiterentwickelt worden. Als „Vater" des Begriffs der Lebenslage gilt der Nationalökonom und Philosoph Otto Neurath, der Anfang der 30er Jahre den Terminus zur soziologischen Gesellschaftsanalyse vorschlug (Neurath 1981). In der Nachkriegszeit wird er von Gerhard Weisser Mitte der 50er Jahre wieder aufgenommen (Weisser 1956).

„Lebenslage" in der am häufigsten in der Forschung rezipierten Form zielt auf die konkrete Versorgungslage von Personen und Haushalten bezüglich Einkommen oder Vermögen und anderen wohlstands- und ungleichheitsrelevanten Dimensionen wie Bildung, Beruf, Wohnen, Gesundheit, soziale Einbindung und gesellschaftliche Partizipation. Damit nimmt der Begriff auch alle diejenigen „neuen Dimensionen" auf, denen in der Ungleichheitsforschung eine wachsende Bedeutung für ungleiche Lebensverhältnisse zugeschrieben wird. Dadurch eröffnen sich Möglichkeiten einer differenzierteren und auch sozialpolitisch angemessenen Betrachtung sozio-ökonomischer Unterversorgungen und Ungleichheiten (Döring u.a. 1990: 12). Dieses Konzept kann den Klassen- oder Schichtbegriff jedoch nicht ersetzen.[37] Bei theoretischen und empirischen Fragestellungen sind diese beiden auf die Makroebene der Gesellschaft zielenden Begriffe weiterhin durchaus sinnvoll zu verwenden. Sie sind geeignet, die sozio-ökonomische Struktur der Gesellschaft (eher großflächig) zu gliedern, und beschreiben zentrale Strukturierungsprinzipien moderner kapitalistischer Gesellschaften. Lebenslagen hingegen können als Ausdifferenzierung sozialer Schichten bzw. Klassenlagen angesehen werden und beschreiben somit die soziale Mikroebene. In ihnen manifestiert sich der soziale Mikrokosmos, dessen spezifische Formen der Ausgestaltung aber nur durch die globalen sozialstrukturellen Gegebenheiten und Prozesse (wie Klassenlagen, Statuszuweisung, soziale und berufliche Plazierung) zu verstehen und zu erklären sind.

---

zepts) der Lebenslage insbesondere die Herausarbeitung seiner handlungstheoretischen Dimension erfolgt in Teil 1, Abschnitt 2.2.2.(2).

[37] Vgl. auch die abwägende Kritik am Schichtbegriff durch Geißler (1994b).

1.4.3. Der Faktor „Zeit": zur Verzeitlichung von Armutslagen

Der „zeitliche Horizont“ ungleicher Lebensverhältnisse ist erst in letzter Zeit Thema von (deutschen) Ungleichheitsuntersuchungen geworden. Am Beispiel der Arbeitslosigkeit, des Sozialhilfebezugs und der Erwerbsarbeit hat Peter A. Berger (1990) ein zentrales Merkmal von sozialen Lagen, ihre Dauerhaftigkeit, problematisiert. Das wirft ein ganz neues Licht auf die Sozialstruktur und die soziale Ungleichheit, denn: „Ungleiche Lebenslagen, Klassenlagen und Schichten können sich aus dieser Perspektive, die ihre Zeitlichkeit betont, durchaus aus verschiedenen Ungleichheitsereignissen, aus mit unterschiedlicher Geschwindigkeit sich ablösenden Phasen wechselnder Klassen- und Schichtzugehörigkeiten zusammensetzen“ (ebd.: 341). Individuen durchlaufen während ihres Lebens wechselnde Ungleichheitsphasen und machen daher Erfahrungen mit unterschiedlichen Ungleichheitssituationen. Benachteiligungen und Vergünstigungen können, müssen aber nicht langfristig und dauerhaft zugewiesen werden.

Der Zeitdimension ist in den letzten Jahren besondere Aufmerksamkeit gerade im Bereich der Armutsforschung gewidmet worden. Die statistischen Datenquellen - Längsschnittdatensätze - stehen für solche Forschungen nun auch in Deutschland zur Verfügung[38]. Zu nennen sind das „Sozio-ökonomische Panel“ (SOEP)[39] und die „Bremer Längsschnittstichprobe von Sozialhilfeakten“ (LSA)[40]. Der alljährliche Zugriff auf immer dieselben Befragungspersonen (wie im SOEP) und die zeit-kontinuierliche Verfolgung einzelner Sozialhilfeempfänger aufgrund von Aktendaten (wie in der LSA) haben zu sehr bemerkenswerten und theoretisch weitreichenden Ergebnissen geführt und mittlerweile auch einen wissenschaftlichen Disput über die mögliche Ver-

---

[38] Der Einbezug des Zeitfaktors ist durchaus auch in Querschnittserhebungen möglich, und zwar durch Retrospektivfragen. Auf diese Weise lassen sich biographische Verläufe und Ereignisse „rekonstruieren“. Die Querschnittsuntersuchung informiert aber nur über die „Vergangenheit“, Veränderungen über den Tag der Erhebung hinaus kommen nicht mehr in den Blick. Eine Retrospektivbefragung par excellence ist die Lebensverlaufsbefragung von Karl Ulrich Mayer (Mayer/Brückner 1989). Durch eine Panelerhebung können solche Ereignisse durch die nachfolgende Befragung eingefangen werden. Vertreter der „dynamischen Armutsanalyse“ - das ist die Beobachtung der Armut im zeitlichen Verlauf - leugnen nicht die Befassung mit zeitlichen Verläufen in älteren Forschungen, wie sie in biographieanalytischen Studien betrieben wurde, bezweifeln aber ihre methodische Absicherung (Leisering 1993b).

[39] Zur Konzeption vgl. Hanefeld 1987.

[40] Zur Konzeption vgl. Buhr u.a. 1990.

harmlosung der Langzeitarmut durch die neueren Ergebnisse der zeitbezogenen Forschung ausgelöst[41].
Die „dynamische Armutsforschung"[42] fußt auf der These der „Verzeitlichung sozialer Ungleichheit"[43]. Die Vertreter der dynamischen Armutsforschung rücken die Prüfung und Weiterentwicklung der These der „Verzeitlichung von Armutslagen" in den Mittelpunkt ihrer Forschung. Darunter verstehen sie, „daß sich die Zeitstruktur sozialer Ungleichheit verändert habe in Richtung temporärer und diskontinuierlicher (statt dauerhafter) Ungleichheitslagen, oder allgemeiner, daß Zeitstrukturen und Beweglichkeit von Ungleichheitslagen von besonderer, bisher unterschätzter (oder bislang real geringerer) Relevanz für die Analyse sozialer Ungleichheit sind." (Leibfried/Voges 1993: 12)
Das zentrale und aufsehenerregende Ergebnis der zeitbezogenen Armutsforschung ist, daß Armut - definiert über relative Armutsgrenzen und Sozialhilfeabhängigkeit - für die meisten Betroffenen kein dauerhaftes Problem zu sein scheint, das sich über viele Jahre hinzieht. Der größte Teil der einmal in Armut Geratenen ist nur für kurze Zeit relativ einkommensarm bzw. sozialhilfeabhängig. Armut ist oft eine zeitlich befristete Episode im Lebensverlauf von Menschen. Wenn somit bisherige Annahmen über die zeitliche Stabilität von Armut möglicherweise relativiert werden müssen, so zeigt ein anderer Befund die dennoch unveränderte Brisanz des Armutsproblems. Armutserscheinungen verallgemeinern sich zunehmend, das heißt ein immer größerer Bevölkerungsteil macht zumindest zeitweise die Erfahrung von Einkommensarmut. Insgesamt gesehen ergeben sich Fluktuationen in der Armutsbevölkerung (Berntsen/Rendtel 1991; Voges/Rohwer 1991; Ludwig 1992; Andreß 1994) und ein - so wird behauptet - bis in Mittelschichten reichendes Risiko, einmal in Armut abzusinken (Krause 1994: 195).[44]
Die „dynamischen" Forschungen stehen erst am Anfang, und zur Zeit bleiben noch viele Fragen offen. Die Ergebnisse werfen auch ein Licht auf die in Teil 1, Abschnitt 1.3.1. behandelte Frage nach der Lokalisierung der Armut. Wenn Individuen häufig nur zeitweise (ungleichheits-

---

41 Das betrifft die heftige Kontroverse zwischen Vertretern der dynamischen Armutsforschung und ihren kritischen Opponenten (Busch-Geertsema/Ruhstrat 1992 und Jacobs 1994b (Gegenpositionen); Leisering 1993a (eine Erwiderung).

42 Vgl. hierzu insbesondere Leibfried u.a. 1995.

43 Die These der „Verzeitlichung sozialer Ungleichheit" geht in Deutschland besonders auf Peter A. Berger und Ulrich Beck zurück.

44 Bislang beruht diese „Mittelschichtthese" auf einer Schichteinteilung, die sich allein am Einkommen orientiert.

relevanten) Benachteiligungen und sozialen Risikozonen wie der Armut ausgesetzt sind, so muß dies notwendigerweise Implikationen für die sozialen Erfahrungen der Betroffenen, aber auch für die Erscheinungsformen der sozialen Ungleichheit haben - ein noch weitgehend unbehandeltes Thema. Von besonderer Bedeutung für die Armutsforschung - nicht zuletzt auch für die Einschätzung der Chancenstruktur der Gesellschaft - ist die Frage nach dem „Verbleib“ der Armen, wenn sie die Armutssituation verlassen haben. Ob ihnen der Sprung in das (gehobene) Wohlstandsspektrum der Gesellschaft gelingt und dadurch eine auch dauerhafte Absicherung vor wiederkehrender Armut glückt, ist noch nicht beantwortet. Zu vermuten ist allerdings, daß vielen der ehemals Einkommensarmen allenfalls der Wiederaufstieg in die untere Wohlstandshierarchie gelingen dürfte, die sich zwar nicht durch Einkommensarmut auszeichnet, aber keine gute Absicherung vor Armut darstellt.

1.4.4. Zur Relevanz der Ergebnisse neuerer Armutsforschung für die Sozialstrukturanalyse und die Analyse sozialer Ungleichheit

Es ist festzuhalten, daß von der Armutsforschung seit mehreren Jahren mit Erfolg wichtige begriffliche „Neuerungen“ erprobt und neue Datenquellen erschlossen wurden. Samt den neueren empirischen Befunden hat sie die Erforschung der Sozialstruktur und der sozialen Ungleichheit erheblich bereichert. Die drei Komponenten sollen nun noch einmal kurz resümiert werden:

(1) der Haushalt als Bezugseinheit und die Messung des Wohlstandsniveaus und der Einkommensverteilung mit Hilfe von Äquivalenzskalen;
(2) die Fokussierung auf die reale Versorgungslage von Personen, Haushalten oder sozialen Gruppen. Das Konzept der Lebenslage umfaßt nicht nur die klassischen Schichtungskriterien wie Bildung, Beruf, Einkommen und soziale Herkunft, sondern betrachtet dazu die Versorgung in verschiedenen Lebensbereichen;
(3) die Verlaufsperspektive, die Betrachtung von Personen und Haushalten im Zeitablauf, bringt Bewegung in ein starres (oder stabiles) Bild von Sozialstruktur, von Benachteiligungen und Vergünstigungen und zeigt die zeitliche Bedingtheit von Unterversorgung.

Zwei der hier nur kurz vorgestellten Komponenten werden in Teil 1, Abschnitt 2.2.2.(2) und Teil 2, Abschnitt 2.2. und 2.3. noch ausführlich behandelt, das Lebenslagenkonzept und die Bildung von Äquivalenzeinkommen im Zusammenhang mit der Entwicklung von relativen Einkommensarmutsgrenzen. Das Ausmaß der Armut und auch des

Wohlstands stehen im Mittelpunkt des empirischen Teils dieser Untersuchung. Daher soll auf den theoretischen Hintergrund der Messung der Armut nun ausführlicher eingegangen werden.

2. Definitionen und Konzepte der Armut

2.1. Anforderungen an eine Armutsdefinition

Ein zentrales Problem der Armutsforschung stellt die Operationalisierung des Armutsbegriffs dar. Auf die Fragen, was „Armut“ ist und woran man erkennt, ob ein Mensch „arm“ ist, gibt es keine „objektive“ Antwort im Sinne einer einheitlichen und von allen geteilten Definition (Hauser 1987: 11). Der Armutsbegriff ist „vieldeutig“ und „vielschichtig“ (Hartmann 1992: 452). Eine „objektive“ Definition und Messung der Armut muß jedoch explizit, eindeutig und überprüfbar sein sowie die besten zur Verfügung stehenden Meßmethoden nutzen (Piachaud 1992: 66). Definition und Messung setzen immer bestimmte Wertentscheidungen voraus. Es konkurrieren in der Armutsforschung verschiedene Konzepte und Definitionen der Armut, und eine ganze Reihe von Armutsgrenzen sind entwickelt worden, worüber eine umfangreiche Literatur Aufschluß gibt[45]. Hartmann (1992: 452) nennt als „Eckpfeiler“ einer Armutsdefinition:

(a) „die Relativität von Armut in historischer Perspektive, d.h. die zeit- bzw. gegenwartsbezogene Definition von Armut,“
(b) „die Relativität von Armut in gesellschaftlicher Perspektive, d.h. die Abhängigkeit des Armutsverständnisses von Kultur und Lebensstandard einer konkreten Gesellschaft“, und
(c) „die Mehrdimensionalität von Armut, das ist der enge Zusammenhang zwischen materiellen, kulturellen, sozialen und psychischen Armutsaspekten.“

---

[45] Die Liste der Wissenschaftler im deutschen und besonders im angelsächsischen Sprachraum, die sich mit Konzeptualisierungen, Definitionen und der Bildung von Armutsgrenzen beschäftigen, ist mittlerweile sehr umfangreich. Es seien als wichtige Arbeiten für den deutschsprachigen Raum genannt: Lidy 1974; von Brentano 1978; Hartmann 1985; Hauser 1987; Schäuble 1984; Enderle 1987; Buhmann 1991; Glatzer u.a. 1990; Sautter/Serries 1993. Eine umfassende Literatur- und Forschungsdokumentation für die zwischen 1984 und 1987 erschienenen Arbeiten zu Armut und Sozialhilfe gibt Ross-Strajhar 1988. Eine umfassende Auseinandersetzung mit dem Armutsbegriff und der Armut erfolgt im Sonderheft 32/1992 der Kölner Zeitschrift für Soziologie und Sozialpsychologie (hrsg. von Stephan Leibfried und Wolfgang Voges). Für den nichtdeutschen, insbesondere angelsächsischen Raum: Sen 1976, 1980; Atkinson 1989; Townsend 1979, 1993; Duncan 1984.

An die Definition der Armut werden mehrere Anforderungen gestellt (ebd.); dazu zählen vor allem die Offenlegung der in der Definition zugrunde gelegten gesellschaftstheoretischen Grundannahmen, die empirische Überprüfbarkeit sowie die Berücksichtigung des wissenschaftlichen Informationsstandes über Struktur und Entwicklung der Gesellschaft.
Bevor auf die häufigsten in der Forschung verwendeten Methoden der Messung der Armut eingegangen wird, soll zunächst der theoretische Hintergrund der Armutsdefinitionen und der Armutsmessung näher beleuchtet werden. Dabei handelt es sich um die grundsätzliche Unterscheidung zwischen „absoluter" und „relativer" Armut. Hier sollen sie als die beiden „Basiskonzepte" der Armutsforschung bezeichnet werden. Es läßt sich zudem ein subjektives Konzept[46] nennen, demzufolge die Untersuchungspersonen selbst ihren Einkommensbedarf und eine kritische Schwelle festlegen, ab der sie Armut empfinden würden. Diese Vorgehensweise, die die Armutsproblematik individualisiert, findet keine politische Akzeptanz (Buhmann/Leu 1988: 80). Sie soll hier nicht weiter verfolgt werden, obwohl sie besonders für international vergleichende Armutsforschung häufiger Verwendung findet (van den Bosch 1993).

2.2. Die Basiskonzepte der Armutsforschung

2.2.1. Absolute Armut

„All concepts are relative." (Hansen 1989: 9) In der Armutsforschung wird, wie das vorangegangene Zitat deutlich macht, teilweise bestritten, daß es eine andere als die relative Definition gäbe (Leibfried/ Tennstedt 1985b: 27f.). Andere wiederum bezweifeln, ob eine exakte Trennung zwischen absoluter und relativer Armut überhaupt möglich sei; vielmehr würde eine Definition lediglich die eine oder die andere Seite stärker betonen (Sautter/Serries 1993: 11). So wird - insbesondere bei Untersuchungen über Armutserscheinungen in der Dritten Welt - weiterhin auch am Basiskonzept der absoluten Armut festgehalten. In einer empirischen Untersuchung zu sozialem Ausschluß wird

[46] Ansätze subjektiver Armutskonzepte (die Messung der Armut über Selbsteinschätzungen) stammen zum Beispiel von Rainwater (1974) und Townsend (1979). Buhmann und Leu (1988: 79) verweisen insbesondere auf die holländische Universität Leyden, wo dieser Ansatz in den letzten Jahren weiterentwickelt wurde (van Praag u.a. 1982; Hagenaars 1986 und Kapteyn u.a. 1987).

auch der Sozialhilfebezug (HLU) als Form absoluter Armut angesehen, was jedoch bezweifelt werden muß.[47]
Absolute Armut liegt vor, wenn Personen nicht über die zu ihrer Lebenserhaltung notwendigen Güter wie Nahrung, Kleidung, Obdach, Mittel der Gesundheitspflege u.a. verfügen. Diesem Ansatz zufolge läßt sich ein im wesentlichen nach physiologischen Kriterien bestimmtes Existenzminimum definieren, ungeachtet der üblichen Lebensstandards in der Gesellschaft. Von absoluter Armut betroffen zu sein, führt bei längerer Dauer dieses Zustands zu schweren physischen Beeinträchtigungen und letztlich zum Tod, der durch Verhungern, Erfrieren, unbehandelte Krankheiten o.ä. hervorgerufen werden kann (vgl. hierzu Hauser 1987: 13). Zum Konzept der absoluten Armut wird von verschiedenen Autoren kritisch angemerkt, daß die Festlegung allgemeingültiger Nahrungsmittelbedarfe außerordentlich schwierig sei. Ebenso sei fraglich, ob unterteilt werden könne in einen die physische Existenz sichernden Bedarf einerseits und einen übrigen Bedarf andererseits, ungeachtet der geographischen, sozialen und kulturellen Umstände einer Gesellschaft (Buhmann/Leu 1988: 77f.; Hansen 1989: 10).
Sautter und Serries (1993: 9f.) unterscheiden zwei Definitionen: „absolute Armut im engeren Sinne“ und „absolute Armut im weiteren Sinne“. Erstere setzt als Maßstab, der für alle Länder gelten kann, einen Mindestbedarf zur Aufrechterhaltung der physischen Existenz. Die zweite basiert auch auf einem Existenzminimum („minimal standard of living“), das aber abhängig ist vom Lebensstandard einer Gesellschaft und daher nicht zeit- und kulturunabhängig fixiert werden kann. Nach Sautter und Serries folgt aus dem Konzept der „absoluten Armut im weiteren Sinn“ das sozio-kulturelle Existenzminimum, das bestimmte Bedarfe für ein auskömmliches Leben in erkennbarem Abstand vom allgemeinen Lebensstandard der Durchschnittsbevölkerung festlegt. Es ist fraglich, ob diese definitorische Unterscheidung sinnvoll ist, denn die erweiterte Fassung der absoluten Armut stellt im Kern durchaus ein relatives Konzept dar, wie dies im nächsten Abschnitt beschrieben wird.

[47] Die Studie von Infratest Sozialforschung für die Europäische Kommission (DG V Employment and Social Affairs) „Observatory on Policies to Combat Social Exclusion. Annual Report 1990 for the Federal Republic of Germany“ benutzt den Begriff absoluter Armut für „persons who receive social assistance“, worunter der Autor die laufende Hilfe zum Lebensunterhalt versteht (Kortmann 1990).

2.2.2. Relative Armut

Bei relativer Armut wird der Lebensstandard von Personen oder Haushalten ins Verhältnis zu dem durchschnittlichen Lebensstandard der Gesamtbevölkerung gesetzt. Deshalb wird argumentiert, daß relative Armut nichts anderes sei als soziale Ungleichheit und mit der Einkommenssituation in einer Bevölkerung variiere. Diese Problematik einer relativen (Einkommens-)Armutsdefinition wird im folgenden Zitat von Stein Ringen (1987) deutlich:

> „If everyone overnight miraculously doubles their income, there will still be as much poverty, and there will be no more poverty even if everyone from one day to another should lose half of their income." (zit. in Hansen 1989: 12)

Eine relative Armutsdefinition, deren einziges Kriterium das Einkommen ist, wird konkrete Veränderungen in der Lebenssituation der Menschen nicht feststellen können. Einerseits kann es den relativ Armen trotz großer Einkommensungleichheit im Lande wirtschaftlich durchaus gut gehen, wenn sie über ein Einkommen verfügen können, das ihren Lebensunterhalt befriedigend abdeckt. Andererseits könnte bei völliger Gleichverteilung des Einkommens - womit keine relative Armut vorliegen würde - das Einkommensniveau so niedrig sein, daß ein Überleben nur mit äußerster Mühe möglich wäre. Der Anteil der relativ Armen würde selbst bei einem beträchtlichen Einkommensrückgang unverändert bleiben, wenn dieser alle in gleichem Maße beträfe (Sautter/Serries 1993: 11). Parallel dazu könnte sich zudem die Ernährungsversorgung einer Bevölkerung deutlich verschlechtern, worauf das relative Konzept nicht angemessen reagieren würde. In Entwicklungsländern blendet ein solcher Entwurf daher die realen und häufig drastisch ablaufenden Veränderungen, wie gesamtwirtschaftliche Einbrüche, aus und scheint als ein Indikator zur Beschreibung der dortigen Lebenssituation wenig geeignet zu sein.

Diese Feststellungen gelten aber nicht in Wohlfahrtsstaaten mit ausgebauten sozialen Sicherungssystemen und weitgehender Monetarisierung des wirtschaftlichen Geschehens. Aus der Definition als „relative Armutsgrenze" folgt, daß diese bei zunehmendem durchschnittlichen Lebensstandard in gleichem Ausmaß ansteigt. Bei Verwendung einer derartigen Meßlinie wird aus einer Vergrößerung der Armutspopulation im Zeitablauf deutlich, daß immer mehr Menschen mit der durchschnittlichen Einkommensentwicklung nicht mithalten können. Aus einer Abnahme der Armutspopulation läßt sich der umgekehrte Schluß ziehen. Da mit der Verfügbarkeit über monetäre Mittel die Lebenschancen in verschiedenen Lebensbereichen mehr oder weniger stark beeinflußt werden, bedeutet das Zurückfallen einer Bevölkerungsgruppe beim Einkommen ihre mögliche Marginalisierung und soziale Ausgrenzung. Will man also die von Marginalisierungserscheinungen betroffenen oder bedrohten Bevölkerungsteile in entwickelten Sozialstaaten erfassen, so wird man immer (auch) auf eine relative Armutsgrenze zurückgreifen müssen. Das impliziert nicht, daß alle Ausgrenzungserscheinungen durch eine Einkommensdeprivation erkennbar sind oder sich dahinter verbergen würden.

Eine relative Armutsdefinition fußt letztlich stärker als eine absolute auf normativen Entscheidungen. Zu entscheiden ist, welche Kriterien für die Bestimmung der relativen Armut herangezogen werden sollen und ab welchem Grad des Abweichens vom durchschnittlichen Wohlstand Armut vorliegt.

Eine allgemeine Definition relativer Armut geben Richard Hauser und Udo Neumann (1992: 246): Darunter sei ein Mangel an Mitteln zur Sicherstellung „des *Lebensbedarfs* auf dem jeweils historisch geltenden, sozialen und kulturellen, typischen Standard einer jeweiligen Gesellschaft“ zu verstehen. „Der normativ zu bestimmende Grad des Unterschreitens jener Standards wird dabei als Armutsgrenze definiert und kann als *sozio-kulturelles Existenzminimum* bezeichnet werden.“ (Hervorhebungen im Original) Die Autoren halten fest, daß dieser Begriff nicht identisch ist mit „sozialer Ungleichheit“ oder mit „Deprivation“. Entscheidend ist der Grad des Unterschreitens, also das Ausmaß der Einkommensungleichheit bzw. Deprivation, wodurch Armut als soziale Kategorie bestimmt wird. Die vielen Definitionen des sozio-kulturellen Existenzminimums führen Hauser und Neumann auf zwei Ansätze zurück: den Ressourcen- und den Lebenslagenansatz, die nun vorzustellen sind.

(1) Der Ressourcenansatz

Ressourcen sind finanzielle oder andere, nicht monetäre Mittel, die einer handelnden Person zur Verfügung stehen und von dieser zu verschiedenen Zwecken eingesetzt werden können. Der Verbrauch von Ressourcen ermöglicht es, Bedürfnisse zu befriedigen und Ziele zu verwirklichen. Sie begründen somit ein allgemeines Handlungspotential.

Analytisch kann zwischen *materiellen* und *immateriellen* Ressourcen unterschieden werden. Unter materiellen Ressourcen lassen sich alle stofflich gebundenen „Mittel“ verstehen, wie Wohnung, Ausstattungsgegenstände und Gebrauchsgüter aller Art. Auch die nichtmonetären Einkommensarten können zu den materiellen Ressourcen gerechnet werden, wie beispielsweise die aus der Haushaltsproduktion resultierenden Erträge, öffentlich bereitgestellte (Dienst-)Leistungen oder im Sozialversicherungssystem erworbene Anwartschaften. Das Erwerbseinkommen, Vermögen und Vermögenseinkommen, staatliche und private Transfers lassen sich ebenfalls den materiellen Ressourcen zuschreiben, können aber auch als *monetäre* aufgefaßt werden (Krause/Schäuble 1986: 22f.). Zu den immateriellen Ressourcen sind Ausbildungsstand, soziale Kontakte und Unterstützungsbeziehungen, aber auch der Gesundheitszustand und emotionales Wohlbefinden zu zählen.[48]

Ressourcen lassen sich auch danach unterscheiden, wie sie sich einsetzen lassen. So ist eine Berufsausbildung *speziell* im Bereich der Erwerbsarbeit verwertbar, das Einkommen oder die formale schulische Bildung lassen sich hingegen in mehreren Bereichen *konvertibel* (Hütter 1984: 21f.) bzw. *universell* für die Zielerreichung einsetzen. Eine weitere Unterscheidung bezieht sich auf den Personenkreis, der Zugang zu materiellen und immateriellen Ressourcen in einer Gesellschaft hat. Sie können sich entweder im *Privatbesitz* befinden oder *gesellschaftlich bereitgestellt* werden und somit jeder Person zur Verfügung stehen. Das Arbeitseinkommen wird durch Erwerbsarbeit erzielt, es ist im Besitz des Erwerbstätigen (und seiner Familie). Das kulturelle Angebot einer Kommune ist grundsätzlich allen Bürgern der Kommune und meistens auch allen anderen Bürgern zugänglich. Es ist eine *allgemeine* Ressource für den Lebensbereich Freizeit. Sie berührt direkt und indirekt auch andere Bereiche (Haushalt und Familie) und kann kompensatorischen Einfluß auf einen relativen Ressourcenmangel im privaten Bereich (Haushalt) ausüben.[49]

---

[48] Je nach Fragestellung können materielle oder monetäre Ressourcen als „symbolische“ aufgefaßt werden, wenn ihr Besitz zugleich Ausdruck zum Beispiel für Wohlstand, Reichtum oder Armut ist. So ist eine mangelhafte, den Normalstandards nicht entsprechende Ausstattung einer Wohnung ein „Zeichen“ für Armut.

[49] Die wichtige Frage, wie der Zugang zu Ressourcen in einer Gesellschaft geregelt ist, soll hier nicht angegangen werden. Daß der Zugang zu den Institutionen und Orten der Bildung und Ausbildung, der Einkommenserzielung und der gesellschaftlichen Positionen nicht allen Menschen gleichermaßen offensteht, ist sicherlich eine unbestrittene soziologische Erkenntnis. Das Thema Chancengerechtigkeit, das in den 70er Jahren noch öffentlich und kontrovers diskutiert wurde, spielt in der heutigen öffentlichen Diskussion kaum noch eine Rolle, obwohl außer Frage steht, daß bestimmten sozialen Gruppen (zum Beispiel Arbeiterkindern) einzelne gesellschaftliche Bereiche (Universität) weiterhin nur sehr einge-

Wie verwendet die Armutsforschung den Ressourcenbegriff? Im ressourcentheoretischen Ansatz der Armutsforschung wird die *tatsächliche Verwendung* und Nutzung der Mittel außer acht gelassen. Eine Gesellschaft kann ihren Mitgliedern Ressourcen öffentlich bereitstellen; ob diese auch von allen genutzt werden, kann bezweifelt werden. Auch bei (privaten) monetären Ressourcen sagt die Verfügbarkeit nichts über die tatsächliche Verwendung aus. Ressourcen stehen folglich für eine *potentielle* Versorgungslage. Welche *reale* Versorgungslage aus der Nutzung der Ressourcen entsteht und welches Wohlfahrtsniveau durch den Einsatz der Ressourcen erreicht werden kann, ist eine Fragestellung, die durch Rückgriff auf das Konzept der Lebenslage angegangen werden kann, das im folgenden Abschnitt ausführlicher beschrieben wird.

Der Ressourcenansatz der Armut impliziert, daß bei „ausreichender" Verfügbarkeit über monetäre Ressourcen (also Geldeinkommen und Vermögen) alle relevanten Lebenschancen gesichert und alle wichtigen Bedürfnisse befriedigt werden können (Hauser u.a. 1981: 26). Zu den monetären Ressourcen zählen neben dem Vermögen auf der Ebene der Primäreinkommen die Entgelte aus Arbeitsleistung, aus Gewerbebetrieb und Vermögensbesitz (wie Pacht, Zins, Miete, Dividende) und die Transfereinkommen (wie Arbeitslosengeld, Wohngeld, Renten, Kindergeld usw.) (Hauser 1987: 17f.). Für Armutsmessungen sind aber nur die „verfügbaren" monetären Mittel von Belang. Das bedeutet, daß die monetären Mittel um Steuern, Sozialabgaben und andere Verpflichtungen (private Unterhaltsleistungen) vermindert werden müssen, so daß man ein Nettoeinkommen erhält, das für Ausgaben verfügbar ist.

Die „Ressourcendefinition der Armut" unterliegt allerdings der Einschränkung, daß alle Grundbedarfsgüter für jeden *ohne Diskriminierung* und *zu annähernd gleichen Preisen* zugänglich sein müssen. Das Vorliegen dieser Voraussetzung sollte stets geprüft werden, bevor man den Ressourcenansatz ausschließlich zur Grundlage für eine Armutsbestimmung macht. Wer in einer funktionierenden Marktwirtschaft ohne Rationierung über ausreichende monetäre Mittel verfügt, kann alle erforderlichen Grundbedarfsgüter kaufen. Wie die monetären Mittel tatsächlich verwendet werden, liegt in der Verantwortung der Individuen selbst; die „Ressourcendefinition der Armut" betont daher

---

schränkt zugänglich sind (Ostlender 1994; Geißler 1994c). Als Ausschließungsmechanismus wirkt in diesem Zusammenhang auch, wenn für öffentliche Güter, die zuvor kostenlos angeboten wurden, Gebühren erhoben werden.

die Selbstverantwortung des Einzelnen. Sie stellt implizit Anforderungen an die psychosozialen Ressourcen jedes einzelnen, eigenständig mit den Mitteln einen optimalen Nutzen zu erreichen. Auf die Problematik, ob jeder Mensch dazu in der Lage ist (oder überhaupt sein kann), geht das Konzept nicht ein.
Aus dieser an monetären Ressourcen orientierten Bestimmung der Armut folgt: Wenn das verfügbare Einkommen einzelner Personen oder Haushalte eine festgelegte Armutsgrenze übersteigt und auch die übrigen Voraussetzungen zutreffen (funktionierende Marktwirtschaft ohne Rationierung), dann liegt definitionsgemäß keine relative Einkommensarmut vor, obwohl bei Betroffenen dennoch Unterversorgung und Mangelerscheinungen in einzelnen Lebensbereichen auftreten können. Je nach Einsatz der Mittel kann es durchaus zu Unterversorgungen kommen. Das Festhalten an der monetären Ressource „Einkommen" kann somit in einer hoch monetarisierten Gesellschaft als ein durchaus geeignetes und aussagekräftiges Vorgehen gewertet werden, wenngleich die Grenzen des Konzepts offensichtlich sind[50]. Eine Armutsbekämpfung, die an der Ressourcendefinition ansetzt, muß daher versuchen, die Armen so weit mit monetären Mitteln auszustatten, daß ein ausreichendes Einkommen gewährleistet wird, mittels dessen andere (käufliche) Sach- und Dienstleistungen erworben und alle relevanten Bedürfnisse befriedigt werden können. Relative Einkommensarmut (an einer nicht zu hoch angesetzten relativen Einkommensgrenze) könnte durch geeignete sozialpolitische Maßnahmen vollständig beseitigt werden (Hauser 1981 u.a.: 31). Die Ungleichheit der Einkommensverteilung würde dadurch abnehmen.
Wie schon dargelegt wurde, läßt sich von der Verfügbarkeit über Ressourcen nicht schlüssig auf die tatsächliche Versorgungslage schließen. Wie sich die Lebensverhältnisse bei unterschiedlicher oder auch vergleichbarer Ressourcenausstattung tatsächlich gestalten, ist eine Frage danach, welche Versorgungsniveaus in einzelnen Lebensbereichen erreicht werden. In der (deutschen) Armutsforschung ist der Begriff der Lebenslage zu einem festen Bestandteil der Terminologie geworden. Es gibt jedoch keine allgemein anerkannte Auffassung darüber, was unter „Lebenslage" zu verstehen ist. Zum Lebenslagenbe-

---

[50] Sautter und Serries (1993: 51) verweisen auf die implizite Nichtbeachtung von „nicht-monetären Einkommen" (wie zum Beispiel Erträge aus der Haushaltsproduktion). Sie sind wohlstandsrelevant, gehen aber konzeptionell nicht in eine Ressourcendefinition, die am Einkommen orientiert ist, ein.

griff liegen bislang verschiedene Versionen vor, weshalb eine ausführliche Erläuterung und Diskussion notwendig ist.

(2) Der Lebenslagenansatz

Ausgangspunkt jeder empirischen Untersuchung ist es, unabhängig davon, ob es sich um eine theorie- bzw. hypothesentestende oder um eine deskriptive Vorgehensweise handelt, daß die „empirische Wirklichkeit mit Begriffen verknüpft wird“ (Kromrey 1983: 40f.). Bis zu dieser Stelle sind „Begriff der Lebenslage“ und „Konzept der Lebenslage“ synonym verwendet worden; nunmehr ist eine Präzisierung notwendig. „Konzept“ geht über „Begriff“ hinaus. „Konzept der Lebenslage“ faßt den „Begriff“ in ein umfassendes theoretisch-methodisches Programm, zielt also auf die zu untersuchenden Sachverhalte und impliziert die Operationalisierung des Begriffs in einem empirischen Programm, um soziale Wirklichkeit beschreiben und erklären zu können.
Obwohl auf eine relativ lange Geschichte des Begriffs der Lebenslage zurückgeblickt werden kann, ist seine theoretische Fundierung noch wenig ausgearbeitet. In den letzten Jahren hat der Begriff eine zunehmende Aufmerksamkeit in der Armutsforschung, der Wohlfahrtsforschung und zur Analyse sozialer Ungleichheit gewonnen (vgl. hierzu Jacobs 1994a). Anders als beim Klassen- und Schichtbegriff steht jedoch sowohl die theoretische Fundierung wie auch die empirisch-operationale Ausformung zu einem Konzept noch am Anfang. Zur Zeit kann das Lebenslagenkonzept als ein innovativer Ansatz zur Sozialstrukturanalyse im allgemeinen und zur Armutsanalyse im besonderen angesehen werden. „Lebenslage“ soll den Klassen- oder Schichtbegriff nicht ersetzen; bei theoretischen und empirischen Fragestellungen sind weiterhin beide Begriffe durchaus sinnvoll zu verwenden. Auch steht „Lebenslage“ begrifflich nicht synonym für „Soziale Lage“. Der Begriff der „Sozialen Lage“ wird vielmehr zur relativ großflächigen (vertikalen) Gliederung der Gesellschaft herangezogen, wenn auch eine Feindimensionierung (bei Hradil) besondere Lebensbedingungen kennzeichnen soll („spezielle“ Soziale Lagen).
Der Begriff „Lebenslage“ stammt nicht aus der soziologischen Terminologie und ist ursprünglich auch nicht in Armutsuntersuchungen verwendet worden. Er ist in der sozialwissenschaftlichen Literatur, insbesondere im Grenzbereich zwischen Sozialpolitik, Soziologie und Sozialarbeit angesiedelt. Als Schöpfer des Begriffs der Lebenslage lassen sich Otto Neurath in der Weimarer Republik und Gerhard Weisser in der Nachkriegszeit nennen (Glatzer/Hübinger 1990; Glatzer/Neumann

1993). Eine neuere Fassung geht auf Ingeborg Nahnsen (1975) in die Mitte der 70er Jahre zurück.

Folgt man der Definition des Lebenslagenbegriffs von Gerhard Weisser, dann tritt deutlich der handlungstheoretische Kern des Konzepts zum Vorschein, der in neueren Untersuchungen aber eher vernachlässigt wird[51]. Nach Weisser (1956: 986) ist „Lebenslage eines Menschen":

> „(der) Spielraum, den einem Menschen (einer Gruppe von Menschen) die äußeren Umstände nachhaltig für die Befriedigung der Interessen bieten, die den Sinn seines Lebens bestimmen."[52]

Helmut Hartmann (1992) hat eine weitere terminologische Klärung des Begriffs vorgenommen. Unter Bezug auf den Weisserschen Begriff der Lebenslage grenzt Hartmann Lebenslagenkonzept und Deprivationskonzepte deutlich voneinander ab.[53] Die Bewertung der Lebenslage bemißt sich daran, wie durch sie Mittel bereitgestellt werden, die die „Grundanliegen" (sinnliche, geistig-kulturelle Interessen und Bedürfnisse) der Menschen erfüllen. Diese sind in „freier Selbstbesinnung" entstanden und lebenssinnstiftend. Sie sind also nicht von aussen an die Individuen herangetragen worden, sondern es sind im „wohlverstandenen Interesse" von ihnen definierte Bedarfe. Zu diesen Interessen zählen nicht nur materielle Ressourcen, sondern auch Arbeitsfreude, Prestige u.a.m. Hartmann (1992: 454) konstatiert, daß nach Weisser das „Verhältnis zwischen objektiv gegebenen Handlungsspielräumen und den subjektiv vorhandenen Interessenorientierungen (im Rahmen der äußeren Umstände)" entscheidend sei. Im Weisserschen Sinne ist eine an der Lebenslage ausgerichtete Armutsbestimmung mehr als der Ausweis von Kumulationen materieller und immaterieller Art, die mit Hilfe von Sozialindikatoren gemessen werden können. Vielmehr ziele das Konzept von Weisser auf sozialen Ausschluß. Armut sei erst beseitigt, wenn den Individuen solche

---

[51] Eine Ausnahme ist die Arbeit von Lompe (1987) und seiner Arbeitsgruppe, der die Handlungsorientierung des Lebenslagenkonzepts betont und für seine Untersuchung fruchtbar gemacht hat.

[52] Hartmann (1992: 453) zitiert eine andere Definition von Weisser (1972: 770): „Als Lebenslage gilt der Spielraum, den die äußeren Umstände dem Menschen für die Erfüllung der Grundanliegen bieten, die ihn bei der Gestaltung seines Lebens leiten oder bei möglichst freier und tiefer Selbstbesinnung und zu konsequentem Verhalten hinreichender Willensstärke leiten würden."

[53] Die Interpretation des Lebenslagenkonzepts von Weisser folgt den Argumenten von Hartmann (1992: 453-455).

Handlungsmöglickeiten offenstehen, die es ihnen erlauben, ihre Lebenslage zu verbessern, also durch eigene Aktivitäten ihre Armutslage beenden. Die nicht erwerbstätigen Individuen sollen so weit abgesichert sein, daß sie ein soziales Existenzminimum erreichen. Dieses soll aber nicht die Höhe eines möglichen Arbeitsentgelts erreichen, das die Hilfebedürftigen durch eine Erwerbsarbeit, wenn sie ihr nachgingen, erzielen könnten. Eine volle Angleichung aller der Lebenslagen als gesellschaftliches Ziel wird bei Weisser nicht verfolgt.
Die Definition von Weisser bleibt letztlich unbestimmt und hat so viele Fragen offengelassen, daß sie andere Autoren veranlaßt hat, Konkretisierungen vorzunehmen, um dadurch eine Operationalisierung zu erleichtern. Bei allen Vorzügen, die das Weissersche Lebenslagenkonzept bietet, sind doch erhebliche Umsetzungsprobleme für die empirische Forschung offensichtlich. Die nachhaltigste Wirkung für die weitere Verwendung des Lebenslagenbegriffs hat die begriffliche Präzisierung von Ingeborg Nahnsen (1975) gehabt. Ihre inhaltliche Bestimmung im Rahmen einer Untersuchung zum Arbeitsschutz zielt nicht auf die Begriffe „Interesse", „(Lebens-)Sinn", sondern stellt die „Bedingungskomplexe", die Lebenslagen konstituieren, in den Mittelpunkt der Definition. Aber auch Nahnsen hat keine zusammenfassende Definition vorgelegt. Scharf (1977: 48) jedoch hat den Begriff von Nahnsen zusammengefaßt und formuliert[54]:

> „Lebenslage ist der durch die gesellschaftlichen (ökonomischen, sozialen und kulturellen) Strukturen abgesteckte individuelle Spielraum zur Entfaltung und Befriedigung von existentiellen Bedürfnissen. Die Lebenslage umreißt also die sozialen Chancen eines Individuums in der Gesellschaft. Im einzelnen stellt sich die Lebenslage dar als:
>
> (a) der Versorgungs- oder Einkommensspielraum, der den Umfang der möglichen Versorgung mit Gütern und Diensten bestimmt;
> (b) der Kommunikations-, Interaktions- und Kooperationsspielraum, der die Möglichkeiten sozialer Kontakte und des Zusammenwirkens mit anderen umreißt;

[54] Diese Zusammenfassung von Scharf ist Schäuble (1984: 242) entnommen. Die hier erfolgte Zitierweise erklärt sich aus der sehr sporadischen Literatur zum Begriff der Lebenslage. Daher ist der Rekurs auf die Originalquelle nicht immer leicht möglich und ein Zurückgreifen auf resümierende (oft aber auch nur kurze) Darstellungen notwendig. Auch scheint die gesamte Beschäftigung mit dem Begriff der Lebenslage letztlich nur auf wenige Autoren (vor allem auf Weisser und Nahnsen) zurückzuführen.

(c) der Lern- und Erfahrungsspielraum, der die Chancen zur Interessenentfaltung und -realisierung durch Sozialisation, Bildung und Ausbildung, Erfahrungen in der Arbeitswelt usw. absteckt;
(d) der Dispositions- und Entscheidungsspielraum, der dem Individuum auf verschiedenen Lebensgebieten Mitbestimmung und Mitentscheidung erlaubt;
(e) der Muße- und Regenerationsspielraum, der den Ausgleich psychophysischer Belastungen ermöglicht und von den Arbeitsbedingungen, dem Wohnmilieu, der Umwelt usw. abhängt."

Auch die Bezugnahme auf diese komplexe Definition ist mit erheblichen Schwierigkeiten im Hinblick auf die Operationalisierung konfrontiert. „Lebenslage" rekurriert nicht nur auf die Gesamtheit von objektiven Lebensbedingungen, wie das bei den Umschreibungen des Lebenslagenbegriffs oft getan wird. Mit der Betonung auf Handlungsspielräume sind die Menschen als handelnde Subjekte angesprochen, als Akteure, die mit ihren Lebensbedingungen „umgehen", das heißt aktiv an der Gestaltung ihrer Lebensbedingungen beteiligt sind. Die Lebenslage ist jedoch niemals isoliert vom „gesellschaftlichen" Rahmen zu beurteilen. Es sind ganz bestimmte ökonomische, soziale und kulturelle Bedingungen und Umstände, in denen Spielräume erst zur Geltung kommen können. Sie sind somit nicht nur beeinflußbar durch die Akteure selbst, sondern insbesondere auch durch sozialpolitische Eingriffe. Daher läßt sich die Lebenslage, im Sinne von Nahnsen, nicht ohne Rekurs auf die institutionellen gesellschaftlichen Rahmenbedingungen bestimmen und erklären. Wenn Handlungsspielräume genutzt werden, dann sollen sie der Entfaltung und Befriedigung „existentieller" Bedürfnisse dienen. Werden die existentiellen Bedürfnisse auf alle Handlungsbereiche (Einzelspielräume) bezogen, ist das Wechselspiel, der interdependente Zusammenhang der einzelnen fünf Bereiche zu thematisieren.
Eine an Nahnsens Definition orientierte angemessene Umsetzung des Lebenslagenkonzepts ist daher vor schwierige theoretische und empirische Aufgaben gestellt. Einige wichtige seien genannt:

(a) die Bestimmung der gesellschaftlichen Faktoren, die auf die Lebensbedingungen der Menschen einwirken,
(b) die Ausarbeitung der handlungstheoretischen Bezüge des Lebenslagenbegriffs,
(c) die inhaltliche Bestimmung der einzelnen Komponenten, die die verschiedenen Handlungsspielräume enthalten,
(d) die Bestimmung und Analyse des Zusammenhangs der Einzelspielräume, welche die Lebenslage determiniert,

(e) im Hinblick auf Armutslagen sind Handlungsspielräume zu umschreiben, die Armut anzeigen, und eine Gesamtheit von beschränkten Handlungsspielräumen zu bestimmen, aus der Armut erst hervorgehen kann, oder die sie definiert.

Schäuble (1984: 240) konnte Mitte der 80er Jahre resümieren, daß der Begriff der Lebenslage weder theoretisch noch empirisch ausreichend abgesichert sei und lediglich Umsetzungen in kleineren und regional begrenzten Untersuchungen stattgefunden haben. Seit Ende der 80er Jahre haben verschiedene empirische Armutsuntersuchungen Bezug auf den Begriff der Lebenslage genommen. Dabei zeigen sich zwar sehr unterschiedliche Verwendungsmöglichkeiten des Begriffs, aber auch erhebliche Anstrengungen, den Begriff sowohl theoretisch als auch empirisch nutzbar zu machen.

In den 80er Jahren war es besonders die Arbeitsgruppe um Lompe (1987), die den Lebenslagenbegriff mit Bezug auf Nahnsen in einer empirischen Untersuchung eingebracht und von der vielfältige positive Nachwirkungen ausgingen. In einer kleinen Stichprobe von 32 arbeitslosen Sozialhilfeempfängern wurde mit Hilfe von Intensivinterviews eine Lebenslagenanalyse durchgeführt. Vor dem Hintergrund der sozio-ökonomischen Rahmenbedingungen in einer Region Niedersachsens wurde jeder der fünf Einzelspielräume bei den Befragten angesprochen. Als Ergebnis der qualitativen Auswertungen zeigt sich, daß die knappen finanziellen Mittel den weitreichendsten Einfluß auf alle anderen Handlungsspielräume ausüben. Lern- und Erfahrungsspielräume, die durch das Bildungsniveau bestimmt werden, haben maßgeblichen Einfluß auf die subjektiven Bewältigungsformen der durch monetäre Not geprägten Lebensverhältnisse. Insgesamt unterliegen bei den Befragten alle Handlungsspielräume mehr oder weniger großen Einschränkungen, das außerfamiliale Engagement (Partizipation) verringert sich weitgehend, soziale Kontakte werden reduziert, Tagesabläufe entstrukturiert und durch Langeweile beherrscht. Daher verwundert es nicht, daß Muße und Regeneration trotz „freier“ Zeit bei den befragten Sozialhilfeempfängern Zukunftsängsten und Ziellosigkeit gewichen sind (Krieger/Schläfke 1987). Die Auswertungen verwirklichen ihr Hauptanliegen in der Bildung von vier „Lebenslagenprofilen“ (Pollmann 1987). Das sind sozio-ökonomische Gruppen, die sich hinsichtlich sozialstruktureller Merkmale, schulischer und beruflicher Qualifikationen, der gesundheitlichen Situation und der sozialen Einbindung sowie der Selbstwahrnehmung und -deutung unterscheiden. Die Untersuchung vermittelt einen tiefen Einblick in die Lebensbedingungen und Lebensumstände von Sozialhilfeempfän-

gern und in ihre individuellen Bewältigungsstrategien. Diese ambitionierte Armutsuntersuchung kann als ein Versuch - mit explorativem Charakter - angesehen werden, auf Grundlage eines komplexen Lebenslagenkonzepts Armut zu beschreiben.
In den letzten Jahren wurden weitere Untersuchungen mit einer Orientierung am Lebenslagenkonzept durchgeführt, wenn auch nicht mit explizitem Bezug auf Weisser oder Nahnsen. Krause und Schäuble (1988) haben den Lebenslagenbegriff in ihrer empirisch anspruchsvollen Untersuchung der Sozialstruktur Westdeutschlands verwendet. Für die soziale Gruppierung der Haushalte in der Bundesrepublik Deutschland ziehen sie neben dem Begriff der Lebenslage auch den der „Wohlfahrtslage" heran (ebd.: 18, 209, 253). Eine Wohlfahrtslage beschreibt die über Einkommen (nach einer Personengewichtung bestimmte Haushaltseinkommensklassen) vermittelten Lebenschancen. Innerhalb einer Wohlfahrtslage lassen sich unterschiedliche soziale Gruppierungen finden. Das sind Lebenslagen, die jeweils für sich betrachtet gleiche Lebenschancen anzeigen sollen. Lebenslage ist demnach ein Konzept der Binnendifferenzierung von Wohlfahrtslagen. Es umfaßt nur sozio-demographische und sozialstrukturelle Variablen (Alter, Geschlecht, Bildung, Einkommen, Haushaltstypen, soziale Stellung sowie die Wohnform und die Gemeindegröße), aber keine relevanten objektiven und subjektiven Indikatoren, die konkrete Versorgungssituationen und Wohlbefinden beschreiben könnten[55].
Hauser und Hübinger (1993a; 1993b) haben in einer Kombination von Ressourcen- und Lebenslagenkonzept Erscheinungsformen der Einkommensarmut beschrieben. Die Forscher haben verschiedene Dimensionen der Lebenslage, wie Wohnen, soziale Beziehungen und Unterstützung, Gesundheit und subjektives Wohlbefinden, in Abhängigkeit vom Einkommensstatus der Untersuchungspersonen untersucht. Auf diese Weise ist die unterschiedliche Betroffenheit von Deprivationen bei Einkommensarmen und Personen, deren Einkommen die Armutsgrenze übersteigt, offengelegt worden. Die Studie demonstriert exemplarisch, daß sich Ressourcen- und Lebenslagenansatz nicht „trennscharf" abgrenzen lassen, was auch Sautter und Serries (1993: 15) deutlich gemacht haben.
Die theoretische Leitvorstellung einer zur Zeit laufenden empirischen Armutsuntersuchung in der Schweiz ist das Lebenslagenkonzept mit dem Ziel, es auf die besonderen schweizerischen Verhältnisse hin zu

[55] Das ist ein Defizit, das die Autoren selbst eingestehen. Der Begriff der Lebenslage stützt sich auf eine Merkmalsstruktur sozialer Gruppen, hebt also nicht auf Versorgungslagen ab (Krause/Schäuble 1988: 210f.).

operationalisieren (Leu 1991). Die Attraktivität des Lebenslagenbegriffs zeigt sich auch darin, daß kommunale Armutsberichte der Städte Stuttgart (Sozialhilfebericht der Stadt Stuttgart 1990) und München (Stadt München 1991) ihre Untersuchungen am Begriff der Lebenslage orientieren. Sie können sich jedoch im wesentlichen nur auf amtliche und prozeßproduzierte Daten stützen, was einer Realisierung des Lebenslagenkonzepts enge Grenzen setzt.

Ein Hauptanliegen der am Konzept der Lebenslage orientierten Armutsuntersuchungen ist es, eine ausschließlich an ökonomischen Ressourcen ausgerichtete Betrachtung der Armut zu überwinden, um zu einer umfassenderen Sichtweise von Unterversorgung und Benachteiligung zu gelangen. Dadurch wird das Lebenslagenkonzept auch einer Forderung „moderner Sozialstrukturanalyse“ (Hradil 1987) gerecht, bislang nur unzureichend oder gar nicht thematisierte „neue“ Dimensionen sozialer Ungleichheit, wie Wohn- und Wohnumweltbedingungen, soziale Beziehungen und soziale Sicherheit, in die Betrachtung mit aufzunehmen. Auch Döring u.a. (1990; vgl. auch Schneider 1989) erwarten von einer Erweiterung des Armutsbegriffs durch eine Orientierung an der Lebenslage eine differenzierte Betrachtung sozial-ökonomischer Unterversorgungserscheinungen.

Die Festlegung einer Armutsgrenze, die allein auf dem Lebenslagenkonzept fußt, ist bislang jedoch noch nicht verwirklicht worden. Armut mehrdimensional als Kumulation oder Kombination von Unterversorgungen und Benachteiligungen zu definieren, scheint letztlich weder theoretisch noch empirisch einlösbar. Dazu müßten in noch zu bestimmenden zentralen Lebensbereichen Mindeststandards zugrundegelegt werden. Das Nichterreichen mehrerer solcher Standards würde Armut anzeigen. Es ist offensichtlich, daß diese Vorgehensweise kaum lösbare Probleme bereiten muß. Das betrifft die normativen Entscheidungen bei der Auswahl der Mindeststandards ebenso wie auch die Frage nach Möglichkeiten der Kompensation von Defiziten in bestimmten Bereichen durch Überversorgungen in anderen. Das gleiche gilt für den empirisch-operationalen Aufwand. Vielversprechender scheint die Kombination von Ressourcen- und Lebenslagenansatz. Das Schlüsselmerkmal von Armut ist und bleibt das Unterschreiten einer Einkommensgrenze. Die unterschiedlichen Erscheinungsformen der Armut werden aber erst sichtbar, wenn wichtige Lebensbereiche derjenigen, die eine Einkommensgrenze unterschreiten, betrachtet werden.

Abschließend stellt sich die Frage, ob es sinnvoll ist, die konzeptionellen Ansprüche an das Lebenslagenkonzept so hoch anzusetzen, daß weder die theoretischen Probleme lösbar noch eine empirische Umset-

zung verwirklichbar erscheint. Im empirischen Teil 4 dieser Untersuchung werden lediglich einzelne Komponenten der Lebenslage betrachtet, d.h. es werden in Abhängigkeit vom Ausmaß der Armut und des Wohlstands die Lebensbedingungen der Untersuchungspopulation betrachtet. Dies bedeutet eine Einengung des Lebenslagenkonzepts im wesentlichen auf die reale Versorgungslage. Auf die soziologisch relevante Handlungsdimension des Lebenslagenbegriffs kann nicht Bezug genommen werden.[56]
Vor diesem theoretischen Hintergrund der Konzeptualisierung der Armut sollen nun die wichtigsten Verfahren zu ihrer Messung kurz erläutert werden. Dabei wird deutlich werden, daß eine strikte Abgrenzung der Verfahren nach Ressourcen- und Lebenslagenkonzept nicht leicht fällt.

2.3. Bildung von Armutsgrenzen: Ein Überblick

Das Ziel von Armutsgrenzen ist es, die Bevölkerung in Arme und Nichtarme aufzuteilen. Dabei gibt es verschiedene Methoden, diese Grenzziehung vorzunehmen[57]. Einen guten Überblick über Armutsgrenzen gibt David Piachaud (1992). Er beschreibt fünf Armutsgrenzen und nennt jeweils ihre zentralen Defizite (ebd.: 66-75).

(a) *Politische Armutsgrenzen* gehen von staatlich festgesetzten Mindesteinkommen aus, die in verschiedener Form institutionalisiert sein können. Zu denken ist dabei an die deutsche Sozialhilfe, aber auch an andere Mindestsicherungsformen wie zum Beispiel Mindestrenten, ebenso können steuerliche Bemessungsgrenzen (Freibeträge) als von politischen Administrationen festgelegte Armutsgrenzen angesehen werden.
Defizite: Eine Erhöhung zum Beispiel der Sozialhilferegelsätze führt zu einem Anstieg, eine Reduzierung zu einem Rückgang der Armen.

---

[56] Eine Querschnittserhebung wie die Caritas-Untersuchung, die mittels standardisierter Interviews zustandekam, ist nicht geeignet, Arme als handelnde Subjekte zu betrachten. Die Handlungsdimension von Armut läßt sich zum Beispiel durch biographische Interviews einfangen (vgl. hierzu Leisering 1993a: 298f.).

[57] Das Anlegen einer Armutsgrenze, die die Armen von Nichtarmen trennt, ist in der Wissenschaft nicht unumstritten. So wird der Aussagewert der durch Armutsgrenzen gewonnenen Zahlen bezweifelt und die methodischen Probleme ins Visier genommen. Eine Zusammenstellung wichtiger Argumente gegen Armutsgrenzen geben Sautter und Serries (1993: 41-46).

Verbessert man die Situation der Armen, werden dadurch automatisch mehr Arme produziert, verschlechert man sie, so wird die Zahl der Armen reduziert. Die Zahl der Armen und ihr Lebenshaltungsniveau hängt folglich vom politisch-administrativen Steuerungsbedarf und -willen ab.

(b) *Relative Einkommensstandards* werden bestimmt, indem bestimmte Grade des Unterschreitens eines (gewichteten) gesellschaftlichen Durchschnittseinkommens festgelegt werden und somit als Armutsgrenze fungieren. Verfügt eine Person beispielsweise über weniger als 50% des (landes-)durchschnittlichen Nettoäquivalenzeinkommens, dann ist sie als arm einzuschätzen.

Defizite: Es wird bezweifelt, ob hierdurch Armut gemessen wird oder nicht etwa soziale Ungleichheit (vgl. auch Hansen 1989). Die Heranziehung einer Grenze von beispielsweise 50% ist letztlich willkürlich und zeigt nicht die Bedarfe einer Person oder eines Haushalts an.

(c) *Warenkorb- oder Haushaltsbudgetstandards* legen die Menge an Verbrauchsgütern bzw. die Geldmenge fest, die für das Leben auf einem unteren Niveau notwendig erscheinen. Dieser schon in Seebohm Rowntrees frühen Armutsuntersuchungen zugrundeliegende Ansatz beruht darauf, daß für Ernährung, Kleidung, Wohnen und andere Bereiche notwendige bzw. sozio-kulturelle Mindeststandards festgesetzt werden. So werden dezidiert einzelne Nahrungskomponenten und ihre Menge für eine nach ernährungswissenschaftlichen Kenntnissen angemessene Ernährung zusammengestellt[58]. Sie sind dann monetär zu beziffern, ebenso wie die Bedarfe in den anderen Bereichen. Verfügt eine Person nicht über einen solchermaßen ermittelten Geldbetrag, so ist sie als arm einzuschätzen.

Defizite: Die Festlegung von Einzelbedarfen in den einzelnen Bereichen muß pauschalieren und generalisieren und kann differenzierte Konsumgewohnheiten und Verhaltensunterschiede von Gruppen oder Individuen nicht berücksichtigen. Die monetäre Bewertung der Bedarfsmengen ist problematisch, da es keine eindeutige preisliche Bewertung gibt. Sie ist von der Form, in der Güter dargereicht und verarbeitet werden, abhängig.

(d) Der *Verhaltensansatz* unterstellt einen Zusammenhang des Verhaltens und der Verfügbarkeit von Einkommen. Der britische Soziologe Peter Townsend (1979) hat in seiner empirischen Armutsuntersuchung zu zeigen versucht, daß es eine Einkommensschwelle gibt, bei deren

[58] Die offizielle US-amerikanische Armutsgrenze ist definiert durch das Dreifache des mit Geld bewerteten ernährungswissenschaftlichen Bedarfs von Haushalten (Piachaud 1992: 68).

Unterschreiten die Benachteiligungen und Unterversorgungen überproportional mit dem zusätzlichen Entzug von Einkommen zunehmen. Diese Einkommensschwelle markiert nach Townsend einen Ausschluß von einem gesellschaftlich geteilten Lebensstil.
Defizite: In einer Welt pluralisierter Lebensstile ist es problematisch, einen Schwellenwert, der Deprivierte und Nicht-Deprivierte teilt, anzugeben. Es wird bezweifelt, ob es einen im Verhältnis zur Einkommensreduktion überproportionalen Anstieg der Deprivation gibt, oder es sich nicht eher um ein Kontinuum handelt. Fraglich ist auch, ob der Schwellenwert nicht lediglich ein „künstliches Produkt der Statistik" darstellt (Piachaud 1992: 72).
(e) Der Ansatz, Armut nach ihrer *öffentlichen Wahrnehmung* zu beurteilen, beläßt es der Bevölkerung, festzustellen, was unter Armut zu verstehen ist. Dabei gehen Vertreter dieses Ansatzes davon aus, daß die Bestimmung von Armut von Werturteilen beinflußt wird und die Bevölkerung (und nicht die Wissenschaftler) darüber entscheiden kann, was angemessene Mindeststandards sind und wann ihrer Meinung nach Armut vorliegt.
Defizite: Die Bevölkerung kann sich „irren". Das kann zum Beispiel die Festlegung von bedarfsnotwendigen Gütern betreffen oder die Geldmenge, die benötigt wird, um diese Güter zu erwerben. Es ist problematisch, in einer Gesellschaft mit unterschiedlich einflußreichen und mächtigen Gruppen einen Konsens darüber erzielen zu wollen, was Armut ist. Ob ein „wirklich sozialer Konsens" erreicht werden kann, ist fraglich, da die Definitionsmacht in einer Gesellschaft von der in ihr herrschenden Machtstruktur abhängt, die nicht die Interessen der Bedürftigen für alle Zeit zu wahren braucht.

Der „relative Einkommensstandard" läßt sich klar auf das Ressourcenkonzept zurückführen. In dieser Arbeit ist hierunter die „relative Einkommensarmut"[59] zu verstehen, die mit Hilfe einer Äquivalenzskala gebildet wird. Die Warenkorbmethode läßt sich am ehesten dem Lebenslagenkonzept zurechnen, wenn auch die monetäre Bezifferung seines Inhalts letztlich das Ressourcenkonzept impliziert. Der Verhaltensansatz (im Townsendschen Sinne) kombiniert Lebenslagen- und Ressourcenkonzept, indem er die Indikatoren der Deprivation[60] in Beziehung setzt zum Einkommen. „Armut als öffentliche Wahrnehmung" wie auch „politische Armutsgrenzen" zielen auf die Festlegung eines monetär zu beziffernden Mindeststandards. Die fünf „Armuts-

[59] Im folgenden auch lediglich als „relative Armut" bezeichnet.
[60] Sie lassen sich durchaus als Indikatoren (Komponenten) der Lebenslage bezeichnen.

meßkonzepte" sind untereinander also keinesfalls überschneidungsfrei. Besonders deutlich kann das an der Heranziehung der Sozialhilferegelsätze als Armutsgrenze gemacht werden. Die Ausarbeitung der Regelsätze in Deutschland gründete seit Einführung des Bundessozialhilfegesetzes (1962) bis 1990 auf dem Warenkorbmodell, das eine bedarfsorientierte Berechnung der Regelsätze zugrunde legte[61]. Die Regelsätze sind auch als politische Armutsgrenze aufzufassen, weil die politischen Administration über die Fortschreibung der Regelsätze im Zeitablauf entscheidet[62].

Empirische Befunde, die auf unterschiedlichen Meßkonzepten basieren, können zu aufschlußreichen Vergleichen herangezogen werden. Die auf Regelsätzen beruhende Sozialhilfegrenze kann mit der allgemeinen Wohlstandsentwicklung verglichen werden. Bei Festlegung einer konstanten relativen Einkommensarmutsgrenze als Bezugseinheit (*relativer Einkommensstandard*), lassen sich Veränderungen der Sozialhilferegelsätze und die damit verknüpften Veränderungen von Zahl und Quote der Sozialhilfeempfänger beobachten. Ein Vergleich zwischen der Entwicklung einer relativen Einkommensgrenze und der Sozialhilfegrenze kann darüber Aufschluß geben, ob sich die Relation des durch die Sozialhilfe gewährten Existenzminimums zum durchschnittlichen Äquivalenzeinkommen im Zeitablauf verbessert oder verschlechtert hat oder ob sie konstant geblieben ist. Auf diese Weise sind Veränderungen im monetären Lebensstandard von Sozialhilfebeziehern und ihr Anschluß an die Entwicklung der durchschnittlichen Nettoeinkommen zu verfolgen (Hauser u.a. 1981: 31; Hauser/Hübinger 1993a: 112f.).

---

61 Erstmals ist vom Deutschen Verein für öffentliche und private Fürsorge (mit Sitz in Frankfurt am Main) 1955 ein Warenkorb ausgearbeitet worden. Dieser Warenkorb wurde dann 1962 und 1970 weiterentwickelt. Bei Einführung des Bundessozialhilfegesetzes 1962 war der Warenkorb von 1962 Grundlage der Regelsätze. Die Vorschläge des Deutschen Vereins für eine Warenkorbreform mit einem aktualisierten Bedarfsmengenschema Mitte der 80er Jahre wurden nicht mehr in die Praxis umgesetzt. Seit 1990 gilt der „Statistikregelsatz". Über Vor- und Nachteile der Berechnung einer Armutsgrenze als Sozialhilfeschwelle auf Basis einer Warenkorbmethode oder alternativer Berechnungsverfahren gibt es zahlreiche Aufsätze. Vgl. inbesondere: Leibfried u.a. 1985c; Galpertin 1985; Naegele 1985. Speziell zum heute geltenden Statistikregelsatz vgl. Schellhorn 1989; Deutscher Verein 1989; Glatzer u. a. 1990.

62 Die Regelsatzfestsetzung obliegt jährlich der Ministerpräsidentenkonferenz.

Ein wichtiger Aspekt der Definition und Messung der Armut wird bei allen fünf vorgestellten Ansätzen nicht explizit thematisiert. Es ist der auf Georg Simmel zurückgehende Gesichtspunkt der Abhängigkeitssituation der Armen von gesellschaftlichen Leistungen und die aus diesem Umstand resultierende Nichtreziprozität sozialer Beziehungen mit ihren fatalen Folgen der Statusabwertung. „Der schlichte Akt der Gewährung von finanzieller Hilfe" (Coser 1992: 40) führt, besonders wenn dies dauerhaft geschieht, zu einem Statusverlust. Den Aspekt der Abhängigkeit der Armen von staatlichen Hilfesystemen und seinen negativen Folgen zu thematisieren, hat in der Soziologie eine lange Tradition, auf die sich verschiedene Sozialwissenschaftler in jüngster Zeit wieder besinnen.

2.4. Exkurs: Armut als Unterstütztwerden

Allgemeine Kriterien für eine (soziologische) Definition der Armut hat auch Bernhard Schäfers (1992) genannt. Für ihn darf eine angemessene Konzeptualisierung nicht auf Kategorien verzichten, „die die Grundphänomene des Sozialen ganz allgemein berühren und in der individuellen und kollektiven Reaktion auf Armut aktualisiert werden" (ebd.: 107f.). Schäfers zitiert Georg Simmel, dessen Essay „Der Arme" als „Eckfeiler einer soziologischen Betrachtung" der Armut auch heute gelten könne[63]. An Simmel knüpft auch Lewis A. Coser (1992: 35) an. Soziologisch erheblich sei Armut dann, wenn die Gesellschaft Armut als eine Lebenslage anerkenne und sie als sozialer Status betrachtet werde; Armut erscheint dann als ein „Merkmal der Sozialstruktur", das soziologisches Interesse auf sich zieht. Coser macht den Begriff der Armut nicht am Grad des Mangels an materiellen Ressourcen fest. Der Begriff des „Armen" sei nur sinnvoll anzuwenden aufgrund des Empfangs von Hilfen, die die Gesellschaft - in welcher Form auch immer - den Bedürftigen gewährt (ebd.: 44). Der Autor geht, mit Rekurs auf Simmel, noch weiter, indem er behauptet, daß sich das Armutsproblem nur lösen ließe, wenn die Abhängigkeitsbeziehung abgeschafft werden würde, die durch die einseitige Hilfe an Arme entstehe und ihre Armutslage nur weiter stabilisiere. Eine allein an Schichtkriterien oder objektive Lebensbedingungen (Einkommen) anknüpfende Armutsdefinition sei nicht ausreichend. Materielle Unterversorgung zeichne zwar die Armen aus, aber nur die gesellschaftliche Reaktion auf diese Defizite definiere den Armutsstatus, denn:

[63] Schäfers rekurriert auf Simmel (1968: 345-374).

> „Diejenigen, die Hilfe empfangen, werden als „arm“ definiert. Von daher kann Armut, soziologisch gesehen, nie ausschließlich eine Frage geringen Einkommens oder einer sonstigen Deprivation sein, sondern kann nur über die gesellschaftliche Reaktion auf derartige Deprivationen begriffen werden.“ (Coser 1992: 36)

Nach Coser (ebd.: 36) wird eine erwerbstätige Person nicht als „arm“ bezeichnet, auch wenn sie durch Erwerbsarbeit keine ausreichende Sicherung des Lebensunterhalts erreicht[64]. Der „sozial verachtete Status des Hilfeempfängers“ (Coser 1992: 45) müsse abgeschafft werden, wenn Armut abgeschafft werden solle[65]. Ein „garantiertes Mindesteinkommen“ für alle könnte dazu lediglich eine Voraussetzung sein. Nur die Beseitigung des einseitigen Abhängigkeitsverhältnisses durch die Entwicklung allseits reziproker Abhängigkeitsbeziehungen zwischen den Menschen könne das Problem der Armut lösen (ebd.: 44f.).

Die Konzeptualisierung der Armut als Unterstütztwerden ist in Deutschland, da sie auf den Soziologen Georg Simmel zurückgeht, keineswegs unbekannt. Sie wird in einem aktuellen Beitrag auf deutsche sozio-politische Verhältnisse bezogen (Jacobs 1993a). Der Bezug von Sozialhilfe in Form der laufenden Hilfe zum Lebensunterhalt kann als eine solche Form des Unterstütztwerdens, die Armut impliziert, verstanden werden. Sie ist mit all den sozialen Folgen verknüpft, die auch Coser beschreibt: der Verlust an Privatheit (wegen der Bedürftigkeitskontrolle), die Stigmatisierung, die paradoxe Wirkung professionalisierter Hilfe, die Not zwar lindert, gleichzeitig aber auch die Lage stabilisiert, sowie die Kontrolle und Disziplinierung. „Kontrolle“ begleitet die Gewährung von (Sozial-)Hilfe vor und während ihres Empfangs. Somit wirkt öffentliche (Sozialhilfe-)Unterstützung immer auch disziplinierend[66]. Ausführlich hat sich Strang (1985: 68-76, 200)

---

[64] Der Terminus „working poor“ erinnert sehr wohl an eine Thematisierung von Erwerbstätigkeit und Armutslage.

[65] Was Coser (1992: 46) selbst für „einen utopischen Vorschlag“ hält.

[66] Den ambivalenten Charakter der staatlichen und kommunalen Armenunterstützung früher bzw. der Sozialhilfe heute zeigen ausführlich in einer (sozial-)historischen Untersuchung der Armenfürsorge in Deutschland Christof Sachße und Florian Tennstedt (1980). Über Funktion von Kontrolle und Disziplinierung im Rahmen von armen- und sozialpolitischen Maßnahmen und die „Gewöhnung“ an Unterstützungssysteme vgl. auch: Sachße/Tennstedt 1986b; Oexle 1986; Jütte 1986; Strang 1985. Nicht zuletzt ist der französische Philosoph Michel Foucault (1973; 1976) zu nennen, der Entstehung und Funktion der Disziplinierung und die Instrumente sozialer Kontrolle in der (neuzeitlichen) Geschichte eingehend analysiert hat. Auch Habermas (1985: 151), der hier auch auf Foucault

mit der Sozialhilfe*abhängigkeit* auseinandergesetzt und die negativen Folgen des „Sich-Abfindens" bzw. des „Sich-Einrichtens mit und in den Gegebenheiten des Wohlfahrtssystems" (ebd.: 69) aufgezeigt.
Jedoch blendet eine alleinige Zentrierung auf den Abhängigkeitsaspekt bei einer soziologischen Thematisierung der Armut Unterversorgungserscheinungen, die nicht mit sozialstaatlichen Instrumenten bekämpft werden, aus. Denn es ist eine unbestreitbare Tatsache, daß die Sozialhilfeempfänger nur einen Teil der Armenbevölkerung ausmachen[67]. Die Befassung mit Armut in Deutschland stützt sich aber immer noch ganz überwiegend auf die Empfänger von „laufender Hilfe zum Lebensunterhalt" (HLU). Das läßt sich belegen an den kommunalen Armutsberichten der Städte und Gemeinden[68], aber auch an den wissenschaftlichen Armutsuntersuchungen, die häufig die vom Statistischen Bundesamt vorgelegten Zahlen zu den Sozialhilfeempfängern heranziehen[69].
Der Aspekt der Abhängigkeit von staatlicher Hilfe bleibt in Untersuchungen über Sozialhilfeempfänger nicht unterbelichtet. In neueren Studien werden jedoch, ganz im Gegensatz zu Coser, die möglichen Handlungsspielräume der Armen, die auch durch die Sozialhilfe begründet werden können, herausgestellt (Hübinger 1991; Leisering 1993a; insbesondere Ludwig 1995). Während Coser im Empfang von Sozialhilfe den Kern der Deprivation erkennt, wird von Leisering (1993a: 302) die Gefahr betont, „daß Arme und Benachteiligte ausschließlich als passive Opfer der sozialen Verhältnisse dargestellt werden". Ein relativer einkommensbasierter Armutsbegriff, wie er

---

verweist, macht „kontraproduktive Wirkungen der staatlichen Sozialpolitik" aus, die sich in Reglementierung, Normalisierung und Überwachung manifestieren.

67 Im Rahmen von Sozialhilfebedürftigkeit betrifft dies die sog. verdeckte Armut. Das sind solche Personen, die von Rechts wegen einen Anspruch auf Sozialhilfe haben, diesen jedoch nicht wahrnehmen. Besonders von staatlicher Seite wird immer wieder bezweifelt, ob Sozialhilfeempfänger überhaupt als Arme bezeichnet werden können, denn die Sozialhilfe gewährleiste ein sozio-kulturelles Existenzminimum (Antwort der Bundesregierung 1986).

68 Einen Überblick über die Vielzahl der kommunalen Armutsberichte (und Sozialberichte) und deren Konzeption geben Walter Hanesch (1986; 1992) und Wolfgang Scherer (1992).

69 Die Sozialhilfestatistik enthält nicht nur die Bezieher von „laufender Hilfe zum Lebensunterhalt", sondern auch die Empfänger von „Hilfe in besonderen Lebenslagen", der zweiten Hilfeart, nach der das Bundessozialhilfegesetz unterscheidet. Sie wird hier aber nicht thematisiert.

häufig in der Armutsforschung benutzt wird, dürfte im Sinne Cosers keine (soziologische) Analyserelevanz haben[70]. In der Armutsforschung ist er aber unerläßlich.

Piachaud (1992: 81) ist resümierend zuzustimmen, daß kein Meßkonzept „einen Königsweg zur wissenschaftlichen und objektiven Messung von Armut (darstellt)". Wichtig ist in jedem Fall eine Offenlegung der theoretischen Grundannahmen und konzeptionellen Entscheidungen bei der Wahl eines Armutsbegriffs. Die im empirischen Teil der vorliegenden Untersuchung verwendete Armutsgrenze, die ausführlich begründet wird, basiert auf dem Konzept „relativer Einkommenstandards" wobei eine Tragbarkeitschwelle für die Wohnkosten festgesetzt wird. Insofern handelt es sich bei der Definition der Armut um die Kombination von Ressourcen- und Lebenslagenansatz.

Während sich die Armutsforschung ausführlich mit Definitionen und Meßproblemen beschäftigt - ihren Gegenstandsbereich umfassender ausleuchtet als je zuvor - verbleibt der Ursachenforschung nur ein Schattendasein. Zum Abschluß dieses Teils der Untersuchung werden nun Erklärungskonzepte der Armut behandelt.

2.5. Erklärungskonzepte der Armut

Bis heute gibt es kein konsistentes Modell für die Erklärung der Armut. Was als Armutsursache zu bezeichnen ist, hängt auch erheblich davon ab, welcher Armutsbegriff gewählt wird. Hauser und Neumann (1992: 249) haben mit Bezug auf eine Ressourcendefinition der Armut für die Armutserklärung vier Bereiche herausgearbeitet:

(a) der Arbeitsmarkt (Mängel der Lohnstruktur, des Angebots an Arbeitsplätzen und der Weiterbildungsangebote),
(b) das soziale Sicherungssystem (Mängel bei der Absicherung sozialer Risiken und bestimmter Bevölkerungsgruppen sowie ungenügende monetäre Leistungen),
(c) die (staatliche) soziale Infrastruktur (Mängel des Angebots von Gütern und Diensten, die strukturelle Voraussetzungen für soziale Integration und Versorgung darstellen, wie Kinderbetreuung, Bildungsangebote und Gesundheitsversorgung),

[70] In einer Fußnote (1) bemerkt Coser (1992: 34f.), daß es Versuche gibt, einen soziologischen Armutsbegriff über „objektive Lebensbedingungen" gewinnen zu wollen, hält aber fest, daß er darauf nicht eingehen will.

(d) das individuelle Verhalten (demographische und generative Umwälzungen, individuelle Anpassungsleistungen wie die Bereitschaft zur Qualifizierung, Integration ins Erwerbsarbeitssystem und Akzeptanz der rechtlichen Ordnung).

In jedem Bereich können verschiedene Funktionsdefizite und Ursachenkomponenten herausgearbeitet werden. Häufig setzt die (soziologische) Ursachenanalyse bei dem vierten Faktorenbündel an. Bei dieser Vorgehensweise der Erklärung der Armut stehen die Individuen selbst im Mittelpunkt der Betrachtung. In den Forschungsfokus geraten demographische, generative und haushaltsstrukturelle Merkmale und Besonderheiten sowie das individuelle Verhalten. Das Ziel einer solchen Analyse ist es, individuelle und soziale (Risiko-)Merkmale aufzudecken, die am Individuum und/oder an seiner Lebenskonstellation festgemacht werden können.

Eine solche, auf das Individuum und sein familiales Umfeld bezogene Erklärungsperspektive setzt sich dem Verdacht aus, das soziale Problem Armut zu individualisieren, es der alleinigen Verantwortung des Individuums anheimzustellen und dabei die systembedingten Ursachen (Arbeitsmarkt, soziales Sicherungssystem, soziale Infrastruktur) zu übersehen. Die allein auf das Individuum bezogene Ursachenanalyse verdeckt so auch die Verantwortlichkeiten für die Verringerung und Beseitigung der Armut. Doch die Armutsentstehung ist nur im Zusammenspiel von systembedingten Faktoren einerseits und individuellen Faktoren andererseits zu begreifen. Es sind die „risikobelasteten" Individuen, die in einer sozialen und gesellschaftlichen Umgebung leben, die Armut hervorbringt (durch Arbeitslosigkeit) und sie nicht ausreichend bekämpft (mit Mitteln der Sozialpolitik).

Jedes der vier Ursachenbündel enthält eine Vielzahl von verschiedenen Elementen, die kumulativ auftreten und wirken können. Zwar lassen sich die Armutsursachen systematisch zergliedern und im einzelnen mehr oder weniger gut analysieren. Obwohl sie häufig eher „vordergründiger Natur" (Hauser/Neumann 1992: 249) sind, werden die (systembedingten) Hauptfaktoren in den Mängeln des Arbeitsmarktes und im sozialen Sicherungssystem lokalisiert.

Eine Ursache erklärt noch nicht die Armut. Als *Ursache* können die ummittelbar zu einer Armutssituation führenden Ereignisse bezeichnet werden. In der Sozialhilfestatistik werden solche Ursachen ausgewiesen. Anhand eines Ursachenschlüssels dokumentieren die Sozialhilfe-Sachbearbeiter für ihre Klienten bei Eintritt des Sozialhilfebezugs sog. „Hauptursachen". Dazu zählen beispielsweise Arbeitslosigkeit, unzureichende Versicherungs- oder Versorgungsansprüche oder unzurei-

chendes Erwerbseinkommen. Für den Sozialhilfebezug können solche Einstiegsursachen benannt werden, weil sie von den „Experten" dokumentiert oder in einer Umfrage von den Befragten selbst angegeben werden können. Viel schwieriger gestaltet sich die Ursachenfrage bei der Ermittlung der relativen Armut. Der Status der relativen Armut wird den Betreffenden von außen, der Sozialforschung, zugeschrieben. Häufig dürften sich die von relativer Einkommensarmut Betroffenen oder Bedrohten ihres von der Sozialforschung zugeschriebenen Status als „relativ einkommensarm" gar nicht bewußt sein[71]. Welche Ereignisse ihre besondere finanzielle Lage verursacht haben, ist daher nur schwer oder gar nicht feststellbar.
Ein grundsätzliches - inhaltliches - Problem bei der Behandlung sog. Armutsursachen wird häufig gar nicht thematisiert. Besteht ein statistischer Zusammenhang zwischen der erklärenden (unabhängigen) Variable „Arbeitslosigkeit" und dem zu erklärenden Merkmal „Armut", so wird daraus häufig der Schluß gezogen, daß die Arbeitslosigkeit die tatsächliche Ursache der Armut sei. Dem Theoriedefizit und dem überwiegend deskriptiven Charakter von Armutsuntersuchungen geschuldet ist diese häufige Gleichsetzung sozialstruktureller Merkmale der Armen mit den Ursachen der Armut selbst. Damit wird unterstellt, „daß Merkmale, die charakteristisch für die Armutspopulation sind, nicht durch die Armut bedingt sind, sondern diese hervorrufen" (Hauser/Neumann 1992: 250). Doch Arbeitslosigkeit muß nicht zwingend die Ursache der Armut sein; sie kann auch durch das Leben in Armut erst hervorgerufen worden sein.
Der Problemlösung kommt man näher, wenn man mehrere Faktoren in die Ursachenanalyse einbezieht. Eine Analyse greift zu kurz, wenn sie Arbeitslosigkeit (oder andere Merkmale) als alleinige Ursache der Armut bezeichnet, ohne weitere Hintergrundmerkmale wie Bildung und Ausbildung oder die Arbeitsmarktsituation zu beleuchten. Die Qualität einer Analyse hängt jedoch auch davon ab, wie weit die Wirkungszusammenhänge verfolgt werden. Armut dürfte sich nur selten „monokausal", das heißt auf *eine*, vielleicht eher vordergründige Ursache zurückführen lassen. Häufig sind mehrere Ursachen gleichzeitig wirksam. Anlaß für Sozialhilfeabhängigkeit (HLU-Bezug) sind nicht selten „Ursachensyndrome" bzw. „Ursachenkumulationen" (Buhr und Voges 1991: 264). So können neben die Arbeitslosigkeit noch familiäre Probleme treten, die dann kumulativ als Einstiegsursache für Sozialhilfebezug verantwortlich sind. Auch kann innerhalb des Zeitraums,

[71] Das ist eine Frage, die bislang in der Armutsforschung nur selten gestellt wurde.

in dem Sozialhilfe bezogen wird, die Ursache wechseln, beispielweise von einem arbeitsbedingten zu einem familialen Problem. Das Zusammenführen verschiedener Ursachen zu einem tragfähigen umfassenden Erklärungsansatz ist bislang aber noch nicht erfolgt. Die Gründe für dieses Defizit werden nicht zuletzt dem sog. Theoriedefizit der Armutsforschung angelastet (ebd.: 250). Es stellt sich allerdings auch die Frage, ob die Forderung nach umfassenden theoretisch gestützten Erklärungsansätzen realisierbar und wissenschaftlich noch einlösbar ist. Eine „Großtheorie" der Armut ist nicht in Sicht und daher auch keine *umfassende* Erklärungsperspektive.

Teil 2
Erläuterung und Diskussion der Dimensionen und Indikatoren der empirischen Untersuchung

1. Ablaufplan der empirischen Untersuchung

Das Einkommen ist die Schlüsseldimension für diese Untersuchung. Schaubild 2.1 (S. 83) zeigt die Untersuchungsschwerpunkte. Eine allgemeine Beschreibung der Untersuchungspopulation erfolgt anhand einer kurzen Darstellung der sozialen Herkunft der Befragten und der Bestimmung der Armutsbetroffenheit durch globale Armutsquoten sowie des Ausmaßes von Armut und Wohlstand durch globale und differentielle Indikatoren.
Eine umfassende Varianzanalyse dient zur Erklärung von Armutsgrad und Wohlstandsgrad. Es werden vier Faktorenkomplexe unterschieden:

(a) demographische Merkmale,
(b) Bildungsmerkmale,
(c) haushaltsstrukturelle Merkmale,
(d) Statusmerkmale.

In der Quintilenanalyse schließlich konturiert ein *Sozialprofil* die Verteilung der wichtigsten sozialen Merkmale auf die einzelnen Einkommenslagen. Dem Lebenslagenkonzept wird dadurch Rechnung getragen, daß der Zusammenhang zwischen der Zugehörigkeit zu Einkommenslagen und der konkreten Versorgungslage von Personen und Haushalten in *Lebenslagenprofilen* demonstriert wird. Zur Lebenslage zählen haushaltsbezogene und personenbezogene Dimensionen. Erstere zielen auf die Lebenslage aller Mitglieder in Haushalten ab, letztere betreffen nur die befragte Person eines Haushalts.

Zu den haushaltsbezogenen Dimensionen zählen:

(a) Wohnsituation,
(b) Überschuldung sowie Einschränkungen in verschiedenen Lebensbereichen.

Zu den personenbezogenen Dimensionen zählen:

(a) Gesundheit und Besorgnisse,
(b) subjektives Wohlbefinden,
(c) soziale Netzwerke.

Auf Grundlage der personenbezogenen Dimensionen lassen sich nur bedingt Aussagen bezüglich der Lebenssituation der anderen Haushaltsmitglieder machen. So wurde das Vorhandensein von sozialen

Netzwerken nur bei den Befragten selbst erfragt, woraus nicht auf die Existenz sozialer Kontakte bei den anderen Haushaltsmitgliedern ge-

Schaubild 2.1: Schwerpunkte der empirischen Untersuchung

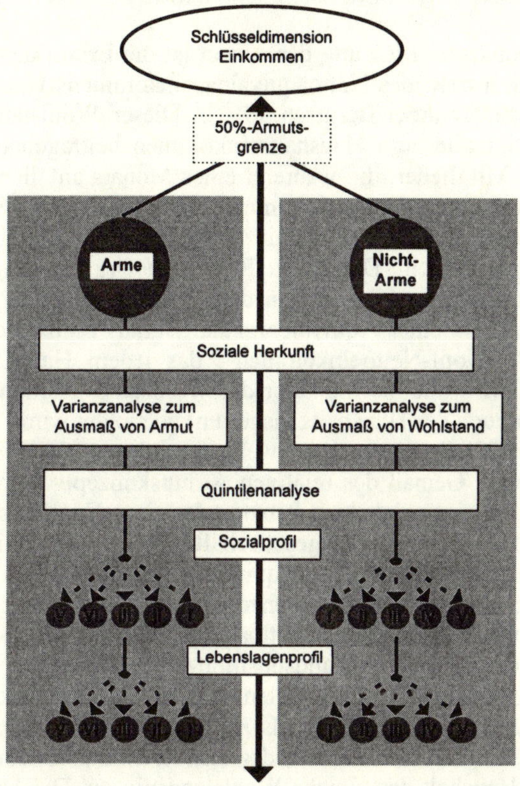

schlossen werden kann, obwohl dies als wahrscheinlich unterstellt werden kann[1]. Bei Einbezug nur der relevanten haushaltsbezogenen Dimensionen erhalten wir Lebenslagen, die eine alle Personen im Haushalt gleichermaßen betreffende Situation kennzeichnen sollen.

---

1 Funktionierende Beziehungen mit Verwandten, die eine befragte Person angibt, lassen darauf schließen, daß auch andere Haushaltsmitglieder Kontakte zu Verwandten unterhalten.

2. Dimensionen der empirischen Untersuchung

2.1. Einkommen als Schlüsseldimension

Ausgangspunkt der Messung der Armut ist die Ermittlung der Wohlstandsposition bzw. des Nettoäquivalenzeinkommens von Haushalten oder Personen (Hauser/Berntsen 1992).[2] Dieser Wohlstandsindikator berücksichtigt alle zum Haushaltseinkommen beitragenden Einkommen seiner Mitglieder, die während eines Monats anfallen.[3] Vom gesamten Einkommen (Bruttoeinkommen) sind die direkten Steuern und Sozialabgaben abzuziehen; somit verbleibt das monatliche Netto-Haushaltseinkommen. Dieses stellt aber noch kein angemessenes wohlstandsrelevantes Einkommen dar. Das wird gebildet durch Gewichtung mittels einer Äquivalenzskala. Daraus ergibt sich das „gewichtete Pro-Kopf-Nettoeinkommen", das jedem Haushaltsmitglied zugeordnet wird und als Indikator der Wohlstandsposition jedes Mitglieds, aber auch des Haushalts insgesamt betrachtet wird.
Wo ist nun die Einkommensschwelle festzulegen, die Einkommensarmut anzeigt? Gemäß des relativen Armutskonzepts muß die Wohlstandsposition einer einzelnen Person oder eines Haushalts verglichen werden mit dem jeweiligen gesellschaftlichen Durchschnitt, d.h. mit dem durchschnittlichen Nettoäquivalenzeinkommen pro Kopf in Westdeutschland. Die Armutsgrenze wird als Bruchteil des (bundes-) durchschnittlich verfügbaren Nettoäquivalenzeinkommens bestimmt. Liegt demnach die Wohlstandsposition eines Haushalts (oder einer Person) unterhalb dieses Schwellenwerts, dann liegt Einkommensarmut vor. Diese Schwelle wird als *relative Einkommensarmutsgrenze* bezeichnet. Gemäß der Wohlstandsgleichverteilungsannahme hat jede Person im Haushalt das gleiche Wohlstandsniveau. Das bedeutet, daß alle Haushaltsmitglieder als einkommensdepriviert gelten und der Haushalt insgesamt als einkommensarm zu bezeichnen ist.

---

2 Die Begriffe Nettoäquivalenzeinkommen und Wohlstandsposition sind als Synonyme zu betrachten.

3 In der Armutsforschung wird auch auf Jahresdurchschnittseinkommen zurückgegriffen (vgl. hierzu Berntsen 1991).

2.2. Grundsätze für die Definition von relativer Einkommensarmut

Als „Eckpfeiler" der Armutsdefinition gilt der Rekurs auf wirtschaftliche und gesellschaftliche Entwicklungen. Das sozio-kulturelle Existenzminimum basierend auf einer Ressourcendefinition muß so hoch festgelegt sein, daß es ausreicht, durch Käufe am Markt eine Teilhabe an „gesellschaftsbildenden Aktivitäten" auf einem zumindest „bescheidenen" Niveau aufrechtzuerhalten (Hauser 1987: 14-22). Gewährleistet eine Gesellschaft eine solche Teilhabe nicht, so kann dies unter ethischen Gesichtspunkten als eine Verletzung der Würde des Menschen angesehen werden, wodurch ein in der Verfassung verankertes Grundrecht verletzt wird. Die relative Armutsgrenze als eine „sozial-kulturelle" zu bestimmen, bedeutet daher, eine gesellschaftliche Teilhabe unter Berücksichtigung des wirtschaftlichen und gesellschaftlichen Entwicklungsstandes eines Landes zu ermöglichen. Somit lassen sich für die Bildung einer relativen, am Einkommen anknüpfenden Armutsgrenze vier Grundsätze festhalten:

(a) Relative Einkommensarmuts-Grenzen sind an das durchschnittliche Wohlstandsniveau (gemessen in bedarfsgewichteten Pro-Kopf-Nettoeinkommen) einer Gesellschaft zu koppeln.
(b) Der Bruchteil des bedarfsgewichteten Pro-Kopf-Nettoeinkommens, über den eine Person verfügen muß, soll eine gesellschaftliche Teilhabe ermöglichen.
(c) Stehen bestimmte Grundbedarfsgüter, wie zum Beispiel das Wohnen, nicht ohne Diskriminierung und Rationierung zur Verfügung, so ist dies bei der Bildung der relativen Armutsgrenze zu berücksichtigen.
(d) Wenn sichergestellt ist, daß eine Person über die erforderlichen monetären Mittel verfügt, liegt es in der Verantwortung der Person selbst, wie die Mittel verwendet werden. Es wird eine wirtschaftliche Verwendung der Mittel unterstellt, so daß in den Bereichen Wohnen, Kleidung und Ernährung die Versorgung sichergestellt ist und eine Teilnahme am gesellschaftlichen Leben ermöglicht wird.

In welcher Weise diese Grundsätze in die vorliegende Untersuchung Eingang finden, zeigt die operationale Definition der relativen Einkommensarmutsgrenze.

2.3. Operationalisierung der relativen Einkommensarmutsgrenzen

Verwendet man in einem marktwirtschaftlich verfaßten Gesellschaftssystem das verfügbare Einkommen als Maßstab des sozio-kulturellen Existenzminimums, so ist zu prüfen, ob alle erforderlichen Güter und Dienstleistungen mit diesem Einkommen erwerbbar sind und ob die Preise für alle Personen gleich sind oder wenigstens nur geringfügig differieren. Außerdem sind Sonderbedarfssituationen eigens zu betrachten. Ein sozio-kulturelles Existenzminimum muß immer in bezug auf die konkreten (sozio-kulturellen) Verhältnisse in einem Land und für einen bestimmten Zeitpunkt festgelegt werden. Eine Prüfung dieser Art ist bislang bei Untersuchungen, die relative Einkommensarmutsgrenzen verwenden, vernachlässigt worden, wodurch Änderungen beim freien Zugang zu notwendigen Gütern nicht ins Blickfeld geraten konnten.
Bei der Wahl der in dieser Arbeit verwendeten Ausgangsgröße des gewichteten (gesellschaftlich) durchschnittlichen Nettoeinkommens sind mehrere Gesichtspunkte zu beachten: Sie sollte aus einer Quelle stammen, die in annähernd gleichartiger Weise wie in der Caritas-Untersuchung erhoben worden ist, so daß sich die typischen Erhebungsfehler in der Caritas-Stichprobe und jener in der auf die gesamte Bevölkerung bezogenen Quelle in etwa entsprechen. Dies schließt Vergleichszahlen, die aus der Volkswirtschaftlichen Gesamtrechnung oder aus unregelmäßigen Erhebungen der Jahresnettoeinkommen (zum Beispiel Einkommens- und Verbrauchsstichprobe 1988) abgeleitet werden können, aus. Es kommen nur Erhebungen in Frage, die zeitnah zur Caritas-Erhebung Monatsnettoeinkommen und erforderliche demographische Merkmale in ähnlicher Weise erfragen und gleichzeitig für die Gesamtbevölkerung Westdeutschlands repräsentativ sind. Eine solche Datenquelle stellt die 7. Welle des Sozio-ökonomischen Panels (SOEP) für das Jahr 1990 dar. Deren Angaben beziehen sich auf das Frühjahr 1990.[4] Aus den Angaben des SOEP errechnet sich ein gewichtetes durchschnittliches Nettoeinkommen pro Kopf und Monat im Frühjahr 1990 in Höhe von DM 1.566,-. Dieser Betrag ist auf den Erhebungszeitraum der Caritas-Stichprobe fortgeschrieben worden, indem nach Sichtung anderer statistischer Quellen

[4] Ein Zugriff auf die 8. Welle des SOEP war im Zeitraum der Auswertungen der Caritas-Untersuchung Anfang 1991 nicht möglich. Ergebnisse für 1991 liegen nun vor. Demnach ist das für die Caritas-Untersuchung gewichtete Nettoäquivalenzeinkommen nur leicht unterschätzt worden.

eine Steigerungsrate von 4% unterstellt wurde.[5] Dementsprechend liegt der geschätzte Wert des gewichteten durchschnittlichen Nettoeinkommens pro Kopf und Monat im Frühjahr 1991 bei DM 1.628,64. Folglich liegt die 50%-Grenze der relativen Armut für eine alleinlebende Person bei DM 814,32 monatlich.
Wenn dieser Betrag ein sozio-kulturelles Existenzminimum für eine alleinlebende erwachsene Person darstellen soll, müssen durch ihn alle notwendigen Bedarfe wie Wohnen, Kleidung und Ernährung gedeckt und darüber hinaus auch eine Teilnahme am kulturellen Geschehen möglich sein. Vergleicht man diesen Einkommensbetrag mit dem zum Erhebungszeitraum geltenden Sozialhilfebedarfssatz, so zeigt sich, daß die Taxierung des sozio-kulturellen Existenzminimums auf Basis der 50%-Armutsgrenze in vielen Fällen noch unter das Sozialhilfeniveau fällt. Es erweist sich somit als sehr problematisch, eine relative Einkommensarmutsgrenze, die als sozio-kulturelles Existenzminimum fungieren soll, ohne Rekurs auf zentrale Bedarfe des alltäglichen Lebens festzusetzen.
Der Sozialhilfe-Bedarfssatz für eine alleinlebende erwachsene Person setzt sich zusammen aus:

(a) Eckregelsatz,
(b) möglichen Mehrbedarfszuschlägen, soweit hierauf eine Berechtigung besteht,
(c) der Bruttokaltmiete für die Wohnung
(d) und anteiligen Kosten für die Heizung.

Über diese laufenden Leistungen hinaus werden gegebenenfalls Beiträge zur Krankenversicherung, die Kosten für Kindertageseinrichtungen, die Alterssicherung oder für ständig erforderliche Hilfen (Haushaltshilfen) vom Sozialamt übernommen. Durch sogenannte *einmalige Leistungen* werden notwendige Bedürfnisse nach Kleidung, Möbel, Hausrat oder persönliche Bedürfnisse gedeckt, die nicht in den laufenden Leistungen berücksichtigt sind, weil sie unregelmäßig anfallen.[6]

---

5 Sachverständigenrat zur Begutachtung der gesamtwirtschaftlichen Entwicklung (1991).

6 Voraussetzung für die Gewährung dieser Hilfen, die meist in Form von Geldbeträgen, seltener durch Gutscheine und Sachleistungen gewährt werden, ist die Bewilligung eines vorher durch die Hilfebezieher gestellten Antrags auf entsprechende Unterstützung. Vor allem die größeren Städte gehen immer mehr dazu über, einmalige Leistungen zu pauschalieren und regelmäßig neben den laufenden Leistungen in Form von Geldbeträgen zu zahlen.

Der Eckregelsatz betrug im ersten Halbjahr 1991 im Bundesdurchschnitt DM 447,-. Setzt man pauschalierte einmalige Leistungen bei lediglich 10% des Regelsatzes an, so ergibt sich ein Gesamtbetrag von DM 491,70. Bezieht man einen Mehrbedarf von 20% des Regelsatzes ein, dann erhöht sich der Betrag auf DM 581,10 pro Monat. Wäre das Sozialamt angehalten, eine „obere" Grenze des Existenzminimums bei DM 814,30 anzusetzen, die Einkommensgrenze gemäß klassischer relativer Armutsdefinition, dann dürften die Warmmietkosten ohne Mehrbedarfszuschlag DM 322,60 und mit Mehrbedarfszuschlag DM 233,20 nicht übersteigen. Die Hilfebedürftigen wären angehalten, eine Mietwohnung mit entsprechenden Mietkosten zu suchen, was aber angesichts des angespannten Wohnungsmarktes als unrealistische Forderung erscheint.
Für Personen ohne spezifische Sonderbedarfe, beispielsweise wegen Krankheit oder Pflege, kann in Westdeutschland eine allgemeine Zugänglichkeit der für die Gewährleistung des sozio-kulturellen Existenzminimums notwendigen Güter unterstellt werden. Eine Ausnahme stellen jedoch die Kosten für die Unterkunft dar, die deshalb in dieser Studie eine besondere Berücksichtigung erfahren. Wohnungsmieten für gleichartigen Wohnraum sind infolge des derzeit extrem angespannten Wohnungsmarktes so unterschiedlich, daß sie nicht mehr pauschal berücksichtigt werden können. Auch das Wohngeld, das den für die Wohnung aufzuwendenden Einkommensteil auf ein tragbares Maß reduzieren soll, erfüllt seine Funktion nur unzureichend (Hauser/Hübinger 1993a: 149). Schließlich sind Rationierung und Diskriminierung am Wohnungsmarkt zu beobachten. Unter solchen ökonomischen Rahmenbedingungen ist die Höhe der Kosten für Miete und Heizung als weitgehend unabdingbar zu betrachten; sie können durch Umzüge in kleinere und schlechter ausgestattete Wohnungen oder Unterkünfte breitenwirksam nicht reduziert werden, weil entweder derartige Wohnungen gar nicht verfügbar sind oder - wegen der Mietunterschiede zwischen lang bewohnten und neubezogenen Wohnungen - Umzüge nicht zu einer Verringerung der Wohnkosten führen würden. Untere Einkommensschichten haben zudem einen erheblich höheren Anteil ihres Einkommens für Wohnkosten aufzubringen als einkommensstärkere. Das gilt für die westdeutsche Bevölkerung insgesamt wie auch für die Caritas-Klienten. In Westdeutschland war im Jahr 1991 der Anteil der monatlichen Verbrauchsausgaben für Miete, Elektrizität und Brennstoffe am Gesamteinkommen für „mittlere" (26,4%) und für „gehobene" Verbrauchergruppen (24%) erheblich geringer als für „untere" Verbrauchergruppen (35,4%) (BMfAS 1993:

6.1-6.2A)[7]. Auch in der Untersuchungspopulation zeigt sich eine deutliche Korrelation zwischen der Wohlstandslage und der relativen Höhe der Wohnkostenbelastung.
Für die Ermittlung von relativer Einkommensarmut ist daher zu fragen, wie hoch das noch *frei verfügbare Einkommen nach Abzug der Miet- und Heizkosten*[8] sein muß, damit bei den anderen Grundbedürfnissen ein sozio-kulturelles Existenzminimum gewährleistet bleibt. In dieser Hinsicht sind also insgesamt drei Wertentscheidungen zu treffen:

(a) eine Entscheidung über den Bruchteil des Durchschnittseinkommens, über den eine alleinlebende Person zur Sicherung des soziokulturellen Existenzminimums noch verfügen können sollte,
(b) eine Entscheidung über den als tragbar angesehenen Anteil des Einkommens, der für Wohnkosten aufgewendet werden kann. Nach Abzug des Wohnkostenanteils vom Bruchteil des festzusetzenden Durchschnittseinkommens ergibt sich das Standardmindesteinkommen,
(c) eine Entscheidung über den für weitere Haushaltsmitglieder erforderlichen Einkommensanteil.

Zu (a): In Anlehnung an den in nationalen und internationalen Armutsuntersuchungen häufig benutzten Schwellenwert wird das soziokulturelle Existenzminimum für einen Alleinlebenden bei 50% des gewichteten durchschnittlichen Nettoeinkommens im Bezugsjahr 1991 festgelegt. In diesem Punkt folgt die operationale Definition der oben bereits dargestellten „klassischen" Vorgehensweise bei der Bildung dcr relativen Armutsgrenze.
Zu (b): Als einen in dieser Untersuchung noch tragbar angesehenen Einkommensanteil für Miete einschließlich Nebenkosten und Heizung (im folgenden Warmmiete oder Wohnkosten genannt) werden 28% des Nettoeinkommens angesetzt.

---

[7] Diese Ergebnisse beruhen auf den „laufenden Wirtschaftsrechnungen" des Statistischen Bundesamtes. Zu den „unteren" Verbrauchergruppen zählen: 2-Personen-Haushalte von Renten- und Sozialhilfeempfängern; zu den „mittleren": 4-Personen-Arbeitnehmer-Haushalte mit mittlerem Einkommen; zu den „gehobenen" Verbrauchergruppen gehören 4-Personen-Haushalte von Beamten und Angestellten mit höherem Einkommen.

[8] Für Eigentümer stellt sich ein analoges Problem: Bei ihnen fallen Nebenkosten (Kanal, Wasser, etc.), Heizkosten, Instandhaltungskosten und eventuell Schuldzinsen an.

Zu (c): Als Personengewichte werden die Regelsatzproportionen der Sozialhilfe zugrunde gelegt, ein Verfahren, das in der Regel auch in anderen bundesdeutschen Armutsuntersuchungen gewählt wird. Gemäß der zum Erhebungszeitraum geltenden Regelung (1. Halbjahr 1991) ergeben sich somit folgende Gewichte: 1,0 für den Haushaltsvorstand; 0,8 für den Ehepartner und andere Erwachsene über 17 Jahre; 0,5 für Kinder bis 7 Jahre bei vollständigen Familien und 0,55 bei alleinerziehenden Elternteilen; 0,65 für Kinder von 7 bis einschließlich 14 Jahre; 0,9 für Kinder von 15 bis unter 18 Jahre. Alleinstehende zwischen 18 und 25 Jahre erhalten nur 90% des Regelsatzes.
Ist das im Bezugsjahr heranzuziehende gewichtete durchschnittliche Nettoeinkommen (NEK) bekannt, so ergibt sich aus diesen Festlegungen der erforderliche Einkommensbetrag (SME_1) - *das Standardmindesteinkommen* - für einen Alleinlebenden als:

(G.1)
$$\begin{aligned} SME_1 &= 0{,}5 \cdot NEK - 0{,}28 \cdot 0{,}5 \cdot NEK \\ &= 0{,}36 \cdot NEK \end{aligned}$$

Im Bezugsjahr 1991 ist das gewichtete durchschnittliche Haushaltsnettoeinkommen (NEK), das noch nicht um die Wohnkosten bereinigt wurde, für einen Alleinlebenden mit DM 1628,64 pro Monat festgelegt; das Standardmindesteinkommen errechnet sich folglich auf DM 586,31 pro Monat.
Für einen Haushalt mit n Personen wird das Standardmindesteinkommen (SME_n) aus dem für einen Alleinlebenden erforderlichen Betrag, multipliziert mit der Summe der Personengewichte (PG_i) der Mitglieder, ermittelt:

(G.2)
$$SME_n = SME_1 \cdot \sum_{i=1}^{n} PG_i$$

mit i = 1,...,n; n = Personen im Haushalt

Der *freie Einkommensbetrag*, d.h. der Einkommensbetrag, der nach Abzug der Wohnkosten zur Verfügung steht, ergibt sich für einen Haushalt j wie folgt:

$$\text{(G.3)} \quad FE_j^w = HH_j - WK_j$$

HH_j = Haushaltsnettoeinkommen des Haushalts j
WK_j = Wohnkosten des Haushalts j
mit j = 1,... m; m = Stichprobengröße

Durch den Vergleich des freien Einkommensbetrages mit dem Standardmindesteinkommen wird für einen Haushalt der *Einkommensstatus* bestimmt, d.h. die Zugehörigkeit zur Gruppe der Armen oder der Nichtarmen:

$$\text{(G.4)} \quad FE_j^w < SME_n \cdot \sum_{i=1}^{n} PG_i \quad \Rightarrow \text{Armut}$$

$$\text{(G.5)} \quad FE_j^w > SME_n \cdot \sum_{i=1}^{n} PG_i \quad \Rightarrow \text{Keine Armut}$$

Die Operationalisierung relativer Einkommensarmut soll nun durch die Berücksichtigung eines weiteren wichtigen unabdingbaren Ausgabenpostens erweitert werden. Für einen beachtlichen Teil der Haushalte stellt die Begleichung von Schulden in Form von Zinsen und Tilgungsbeiträgen eine außergewöhnliche Belastung dar (Hauser/Hübinger 1993a: 160-164). Es liegt daher nahe, bei der Festlegung der Armutsgrenze neben den Wohnkosten auch die Schuldenproblematik zu berücksichtigen.

„Relative Einkommensarmut im weiteren Sinne" (i.w.S.) soll dann vorliegen, wenn nach Abzug der monatlich zu zahlenden Beträge für Zinsen und Tilgung vom Netto-Haushaltseinkommen die (wohnkostenbereinigte) Armutsgrenze (50%-Grenze) unterschritten wird, d.h. wenn nicht mindestens die Höhe des haushaltsspezifischen Standardmindesteinkommens erreicht wird.

Rechnerisch wird der Einkommensstatus eines Haushalts j mit n Personen auch bei der Einkommensarmut i.w.S. durch den Vergleich des freien Einkommensbetrages mit dem Standardmindesteinkommen ermittelt, wobei zur Bestimmung des freien Einkommensbetrages neben den Wohnkosten auch die monatlichen Aufwendungen für Zins- und Tilgungsleistungen in Ansatz gebracht werden:

(G.6) $$FE_j^{w,s} = HH_j - WK_j - S_j$$

S_j = monatliche Ausgaben für Zinsen und Tilgungen des Haushalts j
mit j = 1,... m; m = Stichprobengröße

2.4. Indikatoren der Messung von Armut und Wohlstand

Es sind zwei grundsätzliche Blickrichtungen auf die Untersuchungseinheiten zu unterscheiden: zum einen die Befragten-Perspektive und zum anderen die Haushaltsmitglieder-Perspektive, die auch die in den Haushalten der Befragten lebenden Personen in die Betrachtung einbezieht. Erstere ist zugleich eine Haushalts-Perspektive, da die Einstufung von Befragten als einkommensarm aufgrund der Wohlstandsgleichverteilungsannahme bedeutet, daß alle Mitglieder des Haushalts und insofern der Haushalt als solcher als arm zu bezeichnen sind.
Zur Charakterisierung der Untersuchungspopulation dienen verschiedene Armuts- und Wohlstandsindikatoren:

(a) Armutsquote,
(b) Armutslücke,
(c) Armutsgrad,
(d) Wohlstandsspanne,
(e) Wohlstandsgrad.

Ein aussagekräftiger Indikator für die Armutsbetroffenheit unter den Untersuchungspersonen ist die Armutsquote, sie gibt den Anteil der Einkommensarmen an allen Untersuchungspersonen oder Teilgruppen darunter an. Die „Armutsquote“[9] ist wie folgt definiert:

(G.7) $$AQ = \frac{AA}{GG} \cdot 100$$

AQ = Armutsquote
AA = Anzahl der Einkommensarmen in der betrachteten Gruppe
GG = Gesamtzahl der Personen in der betrachteten Gruppe

[9] Andere Bezeichnungen sind: „Armutsindex“ bzw. „poverty index“ (Sautter/Serries 1993: 67f.).

Der Nachteil der „Armutsquote" ist, daß die Einkommensstreuung innerhalb der Gruppe der Einkommensarmen nicht berücksichtigt wird (Sautter/Serries 1993: 68). Die finanzielle Situation von zwei Teilgruppen mit identischer Armutsquote kann ganz unterschiedlich ausfallen. Relative Einkommensarmut liegt vor, wenn das freie Einkommen nur um eine DM das Standardmindesteinkommen unterschreitet. Die Armutssituation ist unterschiedlich zu beurteilen, je nachdem wie weit das freie Einkommen unterhalb der durch das Standardmindesteinkommen gebildeten Armutsschwelle liegt. In der Armutsforschung wird der Differenzbetrag als „Armutslücke" bezeichnet (Hauser u.a. 1991: 85ff.)[10]. Die *Armutslücke* eines Haushalts gibt den Einkommensbetrag an, der aufgewendet werden müßte, damit die Haushaltsgemeinschaft auf ihre spezifische Einkommensarmutsgrenze angehoben werden könnte.

Um die - stets negative - *Armutslücke* (AL_j) eines (armen) Haushalts zu ermitteln, wird vom freien Einkommensbetrag des Haushalts das ebenfalls haushaltsspezifische Standardmindesteinkommen subtrahiert:

(G.8) $$AL_j = FE_j^w - SME_n \cdot \sum_{i=1}^{n} PG_i$$

mit i = 1,...,n; n = Anzahl der Personen im Haushalt

Addiert man die Differenzbeträge aller einkommensarmen Haushalte, erhält man die *allgemeine Armutslücke* (AL_{am}) für die Armutspopulation:

(G.9) $$AL_{am} = \sum_{i=1}^{n} AL_i$$

mit i = 1,...,n; n = Anzahl der armen Haushalte

[10] Bei Hauser werden die Begriffe „Armutslücke" und „Armutsgrad" im Zusammenhang mit der verdeckten Armut verwendet. Sie lassen sich aber durchaus auch auf relative Einkommensarmut anwenden. Andere Bezeichnungen für „Armutslücke" sind: „Armutstiefe", „depth of poverty", „poverty gap".

Die *allgemeine Armutslücke* ist ein sehr globales Maß. Dieser Wert gibt an, wieviel es kosten würde, die Einkommensarmut der gesamten Untersuchungspopulation durch Transferzahlungen zu beseitigen.[11]
Setzt man die Armutslücke ins Verhältnis zum haushaltsspezifischen Standardmindesteinkommen und multipliziert den Quotienten mit 100, so erhält man den *Armutsgrad* eines Haushalts j (AG_j). Er kann Werte zwischen 0% und 100% annehmen; je höher der Prozentwert, d.h. der Armutsgrad, desto höher ist das Ausmaß der monetären Unterversorgung. Ein Prozentwert von 20% besagt, daß das freie Einkommen um 20% unterhalb der Armutsgrenze liegt.

(G.10) $$AG_j = \frac{AL_j}{SME_n \cdot \sum_{i=1}^{n} PG_i} \cdot 100$$

mit i = 1,...,n; n = Anzahl der Personen im Haushalt

Um die finanzielle Situation der gesamten Untersuchungspopulation einzuschätzen, sind nicht nur Armutslücke und Armutsgrad relevant, sondern auch der „Überschußbetrag“ bzw. der Wert, der angibt, um wieviel D-Mark oder um wieviel Prozent das freie Einkommen *oberhalb* der haushaltsspezifischen relativen Armutsgrenze liegt. Analog zur Armutslücke errechnet sich hier als Differenzbetrag zwischen dem freien Einkommen und dem haushaltsspezifischen Standardmindesteinkommen immer ein positiver DM-Betrag, der als *Wohlstandsspanne* bezeichnet wird:

(G.11) $$WS_j = FE_j^w - SME_n \cdot \sum_{i=1}^{n} PG_i$$

mit i = 1,...,n; n = Anzahl der Personen im Haushalt

[11] Im Hinblick auf die Gesamtbevölkerung wird die sozialpolitische Relevanz der allgemeinen Armutslücke deutlich. Dieser Wert gibt an, was es die Gesellschaft kosten würde, die Einkommensarmut (an der 50%-Grenze) zu beseitigen.

Damit wird eine Einkommenssituation beschrieben, die nach der Begleichung der Warmmiete und der vollen Sicherung des Existenzminimums durch das Standardmindesteinkommen die Verfügung über ein zusätzliches *Wohlstandseinkommen* erlaubt. Addiert man alle positiven Differenzbeträge (Wohlstandsspannen), so ergibt sich das *allgemeine Wohlstandseinkommen*:

(G.12) $$WS_{am} = \sum_{i=1}^{n} WS_i$$

mit i = 1,...,n; n = Anzahl der nichtarmen Haushalte

Setzt man die *Wohlstandsspanne* ins Verhältnis zum haushaltsspezifischen Standardmindesteinkommen und multipliziert den Quotienten mit 100, so erhält man den *Wohlstandsgrad* für einen Haushalt j:

(G.13) $$WG_j = \frac{WS_j}{SME_n \cdot \sum_{i=1}^{n} PG_i} \cdot 100$$

mit i = 1,...,n; n = Anzahl der Personen im Haushalt

Sein Wert gibt an, um wieviel Prozent das freie Einkommen oberhalb der spezifischen Armutsgrenze liegt. Eine Wohlstandssituation ist folglich erst dann erreicht, wenn der Wohlstandsgrad größer als Null ist,[12] wobei der Wohlstandsgrad theoretisch gesehen nach oben keine Begrenzung aufweist.

Bei der Berechnung von Armutslücke und Armutsgrad muß noch einmal die Besonderheit der wohnkostenbereinigten Armutsgrenze herausgestellt werden. Bei diesem Alternativkonzept der relativen Armutsgrenze wird eine Wohnmiete von maximal 28% des Nettoeinkommens als zumutbar angesehen. Wenn die Wohnkostenbelastung exakt 28% des verfügbaren Netto-Haushaltseinkommens beträgt, dann hat der Armutsgrad nach klassischem und wohnkostenbereinigtem Konzept dieselbe Höhe. Liegt die Wohnkostenbelastung unter dieser

[12] Ein Minuswert drückt eine Armutssituation aus, deren Ausmaß - wie oben erläutert - mit dem Indikator Armutsgrad gemessen wird.

28%-Schwelle, dann errechnet sich ein niedrigerer Armutsgrad nach der wohnkostenbereinigten Form. Wenn sie die 28%-Grenze überschreitet, liegt der Armutsgrad nach der wohnkostenbereinigten Armutsgrenze höher als nach der klassischen Version.
Schließlich muß darauf hingewiesen werden, daß es grundsätzlich nicht unproblematisch ist, die Nichtarmen auf Basis des wohnkostenbereinigten Einkommenskonzepts zu betrachten. Das wohnkostenbereinigte Armutskonzept berücksichtigt nicht besondere Konsumpräferenzen der Haushalte. Es blendet die Tatsache aus, daß Haushalte bewußt eine qualitativ hochwertige und teurere Wohnung wählen und andere Konsumwünsche „freiwillig" zurückstellen wollen. In diesen Fällen kann eine hohe Armutslücke bzw. eine geringe Wohlstandsspanne nur unzureichend die besondere Situation der monetären Schlechterstellung ausdrücken. Besondere Konsumpräferenzen oder Entscheidungen der Haushalte, die womöglich Konsequenzen für ihr Wohlstandsniveau haben können, werden in dieser Untersuchung nicht berücksichtigt. Da die soziale und finanzielle Situation verglichen mit der Bevölkerung jedoch für den Großteil der Untersuchungspopulation relativ ungünstig ist, soll das wohnkostenbereinigte Konzept auch für die Analyse des Wohlstandsspektrums verwendet werden. Die Ergebnisse sprechen dafür, gut 70% der Haushalte der Untersuchungspopulation den sozialen Unterschichten zuzuordnen. Für den weitaus größten Teil der untersuchten Bevölkerungsgruppe stellt das wohnkostenbereinigte Einkommenskonzept zur Analyse von Armut und (kleinem) Wohlstand eine angemessene Vorgehensweise dar.

3. Definition und Operationalisierung der sozialen Merkmale

3.1. Sozialdemographische Merkmale

Zu den sozialdemographischen Merkmalen gehören Geschlecht, Alter, Familienstand, Staatsangehörigkeit und Ortstyp. Sie werden wie folgt aufgeschlüsselt:

Alter:
(a) 16 bis unter 30 Jahre,
(b) 30 bis 49 Jahre,
(c) 50 bis 64 Jahre,
(d) 65 Jahre und älter.

Familienstand:
(a) Ledig,
(b) Verheiratet,
(c) Getrennt oder geschieden,
(d) Verwitwet.

Staatsangehörigkeit:
(a) Deutsche,
(b) Ausländer.

Ortstyp:[13]
(a) Dorf,
(b) Kleinstadt,
(c) Mittlere Stadt,
(d) Großstadt.

3.2. Bildungsmerkmale

Bei der schulischen Bildung werden die von den Klienten[14] erfragten höchsten allgemeinbildenden Schulabschlüsse wiedergegeben; hierbei werden drei Kategorien unterschieden:

(a) Sonderschulabschluß/ohne Abschluß,
(b) Hauptschulabschluß,
(c) Mittlere Reife, Fachhochschulreife/Abitur.

---

[13] Die Kategorien setzen sich zusammen aus: Einzelgehöft/Weiler, Dorf in rein ländlicher Umgebung, Dorf in der Nähe einer mittleren Stadt oder einer Großstadt (=Dorf); ländliche Kleinstadt (bis 30.000 Einwohner), industrielle Kleinstadt (bis 30.000 Einwohner) (=Kleinstadt); Stadt mittlerer Größe mit wenig Industrie (bis 100.000 Einwohner), Stadt mittlerer Größe mit viel Industrie (bis 100.000 Einwohner) (=Mittlere Stadt); Großstadt, Vorort einer Großstadt (=Großstadt).

[14] Es wurden nur die schulischen und beruflichen Bildungsabschlüsse der Befragten ermittelt, nicht die anderer Haushaltsmitglieder.

Die Gliederung der beruflichen Bildung erfolgt in:

(a) ohne Berufsbildungsabschluß,
(b) mit Berufsbildungsabschluß.

3.3. Haushaltsstrukturelle Merkmale

Das Konzept des „privaten Haushalts" bringt zum Ausdruck, daß neben den Familienhaushalten ein beträchtlicher Anteil nichtfamilialer Haushaltsformen besteht. Private Haushalte werden definiert als Lebenszusammenhang von Individuen, die zusammen wohnen und wirtschaften. Haushalte können auch aus allein wohnenden und wirtschaftenden Personen bestehen; sie sind als „Grenzfall" der Haushaltsdefinition aufzufassen, da sie keine soziale Gruppe darstellen (Glatzer 1986: 10, Fußnote 1). In der Wohlfahrtsforschung kommt dem privaten Haushalt ein zentraler Stellenwert zu. Er ist neben dem marktwirtschaftlichen System, den wohlfahrtsstaatlichen Einrichtungen und kollektiven Organisationen eine der gesellschaftlichen Institutionen der Produktion von Wohlfahrt. Die Wohlfahrtsleistungen, die einem Individuum zukommen, werden normalerweise durch den Haushalt, in dem ein Individuum lebt, „gefiltert und geformt". Er nimmt die Leistungen, die Produkte anderer Institutionen auf und verarbeitet und verwendet sie, um sie in eigene Wohlfahrtserträge umzuwandeln und diese möglichst zu steigern (ebd.: 11). Auf der Grundlage des haushaltlichen Zusammenlebens und aus diesem heraus erwachsen die Chancen der Individuen zur Selbstentfaltung und zur gesellschaftlichen Teilhabe (Krause/Schäuble 1988: 14).
Für diese Untersuchung ist folgende Haushaltstypologie (Haushaltstyp) verwendet worden:

(a) Alleinlebende,
(b) (Ehe-)Paare ohne Kinder,
(c) (Ehe-)Paare (Familien) mit 1 oder 2 Kindern unter 18 Jahren,
(d) (Ehe-)Paare (Familien) mit 3 oder mehr Kindern unter 18 Jahren,
(e) Alleinerziehende mit Kindern unter 18 Jahren,
(f) Haushalte mit Kindern nur über 18 Jahren,
(g) Sonstige Haushalte[15].

---

[15] Zu den sonstigen Haushalten zählen unterschiedliche Personengemeinschaften, die wegen viel zu geringer Fallzahl oder komplexer Zusammensetzung als Resttypus behandelt werden. Dazu rechnet zum Beispiel das Zusammenleben von Befragten mit ihren Großeltern oder entfernten Verwandten usw.

Die Haushalte mit Kindern unter 18 Jahren können auch weitere Personen einschließen, wie Kinder, die bereits volljährig sind, oder aber Großeltern, andere Verwandte sowie Nichtverwandte. Ganz überwiegend handelt es sich bei den Haushalten mit Kindern unter 18 Jahren jedoch um „klassische" Familienkonstellationen (Eltern-Kind-Gemeinschaften).

Die Wohlstandslage hängt nicht unwesentlich von minderjährigen Kindern im Haushalt ab. Die Einkommensverteilung und die Konsumchancen ebenso wie der Besitzerwerb werden durch die Anzahl der Kinder im Haushalt viel stärker beeinflußt als durch Statusunterschiede des sogenannten Haushaltsvorstands. Simulationsstudien haben ergeben, daß eine völlige gesellschaftliche Einkommens- und Vermögensgleichheit nur aufgrund unterschiedlicher Kinderzahl schon einige Generationen später wieder zu großen Einkommensdisparitäten führen würde (Mayer 1987: 386).

Als weitere haushaltsstrukturelle Kategorien werden „Kinderstatus" und „Kinderzahl" gebildet, wobei es sich um Haushalte mit minderjährigen Kindern handelt. Erstere ist dichotom und besteht aus:

(a) Haushalte ohne Kinder,
(b) Haushalte mit Kindern.

Die zweite unterscheidet differenzierter:

(a) Haushalte ohne Kinder,
(b) Haushalte mit einem Kind,
(c) Haushalte mit zwei Kindern,
(d) Haushalte mit drei oder mehr Kindern.

Hinsichtlich der Anzahl der Personen im Haushalt gliedert die Variable „Haushaltsgröße":

(a) Einpersonenhaushalte,
(b) Zweipersonenhaushalte,
(c) Dreipersonenhaushalte,
(d) Große Haushalte (4 und mehr Personen).

3.4. Statusmerkmale

3.4.1. Sozialhilfestatus

Die Variable „Sozialhilfestatus" nimmt Bezug auf den Haushalt als einer Bedarfsgemeinschaft und kann vier Kategorien unterscheiden:

(a) Sozialhilfebezug zur Zeit der Befragung (zur Zeit HLU),

(b) Sozialhilfebezug innerhalb der letzten zehn der Befragung vorausgehenden Jahre, jedoch nicht zur Zeit der Befragung (früher HLU),
(c) mindestens einmal Sozialhilfebezug vor über zehn Jahren, aber nicht zur Zeit der Befragung,
(d) Sozialhilfe niemals bezogen (nie HLU).

Die dritte und vierte Kategorie werden fallzahlbedingt zusammengefaßt, da für Detailanalysen die dritte Teilgruppe zu klein ist. Zudem dürften die Auswirkungen auf die aktuelle soziale Lage sehr gering sein, wenn der letzte Sozialhilfebezug über zehn Jahre zurückliegt. Nach sozialdemographischen Merkmalen aufgeschlüsselt zeigen sich auch nur geringe Differenzen zwischen dieser Gruppe und derjenigen, die niemals Sozialhilfe bezogen hat. In der zweiten Teilgruppe liegt der letzte Bezug von HLU häufig erst kurze Zeit zurück und dauerte nicht selten mehrere Jahre.

3.4.2. Verdeckte Armut

Ein beträchtlicher Teil von Bedürftigen nimmt die Sozialhilfe nicht in Anspruch, obwohl Hilfebedürfigkeit und ein Rechtsanspruch („dem Grunde nach") vorliegen. Zur Charakterisierung dieses Sachverhalts wird die Bezeichnung „verdeckte Armut" verwendet. Als Variable wird unterschieden:

(a) verdeckt arm,
(b) nicht verdeckt arm.

Die Betroffenen müssen mit einem Einkommen auskommen, das noch unter der Sozialhilfeschwelle liegt. Dieses Phänomen ist auch öfter Gegenstand wissenschaftlicher Untersuchungen gewesen (Lidy 1974; Hauser u.a. 1981; Hartmann 1981; Semrau 1990; Hauser/Hübinger 1993a). Als verdecktes Phänomen wird diese Armut durch die offizielle Sozialhilfestatistik jedoch nicht erfaßt. Die neuesten repräsentativen Untersuchungen zeigen ein erheblich höheres Ausmaß der verdeckten Armut als bislang angenommen wurde. Das Verhältnis der Zahl der verdeckt Armen zur Zahl der HLU-Bezieher (am Jahresende außerhalb von Einrichtungen) bewegte sich 1986 in Westdeutschland zwischen 90% und 100%. Das entspricht einer Dunkelziffer[16] von 47 bis 50% (Hauser/Hübinger 1993a: 54).[17] Da die verdeckte Armut in dieser Un-

---

[16] Sie gibt das Verhältnis der verdeckt Armen zur Zahl der verdeckt Armen plus der HLU-Bezieher in Prozent an.

[17] Neueren Untersuchungen zufolge liegt die Zahl der verdeckt Armen zwischen 1983 und 1990 etwa um das Eineinhalb- bis Zweifache über der Zahl der HLU-Bezieher. Diese Ergebnisse beruhen auf Auswertungen an

tersuchung nur eine untergeordnete Rolle spielt, wird auf die Operationalisierung hier nicht ausführlich eingegangen.[18]

3.4.3. Sozialrechtlicher Status und Beschäftigungsstatus

Für Messungen sozialer Ungleichheit, d.h. die Operationalisierung sozialer Schichten oder sozialer Lagen, greift man häufig auf die berufliche Stellung der Untersuchungspersonen zurück. In sogenannten Schichtindizes fließen zugleich mehrere „objektive" Kriterien ein, wie Bildung, Einkommen und berufliche Stellung. Daneben haben sich Untersuchungen mit Prestigeskalen beholfen, wodurch bei der Operationalisierung sozialer Schichten die „subjektive" Komponente Berücksichtigung findet.

Sozialstrukturanalysen dieser Art stehen nicht nur vor dem Problem, adäquate Meßinstrumente zu entwickeln, es müssen auch theoretische Fragen geklärt sein. So zum Beispiel das Problem, welche Person innerhalb eines Haushalts als statusprägend angesehen werden soll. Während der 60er und Anfang der 70er Jahre berief man sich (in Familienhaushalten) auf die berufliche Stellung der (Ehe-)Männer (Bertram 1991: 239f.) Angesichts der damals überwiegend traditionell bestimmten Formen der ehelichen Arbeitsteilung war das angemessen. Schwieriger ist das heute, wo mehr als die Hälfte der verheirateten Frauen einer Erwerbstätigkeit nachgeht.

In dieser Untersuchung wird Bezug genommen auf die „dominierende" Statuseigenschaft im Haushalt der Befragten; sie kann durch den Befragten oder durch den Haushaltsvorstand (überwiegend die Ehepartner der Befragten) bestimmt werden. In den Fällen, wo der Haushaltsvorstand nicht erwerbstätig ist (weil Hausfrau, arbeitslos, Rentner), wohl aber die befragte Person einer Erwerbsarbeit nachgeht, definiert die Stellung des Befragten den „sozialrechtlichen Status".

Die Variable „sozialrechtlicher Status" rekurriert auf das von Zapf und seinen Mitarbeitern entwickelte Kategorienschema (Zapf 1987: 30)[19]. Es untergliedert in:

(a) Hauptberuflich erwerbstätig[20],
(b) Arbeitslos[21],

---

der Professur für Sozialpolitik an der Johann Wolfgang Goethe-Universität Frankfurt am Main.

[18] Die Operationalisierung der verdeckten Armut wird ausführlich in Hauser/Hübinger (1993a: 79-83) dargestellt.

[19] Die Autoren unterscheiden: „erwerbstätig, Hausfrau, in Ausbildung, Bundeswehr, arbeitslos, Rentner".

[20] Mindestens eine Person im Haushalt ist hauptberuflich erwerbstätig.

(c) Hausfrau[22],
(d) Rentner[23],
(e) Sonstige Nichterwerbstätigkeit[24].

Wieviele Personen im Haushalt einer hauptberuflichen Erwerbsarbeit nachgehen, kommt in der Variable „Beschäftigungsstatus“ zum Vorschein. Sie unterscheidet vier Kategorien:

(a) Nichterwerbstätig,
(b) 1 Vollzeit,
(c) 1 Teilzeit,
(d) 2 Vollzeit oder 1 Vollzeit und 1 Teilzeit.[25]

Die Kategorie der Erwerbstätigen erfaßt alle, die zur Zeit der Befragung hauptberuflich ganztags, d.h. 35 Stunden und mehr je Woche (= Vollzeit), und hauptberuflich teilzeit, d.h. 15 bis unter 35 Stunden je Woche (= Teilzeit), erwerbstätig waren.
Falls zwei Personen im Haushalt erwerbstätig sind, die eine Vollzeit, die andere Teilzeit, wird bei der Statuskategorie „berufliche Stellung“, die nachfolgend betrachtet wird, die berufliche Stellung des Vollzeitbeschäftigten als statusprägend herangezogen.

3.4.4. Soziale Herkunft

Die universelle Ressource „Bildung“ hat zentrale Bedeutung in einer modernen Gesellschaft: Sie entscheidet in erheblichem Maße darüber, welche berufliche Position und welche Einkommenshöhe erreicht wird, und auch darüber, in welchem Maße öffentliche Ressourcen genutzt werden können. Eine nicht zu unterschätzende Wirkung auf die Lebenschancen der Menschen dürfte aber auch vom Bildungsniveau

---

[21] Mindestens eine Person im Haushalt ist arbeitslos, keine Person ist erwerbstätig.

[22] Keine Person im Haushalt ist arbeitslos oder hauptberuflich erwerbstätig oder Rentner.

[23] Diese Kategorie umfaßt: erstens „Überschreiten der Altersgrenze“ und zweitens „Erwerbs-, Berufsunfähigkeit (Frührenter)“. Keine Person im Haushalt ist hauptberuflich erwerbstätig oder arbeitslos.

[24] Hierzu zählen die Kategorien: ohne Arbeitserlaubnis; nie erwerbstätig gewesen; noch Schüler bzw. Student; in Rehabilitation bzw. Entziehungskur; Sonstiges (auch Wehr- und Zivildienst); nach Beendigung der Schulausbildung noch nicht erwerbstätig, da noch unentschieden über weiteren Weg. Keine Person (weder die befragte Person noch der Haushaltsvorstand) gehört daher einer der Kategorien (a) bis (d) an.

[25] Die Kombination von zwei Teilzeitstellen ist in der Stichprobe eine völlige Randerscheinung (unter 10 Fälle).

sowie der beruflichen Stellung bzw. Position ihrer eigenen Eltern ausgehen. Diese Vermutung kann sich auf zahlreiche Forschungsergebnisse stützen (vgl. zusammenfassend Geißler 1994c: 116-131).[26] Eine sehr eindrucksvolle empirische Bestätigung dieser sozialen Tatsache geht aus den jüngst vorgelegten Ergebnissen der 13. Sozialerhebung des Deutschen Studentenwerks (DSW) vom Herbst 1992 hervor, nach denen sich 1990 nur rund 12% der Arbeiterkinder, aber 60% aller Beamtenkinder für ein Studium entscheiden. Kinder, die aus Familien mit geringem Einkommen bzw. niedriger beruflicher Position der Eltern kommen, entscheiden sich somit viel seltener für ein Studium (Ostlender 1994).

Bei Untersuchungen zur intergenerationalen Mobilität wird oft der Berufsstatus von Söhnen und auch Töchtern der beruflichen Stellung ihrer Väter gegenübergestellt. Vergleiche der beruflichen Stellung der Töchter mit der ihrer Väter werden aber wegen geschlechtsspezifischer Unterschiede in der Berufsstruktur nicht immer als sinnvoll angesehen (Noll 1985: 480). In dieser Untersuchung liegt der Blickpunkt jedoch nicht auf der „personalen intergenerationalen" Mobilität, sondern auf Statusvergleichen auf Haushaltsebene im generativen Vergleich. Dabei wird die höchste berufliche Stellung im Elternhaus mit der höchsten beruflichen Stellung im Befragtenhaushalt verglichen. Bei dieser Betrachtung gilt es zu bedenken, daß Daten zur sozialen Herkunft der (Ehe-)Partner der Befragten nicht erhoben wurden. Der Vergleich des Herkunftsstatus und des eigenen (haushaltlichen) Status gründet somit in der Herkunft nur der Befragten. Eine festgestellte Status-Änderung im Generationenvergleich mag aus der Sicht des (Ehe-)Partners der befragten Person nicht zutreffen. Für ihn/sie kann die aktuelle Situation unter anderem Vorzeichen stehen als bei befragter Person selbst.

Diese Untersuchung beleuchtet die berufliche Stellung von Vater und Mutter, als die befragten Personen 15 Jahre alt waren. Rund ein Fünftel der Caritas-Klienten lebte in Kindheit und früher Jugend nicht in vollständigen, d.h. aus beiden Elternteilen bestehenden Haushalten, sondern in verschiedenen anderen Familien- und Haushaltskonstellationen. Dazu zählen die durch die Mütter und (seltener) Väter geführten Alleinerziehendengemeinschaften, aber auch das Zusammenleben mit Verwandten oder Pflegeeltern. Auch gibt es Befragte, die in Heimen aufgewachsen sind. Weil Befragte, die mit Verwandten oder

---

[26] Zum Zusammenhang von Bildung/beruflicher Position der Eltern und Bildungschancen ihrer Kinder vgl. auch: Trommer-Krug 1980; Bertram 1991b; Meulemann 1979; ders. 1985; ders. 1992; Köhler 1992.

Pflegeeltern oder in einem Heim aufwuchsen, häufig keine Angaben zur beruflichen Stellung ihrer Eltern gemacht haben, werden sie aus der Herkunftsanalyse ausgeschlossen, wie auch diejenigen, deren 15. Lebensjahr in die Kriegs- und unmittelbare Nachkriegszeit fiel. Es werden nur solche Personen einbezogen, die 1950 oder später das 15. Lebensjahr vollendeten. Das betrifft Klienten, die 1935 oder später geboren wurden.[27] In die Auswertung gehen nur solche Personen ein, die in einem eigenen (vom Elternhaus losgelösten) Haushalt *mit erwerbstätigen Personen* leben und die deutsche Staatsangehörigkeit besitzen. Somit ist die Teilgruppe wie folgt abgegrenzt:

> Personen mit deutscher Staatsangehörigkeit, die 56 Jahre oder jünger sind, in einem eigenen Haushalt leben und bis zu ihrem 15. Lebensjahr überwiegend bei beiden Elternteilen oder bei einem Elternteil (Ein-Elternteil-Familie) aufwuchsen.

Für die Herkunfts-Familie ist die höchste berufliche Stellung, die der Vater oder die Mutter der Befragten innehatte, als die Befragten 15 Jahre alt waren, statusprägend, auch dann, wenn die Befragten überwiegend nur bei einem Elternteil aufgewachsen sind.
Für den Statusvergleich zwischen Elternhaus und Befragten-Haushalt sind die einzelnen Kategorien der Selbständigen und der abhängig Beschäftigten zu den Statuskategorien „Oberer", „Mittlerer" und „Unterer" sozio-ökonomischer Status zusammengefaßt worden. Somit lassen sich drei Gruppen unterscheiden:

(a) *Unterer sozio-ökonomischer Status* (Mithelfende Familienangehörige sowie Un- und Angelernte).
(b) *Mittlerer sozio-ökonomischer Status* (Landwirte, selbständige Handwerker, Facharbeiter, Meister, einfache und mittlere Angestellte/Beamte).
(c) *Oberer sozio-ökonomischer Status* (Freiberufliche Akademiker, hochqualifizierte Angestellte sowie gehobene und höhere Beamte).

---

[27] Da die Altersangabe durch Erfragen des aktuellen Alters (in Jahren) während des Befragungszeitraums (15. April - 15. Mai 1991) ermittelt wurde, bedeutet dies, daß ein Teil derjenigen Befragten, die ihr Alter mit 55 Jahren angaben, auch im Jahr 1935 geboren sein können.

4. Definition und Operationalisierung der Lebenslagenmerkmale

Die im empirischen Teil dieser Arbeit behandelten Dimensionen und Komponenten der Lebenslage sind nun zu erläutern. Es werden Schwellenwerte von Unterversorgung definiert, und das Unterschreiten eines Schwellenwerts wird als Deprivation bezeichnet. Die Auswahl der Komponenten und die Definition von Deprivation verfährt dabei nicht willkürlich, sondern nimmt Bezug auf gesellschaftlich anerkannte und mit hohem Konsensgrad behaftete Zielvorstellungen und daraus abgeleitete „Standards", die sich in der Forschung bereits bewährt haben.

4.1. Wohnungssituation

In Anlehung an empirische Untersuchungen zur Ungleichheit der Wohnbedingungen (Glatzer 1980; Diewald/Zapf 1984; Ulbrich 1992) werden in dieser Studie verschiedene Komponenten der Wohnraumversorgung betrachtet, und zwar ausschließlich „objektive" Komponenten[28]:

(a) Notunterkunft,
(b) Wohnraumversorgung,
(c) Wohnflächenversorgung,
(d) Sanitärausstattung.

Zu (a): Das Wohnen in einer städtischen Notunterkunft u.a. bei Obdachlosigkeit, das hier betrachtet wird, ist zu unterscheiden von Wohnungslosigkeit, die auch als Nichtseßhaftigkeit bezeichnet wird.
Zu (b): Die Wohnraumversorgung wird gemessen als Zahl der Wohnräume pro Haushalt (ohne Küche, Bad, Flur, Abstellräume und untervermietete Räume), dividiert durch die Zahl der Haushaltsmitglieder. So erhält man die Wohnräume pro Person im Haushalt. Hierbei han-

[28] Der Zufriedenheit mit den Wohnverhältnissen ist in den letzten Jahren bei repräsentativen Untersuchungen verstärkte Aufmerksamkeit zuteil geworden. Zu nennen sind insbesondere der Datenreport von 1989 und 1992 (Berger-Schmitt 1989; Frick/Lahmann 1992). Die vorhandene Datenbasis der Caritas-Untersuchung verfügt über subjektive Wohnindikatoren. Im Rahmen der Untersuchung, wie sie hier entwickelt wird, werden sie aber nicht behandelt.

delt es sich, wie auch bei der Wohnflächenversorgung, um eine Durchschnittsbetrachtung, wobei unterstellt wird, daß die Zahl der Räume auf die Haushaltsmitglieder gleich verteilt ist. Dies muß nicht der tatsächlichen Aufteilung des Wohnraums oder seiner praktikablen Nutzung entsprechen, wovon allerdings abgesehen werden muß. Als Deprivation gilt, wenn weniger als ein Raum pro Haushaltsmitglied zur Verfügung steht.

Zu (c): Die Wohnflächenversorgung wird operationalisiert als Gesamtfläche der Wohnung, dividiert durch die Zahl der Haushaltsmitglieder. Eine Deprivation liegt vor, wenn pro Haushaltsmitglied nicht mindestens eine Wohnfläche von 20 qm vorhanden ist[29].

Zu (d): Die Sanitärausstattung eines Haushalts bemißt sich nach dem heute als Standard geltenden Niveau, gleichzeitig über eigenes WC und eigenes Bad innerhalb der Wohnung sowie über Zentralheizung zu verfügen. Als Deprivation gilt, wenn mindestens eine dieser Komponenten im Haushalt fehlt.

Eine zusammenfassender Indikator „kumulierte Wohndefizite“ gibt die Anteile der Haushalte in jeder Armuts- und Wohlstandslage an, die in einer Notunterkunft leben oder weniger als einen Raum pro Kopf bzw. weniger als 20 qm pro Kopf zur Verfügung haben *und* gleichzeitig auf eine Komponente der Standard-Sanitärausstattung verzichten müssen.

4.2. Überschuldung sowie Einschränkungen in verschiedenen Lebensbereichen

Verschuldung läßt sich verstehen „als jede Form des Eingehens von Zahlungsverpflichtungen, die ökonomisch und juristisch geregelt ist und sowohl von Gläubigern wie von Schuldnern ein rollenkonformes Verhalten erwarten läßt“ (Korczak/Pfefferkorn 1990: 10). Das Eingehen derartiger Verpflichtungen stellt für eine Person bzw. einen Haushalt solange kein Problem dar, wie die zu erbringenden Tilgungs- und Zinslasten aus dem laufenden Einkommen getragen werden können. Ganz anders ist die Situation einzuschätzen, wenn Überschuldung vorliegt, d.h., wenn die notwendigen Zahlungsverpflichtungen nicht mehr eingehalten werden können und nicht selten juristische Konse-

[29] Die Zugrundelegung dieses Wertes geht aus einer Empfehlung („Kölner Empfehlungen“) für Familien mit einem Kind hervor, die eine durchschnittliche Wohnfläche pro Person (incl. Funktionsräumen) von 21,5 qm vorsieht (vgl. hierzu Müller 1991: 313, 320).

quenzen die Folge sind. Die Grenze zwischen Verschuldung und Überschuldung festzulegen, dürfte im Einzelfall nicht einfach sein. Diese Entscheidung trafen die Sozialarbeiter der Caritaseinrichtungen; sie dokumentierten eine mögliche Überschuldung ihrer Klienten im schriftlichen Teil des Klientenfragebogens.

Größere finanzielle Schwierigkeiten führen nicht selten dazu, daß in verschiedenen Lebensbereichen erhebliche Einschränkungen vorgenommen werden müssen. Es ist bekannt, daß in verschiedenen Gruppen der Armen (Personen mit höherer Bildung, Frauen, Alleinerziehende) Betroffene dazu neigen, ihre Außenkontakte einzuschränken (Walper 1991: 379). Längerfristige Armut führt nicht selten dazu, daß Betroffene sich aus finanziell besser gestellten Kontaktkreisen zurückziehen, weil sie an den üblichen Konsum- und Freizeitgewohnheiten wegen ihrer finanziellen Lage nicht mehr oder nur noch in eingeschränktem Umfang teilnehmen können (Hübinger 1991). Sehr problematisch sind Einschränkungen dann, wenn sie besonders sensible Bereiche erfassen, wie zum Beispiel die Ernährung. Das Sparen beim Essen scheint bei einem (kleinen) Teil der Sozialhilfeempfänger zu (ernährungsphysiologisch) bedenklichen Auswirkungen zu führen, wie explorative Untersuchungen zeigen konnten (Blosser-Reisen 1983; Hübinger 1991: 110-112; Hauser/Hübinger 1993a: 163; Busch-Geertsema/Ruhstrat 1993: 48f.).

Für die Messung von Deprivationen aus finanziellen Gründen lassen sich verschiedene Verfahren anwenden. Townsend (1979) entwickelte eine Vielzahl von objektiven Indikatoren, um relative Deprivation zu messen. Für den Bereich der Ernährung beispielsweise stehen Townsend sechs Indikatoren zur Verfügung, darunter zum Beispiel „No fresh meat most days of week“ oder „Household does not have a Sunday joint three weeks in four“. Für den Bereich Kleidung: „Inadequate footwear for both wet and fine weather“; für den Bereich Entspannung (recreational): „No afternoons or evenings out in last two weeks“ oder „No holiday in last twelve months away from home“ (ebd.: 1173-1177). Alle Indikatoren, die Townsend entwickelt hat, lassen sich problemlos durch Befragung erfassen. Der Caritas-Datensatz verfügt jedoch nicht über vergleichbare „harte“ Indikatoren zur Messung von problematischen Einschränkungen. Die Befragung fokussierte fünf Bereiche; zu jedem konnten die Befragten angeben, ob sie sich entweder „nie“ oder „etwas“ oder „sehr“ wegen finanzieller Belastungen einschränken müssen.

Die Bereiche betreffen:

(a) Ernährung,
(b) Kleidung,

(c) Möbel,
(d) Urlaub,
(e) Freizeit.

Damit fließt die subjektive Einschätzung der Befragten mit ein, die von ihren Konsumgewohnheiten und persönlichen Präferenzen und Vorstellungen über eine gewünschte Ausstattung mit Gütern in den einzelnen Bereichen bestimmt wird. Wird die eigene Versorgung mit der anderer Personen oder Haushalte verglichen, die eine bessere Versorgung aufweisen, kann es ebenfalls zu einer negativen Einschätzung kommen. Der Beurteilung der aktuellen Situation dürften daher oft soziale Vergleichsprozesse zugrunde liegen. War die Versorgung zu einem früheren Zeitpunkt besser als die aktuelle Situation, kann auch dies zu einer negativen Einschätzung führen.
Was sich hinter einer im Ernährungsbereich mit „sehr" eingeschätzten Einschränkung konkret verbirgt, läßt sich nicht feststellen. Dennoch ist die Schlußfolgerung möglich, daß bei finanziellen Belastungen und einer daraus resultierenden als groß empfundenen Einschränkung bei der Ernährung eine problematische Deprivation vorliegt.
Um Deprivation bei der Versorgung mit den obengenannten Gütern und Dienstleistungen zu messen, wird ein additiver Index[30] aus allen Versorgungsbereichen gebildet. Eine Gewichtung der einzelnen Bereiche erfolgt nicht. Das bedeutet, „sehr einschränken" bei der Variable „Ernährung" geht mit dem gleichen Zahlenwert in den Index ein wie „sehr einschränken" bei der Variable „Urlaub". Wird jeder Versorgungsbereich isoliert betrachtet, so erhält man eine dreistufige Skala mit den Zahlenwerten 0 für „nie einschränken", 1 für „etwas einschränken", 2 für „sehr einschränken". Der additive Index für alle fünf Versorgungsbereiche hat somit einen Wertebereich, der von 0 bis 10 schwanken kann. Das Meßniveau des Indexes ist ordinal, das heißt, je höher der Meßwert der Variable ist, desto umfangreicher und „größer" sind die Einschränkungen. Die ermittelten Werte des Indexes stellen eine Rangfolge der Intensität dar. Die Zahlen werden arithmetischen Operationen zugeführt, also wie metrische behandelt, was in der Sozialforschung üblich ist (Benninghaus 1991: 23-25). Die Interpretation des ermittelten Zahlenwertes erfolgt auf ordinalem Niveau; Einschränkungen werden als mehr oder weniger umfangreich bezeichnet. Es läßt sich deshalb nicht sagen, um wieviel mal höher sie für eine

[30] Voraussetzung für die Konstruktion eines Indexes ist, daß sich die einzelnen Komponenten auf denselben Sachverhalt beziehen sowie additive und lineare Beziehungen zwischen den Variablen bestehen (Benninghaus 1991: 50-63; Brosius 1989: 261-273).

Einkommenslage im Vergleich mit einer anderen ist. Neben einem Durchschnittswert (pro Einkommenslage), der den Umfang der erlebten Einschränkungen charakterisiert, werden für jede Armuts- und Wohlstandslage die Anteile derjenigen ausgewiesen, die sich in den Bereichen Ernährung und Urlaub „sehr" einschränken müssen und insofern als depriviert gelten können.

4.3. Gesundheit und Besorgnisse

In der Armutsforschung sind empirische Befunde über den Zusammenhang zwischen Armut und Gesundheitszustand bislang eher selten anzutreffen (Strang 1970; ders. 1987; Hauser u.a. 1981; Hauser/Hübinger 1993a; Huster 1990). Wie medizinsoziologische Untersuchungen belegen, ist die Schichtzugehörigkeit ein wichtiger, wenn auch nicht alleiniger Erklärungsfaktor für die gesundheitliche Situation (Hütter 1984; Lang/Andritzky 1984; Weber 1994). Das verweist insbesondere auf die berufliche Stellung als einem wichtigen Kriterium für die körperliche und seelische Befindlichkeit. Ergebnisse deuten darauf hin, daß Armut mit körperlichen und seelischen Erkrankungen sowie Verhaltensauffälligkeiten und Beziehungsstörungen einhergehen kann. In städtischen Quartieren, die als Soziale Brennpunkte bekannt sind, kommen psychische Krankheiten deutlich häufiger vor als in anderen Stadtteilen (Wulff 1985). Morbidität und Mortalität liegen bei Arbeitslosen höher als bei Berufstätigen (Wegener 1986). Ühlein (1994) belegt anhand verschiedener nationaler und internationaler Studien und Auswertungen, die aus der Betreuung von Suizidgefährdeten resultieren, einen Zusammenhang zwischen Verarmung und Suizidalität.[31] Erste Ergebnisse einer repräsentativen empirischen Untersuchung bei Kindern und Jugendlichen von Anfang 1994 über den Zusammenhang von Armut und Gesundheit kommen zu eindringlichen Ergebnissen (Klocke/Hurrelmann 1995). Die Forscher faßten die „Ungleichheitsdimensionen" des sozialen „Herkunftsmilieus" (berufliche Bildung und Bildungsabschluß) und der „sozialen Lage" (Versorgungssituation in verschiedenen Lebensbereichen) zu einem gemeinsamen Index zusammen, der über fünf Stufen von der Armutsgruppe (unterste Stufe) bis zur Reichtumsgruppe (oberste Stufe) reicht. Der prozentuale Anteil der untersten Gruppe beträgt fünf Prozent und stellt das

[31] Als „intervenierender" Einflußfaktor wird in diesen Studien meist das gleichzeitige Vorliegen einer (Mehrfach- oder Langzeit-)Arbeitslosigkeit genannt.

Armutssegment dar. Klocke und Hurrelmann weisen bei den untersuchten Kindern und Jugendlichen[32] einen „direkte(n), lineare(n) Zusammenhang zwischen dem Grad der sozialen Privilegierung und dem Ausmaß von Gesundheit“ (ebd.: 145) nach und stellen fest: „Je niedriger die Position in der Privilegienstruktur einer Gesellschaft ist, desto niedriger ist auch die Qualität der Gesundheit.“ (ebd.: 146) Aber nicht nur Gesundheit in einem eher engeren Sinne wird von den sozialen Lebensbedingungen (der sozialen Ungleichstellung) entscheidend beeinflußt, sondern ebenso die Ernährung, das sportliche und hygienische Verhalten und die seelische Befindlichkeit. Die Befunde belegen überzeugend die Abhängigkeit der zentralen Ressource Gesundheit von sozialer Schichtzugehörigkeit und Einkommenssituation. Auch eine andere Studie (Weber 1994) kommt zu dem Ergebnis, daß in den unteren sozialen Schichten Gesundheitsprobleme häufiger auftauchen als in den oberen. Das ist zwar nicht bei allen Gesundheitsproblemen zutreffend (nicht bei Alkoholkonsum, psychosomatischen Störungen, Bluthochdruck), wohl aber für so zentrale wie allgemeine Sterblichkeit (Lebenserwartung bei Erwachsenen), Kindersterblichkeit oder Rehabilitationserfolg nach Herzinfarkt und Zigarettenrauchen (ebd.: 215).

Wie kann nun der Gesundheitszustand der Befragten beurteilt werden? Dazu stehen zwei Untersuchungskomplexe im Blickfeld. Ersterer hebt auf die physische Gesundheit, der zweite auf die seelische Befindlichkeit ab. Unter Abwägung der grundsätzlichen Schwierigkeiten der Einschätzung des Gesundheitszustandes durch eine Befragung der Betroffenen selbst, liegt eine körperliche Erkrankung vor,

> wenn die Befragten „irgendeine Krankeit oder Behinderung“ hatten, die sie gezwungen hatte, ihren Beruf zu wechseln oder ihr Leben ganz umzustellen *oder* wenn sie als schwerbehindert gelten.

Das seelische Befinden ist durch eine bekannte Gesundheitsskala - die sogenannte „anxiety-scale“ - ermittelt worden. Dieses ursprünglich von der Weltgesundheitsorganisation (WHO) entwickelte und häufig in der skandinavischen Wohlfahrtsforschung eingesetzte Instrument

---

[32] Untersuchungspersonen waren 3.328 Kinder und Jugendliche im Alter von 11 bis 15 Jahre, die nach einem repräsentativen Auswahlverfahren an Schulen in Nordrhein-Westfalen in der Zeit von März bis Mai 1994 befragt wurden. Die Studie ist Teil eines internationalen Forschungsverbundes („Health Behaviour in School Aged Children“), an dem 24 Länder beteiligt sind und die von der Weltgesundheitsorganisation (WHO) gefördert wird.

besteht aus zehn jeweils mit „ja" oder „nein" zu beantwortenden Items einer Fragenbatterie[33]:

(a) Fühlen Sie sich öfter erschöpft oder zergeschlagen?
(b) Fühlen Sie sich gewöhnlich unglücklich oder niedergeschlagen?
(c) Machen Sie sich große Sorgen über Ihre Gesundheit?
(d) Sind Sie öfter über starkes Herzklopfen beunruhigt?
(e) Haben Sie öfter wie verrückt Herzklopfen?
(f) Leiden Sie öfter unter Kopfschmerzen?
(g) Bringt es Sie völlig durcheinander, wenn Sie Dinge schnell tun müssen?
(h) Zittern Sie öfter oder schüttelt es Sie?
(i) Sind Sie ständig aufgeregt oder nervös?
(j) Kommen Ängste und Sorgen immer wieder über Sie?

Die anxiety-scale wird benutzt, um den Gesundheitszustand zu messen. Das ist weder sogleich aus der Skalenbezeichnung noch aus den einzelnen Items zu erkennen.[34] Borg und Noll (1990: 41) verweisen aber auf den „engen" Zusammenhang zwischen der mit der Skala gemessenen „anxiety" und der physischen und psychischen Gesundheit: Je mehr Symptome vorliegen, desto „weniger" Gesundheit, und umgekehrt, je weniger Symptome, desto „mehr" Gesundheit liegt vor. Die Items (a), (b), (g), (h), (i) faßt Glatzer (1984: 180) als „Besorgnis-Symptome" zusammen und bildet einen additiven Index für „Besorgnis", der Werte von Null bis Fünf annehmen kann. In dieser Untersuchung wird dieser Index herangezogen und ebenso verfahren. Für jede Armuts- und Wohlstandslage wird der Durchschnittswert der Besorgnisskala ausgewiesen und eine Varianzanalyse mit multiplem Range-Test[35] durchgeführt, um mögliche Gruppenabgrenzungen feststellen zu können.

Glatzer (1984) hat den engen Zusammenhang zwischen „Besorgnis-Symptomen" und der allgemeinen Lebenszufriedenheit, die auf einer 11-stufigen Skala gemessen wurde, nachgewiesen. Zwischen der An-

---

[33] Die „anxiety-scale" wurde in Westdeutschland in den Wohlfahrtssurveys in den Erhebungsjahren 1978, 1980, 1984, 1988 verwendet; 1990 wurde auf dieses Instrument im Wohlfahrtssurvey Deutschland-Ost zurückgegriffen. Verschiedene Untersuchungen auf Basis dieser Skala liegen vor: Lang/Andritzky 1984; Glatzer 1984; Weick/Riede 1989; Landua 1992.

[34] Vgl. Glatzer (1984: 179, Fußnote 2), der den englischen Terminus „anxiety" mit „Besorgnis" übersetzt.

[35] Das Verfahren der Varianzanalyse und Range-Tests werden für verschiedene Fragestellungen in dieser Untersuchung angewendet. Eine Erläuterung dieser Verfahren erfolgt erst zu Beginn der Analyse des Ausmaßes von Armut und Wohlstand in Teil 4, Abschnitt 4.4.1.

zahl der Besorgnis-Symptome und der Lebenszufriedenheit gibt es eine negative lineare Abhängigkeit, d.h. je mehr Besorgnisse vorliegen, desto niedriger ist die Lebenszufriedenheit. Daraus läßt sich der Schluß ziehen, daß, wenn Armut das psychische Befinden beeinträchtigt, zugleich das allgemeine Wohlbefinden - die Lebenszufriedenheit - reduziert wird.

4.4. Subjektives Wohlbefinden

Unter subjektivem Wohlbefinden ist die von den Befragten selbst getroffene Einschätzung ihrer Lebensbedingungen und ihres Lebens im allgemeinen zu verstehen. Die häufigste Operationalisierung erfolgt mit Fragen zum „Glück“ und zur „Zufriedenheit“; andere Komponenten sind Ängste, Hoffnungen, Einsamkeit, Handlungskompetenzen, Unsicherheiten, wahrgenommene Konflikte und Prioritäten. Das subjektive Wohlbefinden formt zusammen mit den (objektiv beobachtbaren) Lebensbedingungen das aus, was unter „Lebensqualität“ verstanden wird. Lebensqualität umfaßt „gute“ Lebensbedingungen und positives subjektives Wohlbefinden (Zapf u.a. 1987: 43-47). Ein globales Maß subjektiven Wohlbefindens ist die sogenannte allgemeine Lebenszufriedenheit. Der Zufriedenheit geht eine „eher kognitive Bewertung“ der Lebensumstände voraus. Das Niveau der Zufriedenheit hängt jedoch nicht nur von den eigenen Lebensbedingungen ab, sondern auch von sozialen Vergleichen mit wichtigen Bezugspersonen und davon, was jemand wünscht, erwartet, erhofft und anstrebt (Glatzer 1984: 178). Als ein „bewährter Indikator der Lebensqualität auf der Ebene subjektiven Wohlbefindens“ (Zapf u.a. 1987: 48) gilt die allgemeine Lebenszufriedenheit.
Wie zufrieden die Befragten mit ihrem Leben im allgemeinen sind, wurde mit Hilfe der 11-stufigen Lebenszufriedenheits-Skala gemessen, die von „0“ („ganz und gar unzufrieden“) bis „10“ („ganz und gar zufrieden“) reicht[36]. Die übrigen Skalenwerte geben die Abstufungen wieder. Nun gibt es verschiedene Möglichkeiten, benachbarte Skalenwerte zusammenzufassen und verbale Bezeichnungen einzuführen, um Interpretationen zu erleichtern. Hier soll so verfahren werden, die Befragten mit Skalenwerten von 0 bis 4 als „eher Unzufriedene“ zu bezeichnen, eine häufiger verwendete Zusammenfassung (Berger 1984b; Habich/Spellerberg 1994). Damit ist die Deprivationsschwelle des

---

[36] Die entsprechende Frage lautete: „Und was meinen Sie, wie zufrieden sind Sie gegenwärtig - alles in allem - mit Ihrem Leben?“

subjektiven Wohlbefindens definiert; die Deprivierten werden als Anteil der „Eher-Unzufriedenen" an allen Befragten einer Einkommenslage angegeben.

4.5. SOZIALE NETZWERKE

Die Handlungsfähigkeit von Personen hängt von ihrer Fähigkeit ab, verschiedene Ressourcen zu mobilisieren. Außer den zentralen monetären gehören hierzu die „sozialen Ressourcen" (Keupp 1987; ders. 1994), wozu vor allem soziale Netzwerke gezählt werden. Ein soziales Netzwerk ist der Kreis von Menschen, mit denen eine Person Kontakte oder soziale Unterstützung austauscht[37]. Ein solches Netzwerk kennt weder klar definierte Mitgliedschaften noch festgefügte Rollenstrukturen. Ebenso fehlt ein mehr oder weniger stark ausgeprägtes „Wir-Gefühl" bzw. „Wir-Bewußtsein", was zusammengenommen typisch und konstitutiv für soziale Gruppen ist. Es handelt sich bei einem sozialen Netzwerk um einen „Kreis" von verschiedenen Personen, die aus unterschiedlichen sozialen Kontexten stammen: der Verwandtschaft, der Nachbarschaft, der Kollegenschaft, dem Bekanntenkreis usw. Daher sind gemeinsam geteilte Zielsetzungen, über deren Art und Verwirklichung diskutiert würde, meist nur punktuell vorhanden. Der Soziologe Pierre Bourdieu (1982) unterscheidet in seiner Sozialstrukturanalyse neben dem „wirtschaftlichen Kapital" und „kulturellen Kapital" das „soziale Kapital", das die besondere Ausprägung des sozialen Netzwerks, in das eine Person involviert ist, bezeichnet. Es dient „als Schmiermittel im sozialen Verkehr" (van der Loo/van Reijen 1992: 108). Sozialen Netzwerken werden eine Vielzahl von Funktionen zugeschrieben: die Bereitstellung von sozialen Hilfen, Gütern und monetären Mitteln, die Beratung und Information, die Befriedigung sozialer Bedürfnisse (Geselligkeit) und die Erfüllung des Wunsches nach Sicherheit, Geborgenheit und Zugehörigkeit, die Stabilisierung des Selbstwertgefühls und des Gesundheitszustandes sowie soziale Integration.

---

[37] Die Netzwerkforschung hat sich in den letzten 15 bis 20 Jahren zu einer anerkannten Forschungsrichtung innerhalb der Sozialwissenschaften (besonders der (Sozial-)Psychologie und der Soziologie) etabliert. Einen Überblick kann man sich verschaffen in: Mitchell/Trickett 1980; Holland/Leinhard 1979; Schenk 1984. Forschungsergebnisse aus der Netzwerkforschung (in Deutschland): Glatzer/Berger-Schmitt 1986; Diewald 1990; Bien/Marbach 1991.

Soziale Kontakte und Unterstützung können die Ressourcenschwäche von Haushalten mildern und somit ihre Versorgungslage verbessern helfen. Sie sind eine nicht zu vernachlässigende Komponente der Lebenslage. Ein bestehendes informelles Kontaktnetz (Verwandte, Freunde, Nachbarn) muß aber nicht in jedem Fall sozial unterstützend wirken. Um soziale Unterstützung mobilisieren zu können, muß jedoch ein entsprechendes Kontaktnetz vorhanden sein. Zwar entscheidet nicht in erster Linie die Größe eines Netzwerks darüber, ob aus sozialen Kontakten zugleich auch soziale Unterstützung erwächst. Aber je weiter das Kontaktnetz gespannt ist, desto größer dürfte in der Regel auch die Möglichkeit sein, einzelne Helfer gezielt für notwendige Unterstützungsmaßnahmen auszusuchen und angemessene Hilfe zu erhalten.

Die vorliegende empirische Untersuchung beleuchtet die Problematik der sozialen Isolation. Schwellenwerte für soziale Isolation festzulegen, ist allerdings problematisch, weil lediglich Daten über die Anzahl von Kontaktpersonen im Verwandtenkreis, die Anzahl der Freunde, über gegenseitige Besuchskontakte mit Nachbarn und die eingeschätzte Intensität dieser Kontakte vorliegen. Von sozialer Isolation soll aber nicht nur dann gesprochen werden, wenn keinerlei (informelle) Kontakte bestehen[38]. Hinsichtlich der sozialen Kontakte werden drei Abstufungen unterschieden:

(1) Als „vollkommen sozial isoliert" werden diejenigen bezeichnet, die keine Kontakte mit Verwandten unterhalten und keine Freunde haben und keine gegenseitigen Besuche mit Nachbarn austauschen. Dabei kann es durchaus zu „flüchtigen" Kontakten mit Nachbarn kommen, die aber nicht essentiell die Kontaktsituation verbessern können.

(2) Sehr kleine Kontaktkreise, solche die nur aus sehr wenigen Kontaktpartnern bestehen, sind Belastungen ausgesetzt, wenn eine flexible und häufige Inanspruchnahme wegen besonderer Lebensumstände notwendig wird. Das ist besonders bei der hier untersuchten Populati-

[38] Diewald (1986: 66) belegt auch relativ selten vorkommende Kontakte von Untersuchungspersonen (wenigstens einmal im Monat Kontakt mit einer Person außerhalb des eigenen Haushalts) mit dem Terminus „weitgehend isoliert". In seiner neueren Untersuchung (1990: 751) spricht der Autor von „kumulierter Isolation", was das Zutreffen von zwei der insgesamt drei von ihm definierten Isolationsmerkmale meint. Isolation wird aber auch verwendet, um die (weitgehende) Kontaktlosigkeit bezüglich einzelner Netzwerksegmente (Verwandte, Freunde, Nachbarn) zu bezeichnen.

on zu erwarten. Als „isolationsgefährdet“ werden daher diejenigen bezeichnet, die Kontakt nur zu einem Verwandten pflegen oder nur einen Freund haben oder nur gegenseitige Besuche mit Nachbarn unterhalten. Trifft demzufolge nur eine Kontaktform zu, ist Isolationsgefährdung gegeben.
(3) Als „minimal sozial eingebunden“ werden alle diejenigen bezeichnet, die mit zwei Personen Kontakt unterhalten, die aus dem Freundeskreis und/oder dem Verwandtenkreis auf der anderen Seite stammen können. Zu dieser Kategorie zählen aber auch die Kontaktkombinationen, die aus nachbarschaftlichen Kontakten und einer Person aus Freundes- oder Verwandtenkreis bestehen.

Alle diese Beziehungstypen werden als „prekäres Netzwerk“ bezeichnet. Als „sozial integriert“ werden alle Befragten eingeschätzt, die darüber hinaus mehr und andere Kontaktbeziehungen pflegen.

Teil 3
Beschreibung der Untersuchungspopulation

1. Datenquellen für die Armutsforschung in Deutschland

Die Qualität empirischer Armutsforschung ist eng verknüpft mit den für die Forschungsfragen zur Verfügung stehenden Datenbasen. Ein empirischer Zugang zum Armutsproblem, der auf Repräsentativität seiner Beobachtungen bedacht ist, stellt bestimmte notwendige Anforderungen an die Datenbasis (Hauser 1993b). Diese sollte als Stichprobe oder Teilstichprobe so angelegt sein, daß die gesamte Armutsbevölkerung erfaßt wird und Subgruppenbetrachtungen mit noch genügend großen Mindestbesetzungszahlen möglich sind. Zudem sollte Repräsentativität zugleich auch für den nichtarmen Stichprobenanteil gesichert sein. Denn nur im Vergleich von armen und nichtarmen Bevölkerungsteilen lassen sich das spezifische Sozialprofil und die soziale Stellung der Armen in der Gesellschaft erkennen sowie Aussagen über das Ausmaß von Mangelerscheinungen machen.
Nun gibt es verschiedene Möglichkeiten, eine ausreichend große Stichprobe für Armutsuntersuchungen zu erhalten. Während der 70er und Anfang der 80er Jahre mußte auf die vom Statistischen Bundesamt bereitgestellten Datensätze wie dem *Mikrozensus* und der *Einkommens- und Verbrauchsstichprobe* (EVS) zurückgegriffen werden (Fischer/Roth 1986). Diese beiden Datenquellen sind aber mit erheblichen Nachteilen verbunden. Im ersten Fall betrifft das die mangelnde Qualität der Einkommmensangaben; im zweiten vor allem dic fehlende Aktualität der Daten, da die EVS-Daten immer erst mehrere Jahre nach ihrer Erhebung der Forschergemeinde zur Verfügung gestellt werden, sowie den Ausschluß der Ausländer. Der Zugriff der Armutsforschung auf eine weitere Datenquelle - die amtliche Sozialhilfestatistik - ist bislang erst 15-18 Monate nach Ablauf eines Berichtsjahres gegeben (Wolff/Beck 1993: 421). Die Selektivität der Erfassung der Armutspopulation durch die Sozialhilfestatistik, die die verdeckte Armut, aber auch die Nichtseßhaftigkeit, völlig unberücksichtigt lassen muß, ist ihre grundlegende Schwäche. Zudem fehlen in der Sozialhilfestatistik wichtige Informationen. Erst für das Berichtsjahr 1994 werden im Zuge der Sozialhilfereform Bildungs- und Qualifikationsmerkmale oder die Dauer des Sozialhilfebezugs erfaßt und statistisch ausgewiesen, wodurch sich die Auswertungsmöglichkeiten ab der zweiten Hälfte der 90er Jahre deutlich verbessern werden. Die mit der Reform verknüpfte Rechtsgrundlage, um im mehrjährigen Abstand Zusatzstatistiken für besondere Problemlagen und -gruppen

zu ermöglichen, wird der Armutsforschung neue Datenquellen sichern (Buhr/Leibfried 1992; Beck/Seewald 1994).

Seit Ende der 70er Jahre kann die Armutsforschung auf repräsentative und für ihre Interessen hochwertige Datenquellen zurückgreifen. Zu nennen sind insbesondere die im mehrjährigen Abstand durchgeführten *Wohlfahrtssurveys* und die *Allgemeine Bevölkerungsumfrage der Sozialwissenschaften* (Allbus), die Grundlage für verschiedene Armuts- und Sozialstrukturuntersuchungen waren (Glatzer/Zapf 1984; Krause/Schäuble 1992).[1] Seit dem Ende der 80er Jahre stützen sich viele Einkommens- und Armutsanalysen auf das *Sozio-ökonomische Panel* (SOEP). Das SOEP, eine jährliche Befragung von allen Personen ab 16 Jahren in repräsentativ ausgewählten Haushalten, wird seit 1984 durchgeführt und enthält alle für eine Armutsuntersuchung wichtigen Merkmale. Repräsentativen Armutsuntersuchungen auf Basis der Datensätze der wissenschaftlichen Umfrageforschung sind jedoch dadurch Grenzen gesetzt, daß die Sub-Stichproben von Armen oder Armutsgefährdeten oft so klein sind, daß tiefergehende Analysen wegen zu geringer Fallzahlen statistisch nicht hinreichend abgesichert werden können. Detaillierten Untersuchungen sind trotz einer großen Gesamtstichprobe wie beim SOEP von rund 15.000 Befragten immer noch enge Grenzen gesetzt; insbesondere wenn Subgruppen wie z.B. Sozialhilfe beziehende Alleinerziehende in den Forschungsfokus gestellt werden sollen.

Um eine genügend große Stichprobe für Armutsuntersuchungen zu erhalten, hat Hauser (1993b) vorgeschlagen, entweder eine zweistufige Stichprobe als repräsentative Erhebung durchzuführen oder gezielt in einer Problempopulation durch eine einstufige Stichprobe eine genügend große Subgruppe einkommensarmer Personen zu erreichen. Beim ersten Verfahren müßten in einem ersten Schritt mindestens 20.000 Haushalte erfaßt werden, um in einem zweiten Erhebungsschritt die Einkommensschwachen darunter einer gesonderten Befragung zu unterziehen. Doch dies ist methodisch sehr aufwendig und

---

[1] Wolfgang Glatzer und Wolfgang Zapf stehen für die Untersuchungen auf Grundlage der Wohlfahrtssurveys (vgl. insbesondere Glatzer/Zapf 1984). Seit 1985 folgten in zwei- bis dreijährigem Abstand der „Datenreport", der in Zusammenarbeit des Statistischen Bundesamtes mit dem Sonderforschungsbereich 3 der Universitäten Frankfurt und Mannheim (Sfb-3) und nach dessen Auflösung 1991 mit dem Wissenschaftszentrum Berlin für Sozialforschung (WZB) und dem Zentrum für Umfragen, Methoden und Analysen, Mannheim (ZUMA) erstellt wird. Krause und Schäuble stehen für eine Sozialstrukturuntersuchung unter besonderer Berücksichtigung der Armutsbevölkerung auf der Grundlage des Allbus.

auch kostspielig. Der Zugriff auf eine Problempopulation, von der anzunehmen ist, daß sich genügend Einkommensarme unter ihr befinden, wirft neben dem Problem mangelnder oder fehlender Repräsentativität der Ergebnisse für die Gesamtbevölkerung insbesondere die Frage der Zugänglichkeit zu besagten Problempopulationen durch die Forschergruppen auf.
Die nachfolgend beschriebene Datenbasis, die Grundlage der Auswertungen für diese Arbeit ist, basiert auf einer Erhebung der letztgenannten Art, der Fokussierung einer besonderen Problempopulation. Es handelt sich um einen Datensatz, der für die Caritas-Armutsuntersuchung eigens erhoben wurde.[2] Es soll daher der Zuschnitt der Datenbasis für die nachfolgende Untersuchung umrissen und die Untersuchungspopulation nach einigen wichtigen sozialen Merkmalen im Vergleich mit der Gesamtbevölkerung Westdeutschlands beschrieben werden.

---

2 Ein umfassender Überblick über das Design der Caritas-Armutsuntersuchung ist aus Hauser/Hübinger 1993b zu gewinnen.

2. Das Design der Caritas-Untersuchung

2.1. Der Untersuchungsrahmen: Einrichtungen der offenen Hilfe des Deutschen Caritasverbandes

Die Gesamtdatensatz der Caritas-Armutsuntersuchung basiert auf einer repräsentativen Befragung bei 4.072 Klienten im Bereich der offenen Hilfe des Deutschen Caritasverbandes in Westdeutschland.[3] Die „offene Hilfe" ist eine von vier verschiedenen Einrichtungsgruppen der Caritasarbeit; dazu zählen neben der offenen Hilfe, die Krankenhäuser und Heime, die Tageseinrichtungen sowie die Aus- und Fortbildungsstätten für soziale Berufe. Die Caritas-Statistik von 1991 unterscheidet innerhalb der vier Einrichtungsgruppen sechs fachliche Bereiche, und zwar (1) Gesundheitshilfe, (2) Jugendhilfe, (3) Familienhilfe, (4) Altenhilfe, (5) Behindertenhilfe und (6) weitere soziale Hilfen. Innerhalb der fachlichen Bereiche werden für jede Einrichtungsgruppe wiederum sog. Einrichtungsarten unterschieden. Die Einrichtungsstatistik des Verbandes zählte für 1990 insgesamt 158 verschiedene Einrichtungsarten.

Wie die Einrichtungsstatistik von 1991 zeigt, besteht der Deutsche Caritasverband (Stand 1. Januar 1990) aus etwa 30.000 Einrichtungen[4] (siehe Schaubild 3.1, S. 122). Die Caritas-Untersuchung bezieht sich jedoch nur auf die Einrichtungsgruppe der offenen Hilfe, das sind Beratungs- und Betreuungseinrichtungen. Die offene Hilfe umfaßte insgesamt 61 Einrichtungsarten mit zusammen knapp 15.000 Einrichtungen. An der Datenerhebung wurden 2.310 Einrichtungen beteiligt, dabei handelt es sich um wichtige Bereiche der Sozialarbeit: die Be-

[3] Die Caritas-Untersuchung wurde Anfang März 1990 vom Deutschen Caritasverband Freiburg an die Professur für Sozialpolitik im Fachbereich Wirtschaftswissenschaften der Universität Frankfurt am Main in Auftrag gegeben. Der Inhaber des Lehrstuhls, Professor Dr. Richard Hauser, war Leiter des Forschungsauftrags. Da das Forschungsprojekt im Mai 1990 begann, konnten nur westdeutsche Caritasstellen in die Untersuchung einbezogen werden.

[4] Der Begriff der Einrichtung ist in der Caritas-Statistik sehr weit gefaßt. Darunter fallen alle im Kompetenzbereich des Caritasverbandes organisierten formellen und informellen Aktivitäten sowie personelle Zusammenschlüsse. Der Einrichtungsbegriff umfaßt daher Krankenhäuser und Wohnheime ebenso wie verschiedene Beratungsstellen, ehrenamtliche Tätigkeit oder Selbsthilfegruppen.

fragten dürften zur Kerngruppe jener Hilfebedürftigen gehören, die bei Wohlfahrtsverbänden in schwierigen persönlichen und familiären Lebenssituationen Hilfe suchen.

Schaubild 3.1: Anzahl der Einrichtungen nach fachlichen Bereichen und Einrichtungsgruppen im Jahr 1990

Einrichtungsgruppen:	Gesundheitshilfe	Jugendhilfe	Familienhilfe	Altenhilfe	Behindertenhilfe	Sonstige Hilfen	Einrichtungen insgesamt je Einrichtungsgruppe
Krankenhäuser und Heime	764	1089	136	1526	367	529	4411
Tageseinrichtungen	20	9503	-	5	496	49	10073
Offene Hilfe	3513	1145	4352	3464	402	2109	14985
Aus- und Fortbildungsstätten	324	104	9	46	12	183	678
Insgesamt	4621	11841	4497	5041	1277	2870	30147

Quelle: Hauser/ Hübinger 1993a, S. 87.

2.2. Grundgesamtheit und Stichprobe der empirischen Untersuchung

Die in der Stichprobe erfaßten Klienten sind repräsentativ für die Gesamtzahl aller im Befragungszeitraum (15. April 1991 bis 15. Mai 1991) die einbezogenen Einrichtungen der offenen Hilfe aufsuchenden Klienten; um befragt zu werden, mußten sie das 16. Lebensjahr bereits vollendet haben. Die Stichprobe umfaßt 4.072 Personen; darunter befinden sich:

(a) 2.807 Befragte, die in Privathaushalten leben und nicht von Sozialstationen betreut werden;
(b) 465 Befragte, die in Privathaushalten leben und von Sozialstationen betreut werden;

(c) 613 Befragte, die in Einrichtungen, wie z.B. Altenheimen, Frauenhäusern, Flüchtlingsheimen, leben;
(d) 187 Befragte, die als Nichtseßhafte anzusehen sind.

Diese Befragten stehen für insgesamt 174.189 Personen, die in dem Befragungszeitraum von den teilnehmenden Einrichtungen betreut wurden. Hochgerechnet auf die Klienten, die insgesamt im Jahr 1991 in den an der Untersuchung beteiligten Einrichtungen betreut wurden, ergibt sich eine Zahl von rund 1,2 Millionen.[5]

Tabelle 3.1: Die Klienten der an der Erhebung teilnehmenden Einrichtungen und Hochrechnung der Klienten aller Caritaseinrichtungen der offenen Hilfe

Befragungspersonen	Personen in der Stichprobe	Personenzahl hochgerechnet auf Befragungszeitraum	Personenzahl hochgerechnet auf Befragungsjahr
	1	2	3
Befragte in Privathaushalten, die nicht von Sozialstationen betreut werden	2.807	68.411	629.577
Befragte in Privathaushalten, die von Sozialstationen betreut werden	465	80.177	350.102
Befragte in Einrichtungen	613	17.668	166.613
Wohnsitzlose (Nichtseßhafte)	187	7933	67.528
Insgesamt	4.072	174.189	1.213.820

Quelle: Hauser/Hübinger 1993a; 1993c: 13.

[5] Die Hochrechnungsprozedur ist ausführlich in Hauser/Hübinger 1993a: 91-95 beschrieben worden, die Stichprobe in Hauser/Hübinger 1993b: 50-54. Eine Beschreibung der hier dargestellten Hochrechnung auf Jahresebene ist Hauser/Hübinger 1993c: 10-13 zu entnehmen.

In diese Untersuchung werden jedoch weder die Klienten der Sozialstationen[6] noch die Nichtseßhaften und Klienten, die in Einrichtungen leben, einbezogen.[7] Sie zielt nur auf die Befragten, die in Privathaushalten leben und nicht von Sozialstationen betreut werden. Die Datenbasis bezieht sich damit auf 2.807 Befragte, die im Befragungszeitraum insgesamt 68.411 und auf das Jahr 1991 hochgerechnet insgesamt 629.577 Klienten repräsentieren.
Da die Hilfebedürftigkeit, die die Klienten zu den Einrichtungen der Caritas führt, in aller Regel auch die Haushaltsmitglieder mehr oder weniger mitbetrifft, läßt sich die Größenordnung der Betreuungsleistung der Caritas abschätzen, aber auch die Reichweite der vorliegenden Untersuchung. Unterstellt man, daß die durchschnittliche Haushaltsgröße der im Erhebungszeitraum Hilfesuchenden aus den Privathaushalten nicht wesentlich von der durchschnittlichen Haushaltsgröße der in allen anderen Monaten des Jahres 1991 vorsprechenden Klienten abweicht, kann die Gruppe der direkt und indirekt durch die Caritasarbeit erreichten Personen abgeschätzt werden. Sie beträgt bei einer durchschnittlichen Haushaltsgröße von 2,85 Personen rund 1,8 Millionen Menschen; das sind rund 2,8% der westdeutschen Bevölkerung.[8]
Die Untersuchung operiert nur mit den Fällen mit „gültigen Antworten“ bei den Einkommens- und Wohnkostenangaben. Gegenüber der Caritas-Armutsuntersuchung (Hauser/Hübinger 1993a: 109) konnte die Anzahl der ungültigen Fälle (Status unbekannt) durch weitere Einkommensbereinigungen reduziert werden. Als Fälle, deren Einkommensstatus wegen fehlender Angaben nicht ermittelt werden konnte und die deshalb aus der Untersuchung ausgeschlossen sind, verbleiben ungewichtet 372 und gewichtet 9.191 Fälle, das sind 13,4% der hochgerechneten Personenzahl der Befragungsperiode.
In der empirischen Untersuchung im nachfolgenden Teil 4 stehen neben dem Einkommensstatus insbesondere die Variablen „Armutsausmaß“ und „Wohlstandsausmaß“ im Mittelpunkt. Aus den beiden Tabellen 3.2 und 3.3 (S. 125f.) sind die zugrundeliegenden Fallzahlen und die entsprechenden Gruppenanteile zu ersehen. Zu jeder präsentierten Tabelle wird die Datenbasis angegeben. Wenn sie sich auf die

---

[6] Sie sind in der Caritas-Armutsuntersuchung ausführlich beschrieben worden (Hauser/Hübinger 1993a: 368-400).

[7] Die beiden letztgenannten Gruppen werden in Hübinger/Hauser 1995 ausführlich behandelt.

[8] Bezugsgröße ist eine Bevölkerungszahl in Westdeutschland im Jahr 1991 von rund 64 Millionen (BMfAS 1993: II.2.1).

Daten der Caritas-Untersuchung bezieht, wird dies durch „Ca-Dat. 91“ ausgewiesen; d.h. Caritasdatensatz für das Erhebungsjahr 1991.

Tabelle 3.2: Einkommensstatus der Untersuchungspopulation

Art der Gewichtung	Einkommensstatus		
	Einkommens-arm*)	Nicht-Ein-kommensarm	Insgesamt
	1	2	3
Fallzahlen			
Ungewichtet	1080	1355	2435
Gewichtet/ hochgerechnet	27260	31960	59220
In Prozent (ge-wichtet)	46.0%	54%	100.0%

Anmerkung: *) Zugrundegelegt ist die wohnkostenbereinigte relative 50%-Armutsgrenze.
Datenbasis: Ca-Dat. 91.

Die Besonderheit des Datensatzes wird erkennbar: 46% der Befragten bzw. der untersuchten Haushalte sind als relativ einkommensarm zu bezeichnen. Die hohe Überrepräsentation der Einkommensarmen erlaubt eine differenzierte und vertiefende Betrachtung der Einkommens- und Lebenslagen.

Die übliche Minimalgröße für eine durch eine Stichprobe repräsentierte Subgruppe, eine Fallzahl von n= 120, ist für den Großteil der nachfolgenden Auswertungen gegeben. Auf dieser Basis sind weitere Differenzierungen und die Anwendung inferenzstatistischer Verfahren möglich. Dem Nachteil der nicht-bevölkerungsrepräsentativen Stichprobe des Ca-Dat. 91 steht daher der Vorteil statistisch absicherbarer Ergebnisse für eine differenzierte Subgruppenbetrachtung in sozialen Unterschichten gegenüber.

Tabelle 3.3: Die Variablen Armutsausmaß und Wohlstandsausmaß - Fallzahlen und Anteile der Einkommenslagen in Prozent

50%- Armutsgrenze

Art der Gewichtung	- EINKOMMENSLAGEN -									
	Armutsausmaß nach Quintilen - Armutslagen -					Wohlstandsausmaß nach Quintilen - Wohlstandslagen -				
	V	IV	III	II	I	I	II	III	IV	V
	Pro Armutslage					Pro Wohlstandslage				
Ungewichtet	216	216	216	216	216	271	271	271	271	271
Gewichtet	5452	5452	5452	5452	5452	6392	6392	6392	6392	6392
	Alle Armutslagen					Alle Wohlstandslagen				
Ungewichtet	1080					1355				
Gewichtet	27260 (46%)					31960 (54%)				
	Alle Einkommenslagen zusammen									
Ungewichtet	2435									
Gewichtet	59220 (100%)									

Datenbasis: Ca-Dat. 91.

3. Charakterisierung der Untersuchungspopulation im Vergleich mit der Bevölkerung Westdeutschlands nach wichtigen sozialen Merkmalen

Zunächst stellt sich die Frage der Abgrenzung des Begriffs der Untersuchungspopulation. Der Begriff kann sich *erstens* auf die Befragten selbst, *zweitens* auf die Haushalte der Befragten und *drittens* auf die Befragten einschließlich der mit ihnen in Privathaushalten zusammenlebenden Personen beziehen. Der Ca-Dat. 91 enthält nur wenige persönliche Merkmale von Haushaltsmitgliedern, den Beschäftigungsstatus, die berufliche Stellung und den Grund eventueller Nichterwerbstätigkeit des Haushaltsvorstands. Für die nachfolgende Gegenüberstellung sozialer Merkmale der Untersuchungspopulation mit solchen der Bevölkerung Westdeutschlands kann im wesentlichen nur auf die Merkmale der Befragten zurückgegriffen werden („Befragten-Perspektive"). Für relevante Vergleiche auf der Haushaltsebene (Haushaltsgröße, Haushaltstypologie) stehen für die befragten Caritas-Klienten die entsprechenden Daten zur Verfügung („Haushalts-Perspektive"). Da Angaben zur Anzahl der Mitglieder in den Haushalten der Befragten vorliegen, wird die „Haushaltsmitglieder-Perspektive" für die Berechnung der globalen Armutsquoten berücksichtigt (siehe Teil 4, Abschnitt 3); zwar würde der Einbezug aller Personen in den Haushalten auch die geeignete Vergleichsgröße für die nachfolgende Betrachtung darstellen, wegen fehlender persönlicher Angaben ist dies jedoch nicht durchführbar.

Der Caritasverband als einer von sechs Verbänden der freien Wohlfahrtspflege[9] ist eng mit der katholischen Kirche verbunden. Daraus leitet der Verband ein spezifisches sozial-caritatives Ethos ab, das sei-

[9] Außer dem Deutschen Caritasverband zählen hierzu: Diakonisches Werk der Evangelischen Kirche in Deutschland (DW), Deutscher Paritätischer Wohlfahrtsverband (DPWV), Arbeiterwohlfahrt (AW), Zentralwohlfahrtsstelle der Juden in Deutschland (ZWStdJ), Deutsches Rotes Kreuz (DRK). Einen allgemeinen Überblick über die Verbände vermittelt Bundesarbeitsgemeinschaft der Freien Wohlfahrtspflege 1985; einen umfassenden, auch die Entstehungsgeschichte der freien Wohlfahrtspflege in Deutschland behandelnden Einblick gibt Flierl 1992; einen guten Überblick über Struktur, Organisation und Finanzen der Verbände der freien Wohlfahrtspflege gibt Goll 1991; kritisch setzt sich Blessing 1987 mit den Wohlfahrtsverbänden auseinander.

ne Grundlage im katholischen Glauben findet.[10] Man könnte somit aus der Perspektive des Caritasverbandes ein selektives Angebot an sozialen Diensten vermuten.
Überblickt man das gesamte Spektrum der verschiedenen Beratungs- und Betreuungsdienste des Caritasverbandes, dann lassen sich jedoch ad hoc keine sozialen Dienste nennen, die der Verband nicht abdecken würde (vgl. auch Schaubild 3.1, S. 122). Zu allen großen und wichtigen sozialen Problemen dieser Gesellschaft bietet der Caritasverband seine Hilfeangebote an. Da das Angebotsspektrum der anderen großen Verbände mit ausgebauten Bereichen der Sozialarbeit, wie des DW, des DPWV und der AWO, nicht grundsätzlich von dem der Caritas abweicht (Goll 1991), ist zu erwarten, daß die Ergebnisse für die Caritas-Klienten zwar im statistischen Sinne nicht repräsentativ für alle Klienten der Wohlfahrtsverbände sind, aber die Sozial- und Problemstruktur der Hilfesuchenden bei anderen Verbänden sich nicht wesentlich von der der Caritas-Klienten unterscheidet.
Aus der Sicht der Hilfesuchenden wäre zu vermuten, daß vornehmlich kirchlich (d.h. katholisch) gebundene Menschen die Hilfeangebote der Caritas in Anspruch nehmen, die Untersuchungspopulation folglich aus einem katholischen Problemmilieu bestehen würde. Die Katholiken sind zwar mit einem Anteil von 61,3% in der Untersuchungspopulation gegenüber dem Durchschnittwert in der Gesamtbevölkerung (43%) überrepräsentiert (vgl. hierzu Tabelle 3.4, S. 129). Doch hat das Übergewicht nicht ein solch großes Ausmaß, als daß man von der Klientel der Caritas insgesamt als einem speziellen (katholischen) Problemmilieu sprechen könnte (vgl. hierzu Hübinger/Knoke 1995). Zu bedenken gilt insbesondere, daß das relative Übergewicht vor allem dadurch zustandekommt, daß die Untersuchung hauptsächlich in den katholischen Regionen West- und Süddeutschlands ihre Schwerpunkte hatte, wo die Caritas viel stärker als in den norddeutschen Regionen vertreten ist. Das Übergewicht der Katholiken in der Stichprobe ist somit nicht das Ergebnis einer Überrepräsentation der Katholiken durch eine verzerrende Stichprobenziehung. Es spiegelt lediglich die Situation der konfessionellen Gliederung der Bevölkerung in den überwiegend katholischen Regionen Deutschlands wider, wo meist

[10] Die Grundsätze und Grundorientierungen des Deutschen Caritasverbandes können an dieser Stelle nicht behandelt werden. Einen guten Einblick in das Selbstverständnis des Verbandes, in „seine“ Sicht gesellschaftlicher und sozialer Probleme, in das (ethische) Anforderungsprofil, das der Verband an seine Mitarbeiter stellt, bietet ein Positionspapier des Deutschen Caritasverbandes von 1983 (Deutscher Caritasverband 1983).

weit mehr als zwei Drittel der Bevölkerung dieser Konfession angehören. Die norddeutschen Regionen werden aus der Perspektive der Caritas als Diaspora angesehen, dort dürfte das Diakonische Werk der Evangelischen Kirche ausgesprochen stark präsent sein.

Tabelle 3.4: Religionszugehörigkeit der Untersuchungspopulation (Befragte) im Vergleich mit der Bevölkerung Westdeutschlands

Religionszugehörigkeit	Untersuchungspopulation	Westdeutschland *)
Katholisch	61.3%	43.0%
Andere Religion	33.5%	49.0%
Keine Religion	5.2%	8.0%

Anmerkung: *) Die Zahlen beziehen sich auf Westdeutschland am Jahresende 1989 (vgl. Datenreport 1992: 190; Statistisches Bundesamt 1991: 68).
Datenbasis: Ca-Dat. 91.

Es ist weniger die kirchliche Bindung, die die Hilfebedürftigen zu den Caritas-Einrichtungen führt, als vielmehr die dort erwartete fachliche Qualität der Hilfeangebote. Lediglich 17,4% von allen Befragten wählen die Hilfe der Caritas, weil sie sich mit der Kirche verbunden fühlen. Und nur 18,6% aller Befragten suchen die Beratungsstellen auf, weil die Caritas eine kirchliche Einrichtung ist. Bei den Motiven der Klienten dominiert eindeutig die Erwartung einer guten fachlichen Hilfe durch die Caritas mit 64% (bei Mehrfachantworten) (Hübinger/Knoke 1995: 59).

Diese Fakten sprechen gegen eine deutliche Verzerrung der Stichprobe nach konfessionellen Gesichtspunkten. Hieraus kann jedoch nicht die Schlußfolgerung gezogen werden, daß die Untersuchungspopulation einem sozialstrukturell getreuen Abbild (Modell) der Gesamtbevölkerung entspricht. Ein Vergleich anderer sozialer Merkmale bei der Untersuchungspopulation und der Gesamtbevölkerung läßt sehr wohl erwarten, daß Bevölkerungsgruppen mit überdurchschnittlich hohen sozialen Risiken unter den Caritas-Klienten überrepräsentiert sein werden. Das betrifft nach demographischen Merkmalen vor allem Geschiedene und ausländische Bürger. Unter einer „Problemgruppenperspektive“ dürfte das besonders auf Alleinerziehende, große Familien, Arbeitslose und Sozialhilfeempfänger zutreffen.

Die Anteile dieser Gruppen liegen in der Untersuchungspopulation z.T. auch viel höher als in der Gesamtbevölkerung. Das sind Indizien für die größere Problembetroffenheit dieser Gruppen, deren Bewältigung das Ziel der Caritas-Einrichtungen ist. Wo liegen nun die Unterschiede nach wichtigen sozialen Merkmalen?

Tabelle 3.5: Demographische Merkmale der Untersuchungspopulation (Befragte) im Vergleich mit der Bevölkerung Westdeutschlands

Demographisches Merkmal	Untersuchungspopulation	Westdeutschland
Geschlecht	a)	
Weiblich	62.1%	52.1%
Männlich	37.9%	47.9%
Alter	a)	
16 bis unter 30	29.4%	25.8%
30 bis 49	44.0%	33.2%
50 bis 64	18.4%	22.7%
65 und älter	8.2%	18.3%
Familienstand [11]	a)	
Ledig	28.0%	27.7%
Verheiratet c)	41.9%	57.3%
Getrennt/geschieden	22.2%	5.1%
Verwitwet	7.9%	9.9%
Staatsangehörigkeit	b)	
Deutsche	70.9%	91.6%
Ausländer	29.1%	8.4%

Anmerkungen: a) Bevölkerung ab 15 Jahren am 31.12.1990 in Westdeutschland; b) Ausländer am 31.12.1990 als Anteil an der westdeutschen Bevölkerung; c) In der Bundesstatistik sind die Verheirateten, aber getrennt Lebenden bezogen auf die Gesamtbevölkerung nicht separat ausgewiesen; sie sind in der Kategorie „Verheiratete" enthalten. Es werden nur die Geschiedenen separat gezählt.
Quelle: Statistisches Bundesamt 1994: 72; dies. 1992: 63-64, 66; Ca.-Dat 91.

Nach Geschlecht, Alter und Familienstand gibt es hervorstechende Unterschiede zwischen der Bevölkerung Westdeutschlands und der Untersuchungspopulation (siehe Tabelle 3.5). Überdurchschnittlich

[11] Das Statistische Jahrbuch 1994 (Statistisches Bundesamt 1994) weist die Verteilung der Familienstandsgruppen bezogen auf die Bevölkerung (die Verteilung in Tabelle 3.5) und bezogen auf alle Haushaltsvorstände in Privathaushalten aus, was insbesondere zu erheblichen Abweichungen bei der Kategorie „Ledige" führt. Bezogen auf die Haushaltsvorstände in Privathaushalten machen die Ledigen rund 20% aus und die Getrenntlebenden (in Tabelle 3.5 nicht ausgewiesen) rund 2,5%.

viele Frauen, Geschiedene sowie Getrenntlebende suchen die Einrichtungen auf. Die jüngeren Altersklassen sind ebenso deutlich überrepräsentiert. Dieses Ergebnis darf aber nicht dahingehend interpretiert werden, daß ältere Menschen bei der Betreuung und Beratung durch Caritas-Einrichtungen nur eine untergeordnete Rolle spielten. Wie aus der Tabelle 3.1 (S. 123) zu ersehen ist, wurden im Erhebungszeitraum erheblich mehr Menschen durch Sozialstationen (80.177)[12] betreut als durch andere Einrichtungen (68.411).

Am deutlichsten ist die Überrepräsentation von Hilfesuchenden nichtdeutscher Staatsangehörigkeit, sie sind weit mehr als dreimal so häufig vertreten, als es ihrem Anteil in der Gesamtbevölkerung entspräche. Gemäß der Feststellung über die Dominanz sozialer Unterschichten in der Untersuchungspopulation wären bei der Schulbildung viel größere Diskrepanzen zu erwarten gewesen, als dies Tabelle 3.6 ausweist. Bei der schulischen Ausbildung bestehen auch bei den höherwertigen Abschlüssen nur relativ geringe Unterschiede zwischen den Befragten und der Gesamtbevölkerung. Viel größer allerdings fallen die Differenzen bei der beruflichen Bildung aus.

Tabelle 3.6: Bildungsmerkmale der Untersuchungspopulation (Befragte) im Vergleich mit der Bevölkerung Westdeutschlands

Bildungsmerkmal	Untersuchungspopulation	Westdeutschland a)
<u>Höchster Schulabschluß</u>		
Noch ohne Abschluß	-	4.3% b)
Sonderschule/ohne Abschluß	17.0	58.9% c)
Mittlere Reife	17.9%	20.7%
FH-Reife/Abitur	13.1%	15.7%
Polytechnische Oberschule	-	0.4%
<u>Berufsbildungsabschluß</u>		
Ja	53.1%	69.3%
Nein	46.9%	30.7%

Anmerkungen: a) Die Zahlen beziehen sich auf das Bildungsniveau der Bevölkerung (ab 15 Jahren) in Westdeutschland auf Basis des Mikrozensus im April 1991; b) Einschließlich Personen ohne Angabe; c) Abgänger von der Volks- bzw. Hauptschule mit oder ohne entsprechenden Abschluß
Quelle: Datenreport 1994: 70f.; Ca-Dat. 91.

---

12 Drei von vier der von Sozialstationen Betreuten sind 65 Jahre und älter (Hauser/Hübinger 1993a: 376)

Die Tabelle 3.7 ermöglicht einen Vergleich der Größe der Haushalte der Befragten und der Größe von Privathaushalten in Westdeutschland. Die kleinen Haushalte mit einer oder zwei Personen sind unterrepräsentiert, während die größeren Haushalte bei Caritas-Klienten doppelt so häufig anzutreffen sind als in der Gesamtbevölkerung. Das Übergewicht der großen Haushalte kommt auch in der Verteilung nach Haushaltstypen zum Ausdruck. Große Familienhaushalte mit drei und mehr minderjährigen Kindern sind fast viermal so oft und Alleinerziehende fast fünfmal so oft unter den Befragten vertreten. Hingegen sind die Paarhaushalte deutlich unterrepräsentiert.

Tabelle 3.7: Haushaltsstrukturelle Merkmale der Untersuchungspopulation (Haushalte) im Vergleich mit der Bevölkerung Westdeutschlands

Haushaltsstukturelles Merkmal	Untersuchungspopulation	Westdeutschland [a]
Haushaltsgröße		
1 Person	29.5%	35.0%
2 Personen	21.8%	30.2%
3 Personen	17.0%	16.7%
4 und mehr Personen	31.7%	18.1%
Haushaltstyp		
Alleinstehende	29.2%	35.0%
(Ehe-)Paare ohne Kinder	11.8%	25.8%
Ehepaare/Unverheiratete mit 1 oder 2 Kindern unter 18 J.	20.1%	19.0%
Ehepaare/Unverheiratete mit 3 oder mehr Kindern unter 18 J.	9.3%	2.6%
Alleinerziehende mit Kindern unter 18 J.	15.8%	3.4%
Haushalte nur mit Kindern über 18 J.	7.1%	3.7%
Sonstige Haushalte	6.7%	10.5%

Anmerkungen: Die Zahlen beziehen sich auf alle Privathaushalte im April 1990
Quelle: Statistisches Bundesamt 1992: 69; Ca-Dat. 91.

Ein Vergleich von Statuseigenschaften ist nur bedingt möglich. Die Statusmerkmale der Untersuchungspopulation sind Eigenschaften, die dem Haushalt des Befragten zugeschrieben werden, aber der befragten

Person nicht unbedingt auch zueigen sein müssen. Falls diese Person nicht erwerbstätig ist, der Haushaltsvorstand jedoch einer Erwerbsarbeit nachgeht, wird der Haushalt als „erwerbstätig“ bezeichnet. Zum Vergleich mit der Gesamtbevölkerung steht die Datenbasis des ALLBUS von 1991 zur Verfügung, allerdings sind Einschränkungen bei dem Vergleich zu beachten (siehe Tabelle 3.8). Der ALLBUS weist alle wahlberechtigten Personen (ab dem 18. Lebensjahr) in Westdeutschland aus, die ausländische Bevölkerung hingegen wird nicht repräsentiert. Nach ALLBUS sind 1991, dem Erhebungsjahr der Caritas-Untersuchung, rund die Hälfte aller Befragten erwerbstätig. Darunter befinden sich alle Erwerbstätigen, also abhängig Beschäftigte und Selbständige. Das Statistische Bundesamt weist für 1990 den Anteil der Erwerbspersonen an der Gesamtbevölkerung (Erwerbsquote) mit 49,6% aus (Datenreport 1992: 93). Das deutet darauf hin, daß die Erwerbsquote bei Ausländern und Deutschen sich nicht wesentlich voneinander unterscheidet. Vergleicht man - trotz der oben erwähnten Differenzen bei der Definition von Erwerbstätigkeit - die allgemeine Erwerbsquote der westdeutschen Bevölkerung mit der der „Caritas-Haushalte“, dann sind keine gravierenden Unterschiede nachzuweisen. Eine erhebliche Abweichung ist hingegen bei den Arbeitslosen festzustellen, sie sind in der Untersuchungspopulation um ein Vielfaches überrepräsentiert, während Hausfrauen und Rentner unterrepräsentiert sind.

Tabelle 3.8: Sozialrechtlicher Status der Untersuchungspopulation (Haushalte) im Vergleich mit der Bevölkerung Westdeutschlands

Sozialrechtlicher Status	Untersuchungspopulation a)	Westdeutschland b)
Erwerbstätig	44.4%	50.0%
Arbeitslos	18.7%	2.0%
Hausfrau	8.9%	14.0%
Rentner	16.9%	24.0%
Sonstige Nichterwerbstätigkeit	11.1%	10.0%

Anmerkung: a) Eigenschaft des Haushalts, in dem die befragte Person lebt;; b) Eigenschaft der Befragten auf Basis des ALLBUS 1991
Quelle: Noll/Schuster 1992: 537; Ca-Dat. 91.

Schließlich läßt sich auch ein Vergleich der beruflichen Stellung der Untersuchungs-Haushalte und mit repräsentativen Ergebnissen für die

Gesamtbevölkerung, getrennt nach Deutschen und Ausländern, vornehmen. Die Datenbasis für die repräsentativen Grundgesamtheiten ist das SOEP, das deutsche und ausländische Personen im Alter von 16 Jahren und darüber in die Befragung einbezieht, was den Abgrenzungskriterien der Caritas-Untersuchung entspricht. Tabelle 3.9 zeigt eine sehr bemerkenswerte Differenz zwischen Deutschen und Ausländern. Die ausländischen Haushalte in der Untersuchungspopulation unterscheiden sich hinsichtlich der beruflichen Stellung nur eher geringfügig vom repräsentativen Querschnitt in der gesamten ausländischen Bevölkerung. Die ausländische Bevölkerung gehört überwiegend den unteren sozialen Schichten an. Zählt man hierzu alle Arbeiterkategorien, beträgt ihr Anteil in der repräsentativen Gesamtheit der Erwerbstätigen 87% und in der Untersuchungspopulation 88,4%. Ein wesentlich anderes Bild zeigt sich bei den Deutschen. Der Anteil der beiden Arbeiterkategorien in der repräsentativen Gesamtheit der deutschen Erwerbstätigen beläuft sich auf 32% gegenüber fast 60% in der Untersuchungspopulation.

Tabelle 3.9: Berufliche Stellung der Erwerbstätigen in der Untersuchungspopulation (Haushalte) im Vergleich mit Erwerbstätigen in der Bevölkerung Westdeutschlands - getrennt nach Deutschen und Ausländern

Berufliche Stellung	Deutsche		Ausländer	
	Untersuchungspopulation[a)]	Westdeutschland [b)]	Untersuchungspopulation[a)]	Westdeutschland [b)]
Un-/angelernte Arbeiter	35.3%	16.0%	70.7%	64.0%
Facharbeiter	24.1%	16.0%	17.7%	23.0%
Angestellte/ Beamte	37.4%	56.0%	8.1%	9.0%
Selbständige	3.2%	12.0%	3.5%	4.0%

Anmerkungen: a) Eigenschaft des Haushalts, in dem die befragte Person lebt.
b) Eigenschaft der Befragten auf Basis des SOEP 1989
Quelle: Seifert 1992: 531; Ca-Dat. 91.

Abschließend stellt sich die Frage, ob und inwieweit die Ergebnisse der empirischen Untersuchung verallgemeinert werden können. Die statusbezogenen Vergleiche zwischen den repräsentativen Grundgesamtheiten (Gesamtbevölkerung, deutsche und ausländische Teilbevölkerung) belegen, daß die Untersuchungspopulation einen deutlichen Unterschicht-Bias aufweist. In üblichen sozialwissenschaftlichen Erhebungen sind in der Regel die unteren sozialen Schichten unterrepräsentiert, und es wird ein Mittelschicht-Bias vermutet (Hartmann 1990). Die ausländischen Haushalte in der Untersuchungspopulation setzen sich hinsichtlich der beruflichen Stellung weitgehend so zusammen, wie es ihrem Querschnitt in der ausländischen Bevölkerung entspricht - rund neun von zehn Erwerbstätigen sind den Unterschichten (Un-, Angelernte/Facharbeiter/einfache Angestellte[13]) zuzuordnen. Zählt man zu den beiden Arbeiterkategorien die einfachen Angestellten und einfachen Beamten hinzu[14], so sind sieben von zehn der deutschen Erwerbstätigen-Haushalte den Unterschichten zugehörig. Die Untersuchungspopulation stellt somit kein Modell der Gesamtbevölkerung dar. Es scheint jedoch plausibel, anzunehmen, daß die Sozial- und Problemstruktur bei den hier untersuchten Caritas-Klienten nicht wesentlich anders ist als bei den Klienten von DW, DPWV und AWO. Insofern können die Ergebnisse einen weitreichenden und tiefgehenden Einblick in die unteren Segmente der Gesellschaft vermitteln, mehr als das viele andere Großuntersuchungen zu leisten vermögen. Die Untersuchungspopulation besteht dennoch nicht nur aus Angehörigen der sozialen Unterschichten. Ein nennenswerter Anteil von rund einem Fünftel ist hinsichtlich ihrer Einkommenslage durchaus den (auch gehobenen) Mittelschichten zuzurechnen. Die nachfolgende Analyse der Einkommenslagen und Lebenslagen spiegelt Erscheinungsformen sozialer Ungleichheit in dieser Gesellschaft wider, inbesondere im unteren Spektrum der Einkommenshierarchie: der Armut, des kleinen und mittleren Wohlstands. Diesen Erscheinungsformen wendet sich die Untersuchung nun zu.

[13] In der Tabelle nicht ausgewiesen.
[14] In der Tabelle nicht ausgewiesen.

Teil 4
Darstellung und Diskussion der empirischen Ergebnisse

1. Vorbemerkungen

Der empirische Teil der Untersuchung teilt sich in sieben Abschnitte einschließlich einer Zusammenfassung. Zunächst soll die Betrachtung der sozialen Herkunft der Befragten Auskunft geben über Konstanz und Veränderungen von sozialem Status im intergenerationalen Vergleich (Abschnitt 2.). Diese Fragestellung berührt in unmittelbarer Weise die Armutsproblematik. Anschließend (Abschnitt 3.) werden globale Armutsquoten zur Charakterisierung der Armutsbetroffenheit in der Untersuchungspopulation dargestellt und erste Schlußfolgerungen gezogen.
Die Analyse in Abschnitt 4. löst sich mit ihrer feineren personellen Aufgliederung der Untersuchungspopulation anhand der Indikatoren Armutsgrad und Wohlstandsgrad von der dichotomen Betrachtung Armer und Nichtarmer und rückt insbesondere auch das Wohlstandsspektrum eingehend ins Blickfeld. Durch Varianzanalysen und multiple Range-Tests können die Einflüsse sozialer Strukturmerkmale auf das Ausmaß von Armut und Wohlstand abgeschätzt werden. Deutlich schälen sich dabei die Risikomerkmale und begünstigenden Merkmale heraus. Die Ergebnisse verweisen auf die „klassischen" Merkmale, die soziale Schlechter- oder Besserstellung strukturieren.
Die Quintilenanalyse in Abschnitt 5. unterteilt die Untersuchungspopulation in fünf Armuts- und in fünf Wohlstandslagen, die sich im Ausmaß der Armut bzw. des Wohlstands unterscheiden. Das Sozialprofil verdeutlicht die sozialen Konturen der Einkommenslagen, die Lebenslagenprofile illustrieren das Ausmaß der Deprivationen in verschiedenen Lebensbereichen.
In Abschnitt 6. werden die empirischen Ergebnisse für die Untersuchungspopulation diskutiert und schließlich unter Bezugnahme neuerer Befunde der Einkommensmobilitätsforschung einige Folgerungen aus den spezifischen Resultaten auch für die Gesamtbevölkerung gezogen. In der Zusammenfassung in Abschnitt 7. werden in aller Kürze die wichtigsten Ergebnisse noch einmal rekapituliert und wieder an die theoretische Diskussion in Teil 1 angeknüpft. Die Befunde dieser Untersuchung werfen Licht auf ein Bevölkerungssegment, das ich „prekären Wohlstand" nenne. Diesem Bevölkerungsteil wird die dynamische und lebenslagenorientierte Armuts- und besonders Ungleichheitsforschung sich zuwenden müssen, wenn die Aufdeckung (aktueller) Entwicklungen und Prozesse von relativer Ausgrenzung und von Strukturierung sozialer Ungleichheit im Blick der Forschungen bleibt.

2. Befunde zur sozialen Herkunft der Untersuchungspopulation

Eine wichtige Erklärung für die große Verbreitung von Einkommensarmut in der Untersuchungspopulation liegt in den niedrigen beruflichen Positionen, die die Befragten bzw. die Haushaltsvorstände einnehmen oder vor dem Verlust des Arbeitsplatzes eingenommen haben. Ein Verbleib der Befragten-Haushalte im gleichen niedrigen Status wie die Herkunfts-Haushalte (Elternhaus) spricht für „Schichtstabilität" oder „soziale Vererbung". Sie dürfte nicht zuletzt für die Weitergabe auch von Armutsrisiken im Generationenwechsel verantwortlich sein, ein Aspekt, der sich mangels Informationen im Hinblick auf die Einkommenssituation der Herkunfts-Haushalte allerdings nicht weiter verfolgen läßt. Zwei Fragen sollen nun angegangen werden:

(a) In Haushalten welchen sozio-ökonomischen Status' lebten die Befragten in ihrer Kindheit und Jugend?
(b) Wie stellt sich der sozio-ökonomische Status im Befragten-Haushalt im Vergleich zum Elternhaus dar?

Zunächst ist die Verteilung des sozio-ökonomischen Status im Elternhaus und im Befragten-Haushalt zu betrachten (vgl. Schaubild 4.1, S. 140 und 4.2, S. 140). Auffallend ist, daß in fast 20% der Herkunfts-Familien eine selbständige Tätigkeit vorherrschte, was aber keine Besonderheit nur der Untersuchungspopulation darstellt (siehe Schaubild 4.1).[1] Selbständige Landwirte und sog. mithelfende Familienangehörige (meist in der Landwirtschaft) dominieren den Selbständigenstatus. Ganz anders sieht jedoch die Situation bei den Befragten-Haushalten aus (siehe Schaubild 4.2, S. 140): lediglich 3,7% sind Selbständige, wobei die Landwirte mit einem Anteil von 5,4% darunter nur noch eine Marginalkategorie darstellen. Wenn eine Selbständigkeit vorliegt, dann meist als freiberufliche oder handwerkliche. Hinter dem starken Rückgang der Selbständigenkategorie verbirgt sich sog. strukturelle Mobilität. Die Mobilitätschancen einer Generation hängen nicht unerheblich vom strukturellen Wandel des Beschäftigungssystems ab. Der gesamtgesellschaftliche rasche Rückgang der Selbständigen führt zwangsläufig dazu, daß in der Generationenfolge ehemalige Erwerbs-

[1] Noch in den 50er und Anfang der 60er Jahren betrug der Anteil der Selbständigen und der mithelfenden Familienangehörigen an allen Erwerbstätigen in Westdeutschland weit über 20% (Institut der Deutschen Wirtschaft 1992: Ziffer 19).

Schaubild 4.1: Berufliche Stellung und sozio-ökonomischer Status bei Herkunft-Haushalten nach abhängig Beschäftigten und Selbständigen

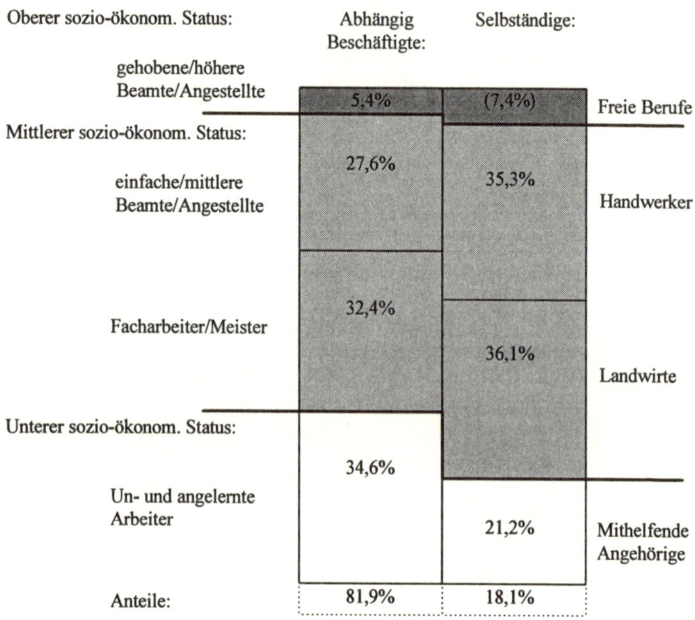

Anmerkung: () = Fallzahl in der Stichprobe kleiner als zehn;
Datenbasis: Ca-Dat. 91.

kategorien der Eltern nicht mehr in gleichem Umfang besetzt werden können. Das betrifft in der Untersuchungspopulation insbesondere die Landwirte und die mithelfenden Familienangehörigen. Unter den abhängig Beschäftigten dominieren sowohl bei den Herkunfts-Haushalten als auch bei den Befragten-Haushalten die Arbeiterkategorien.

Eine an herkömmlicher Schichteinteilung[2] orientierte Betrachtung ist wegen der zum Teil sehr geringen Besetzungszahlen in einzelnen Kategorien der beruflichen Stellung nicht praktikabel. Unter dem Gesichtspunkt der sozialen Schichtung der Haushalte können die im „mittleren“ Status eingruppierten beruflichen Stellungen als zur „obe-

[2] Für die Zuordnung von beruflicher Stellung zu Schichtkategorien vgl. Meulemann 1979.

Schaubild 4.2: Berufliche Stellung und sozio-ökonomischer Status der Befragten-Haushalte

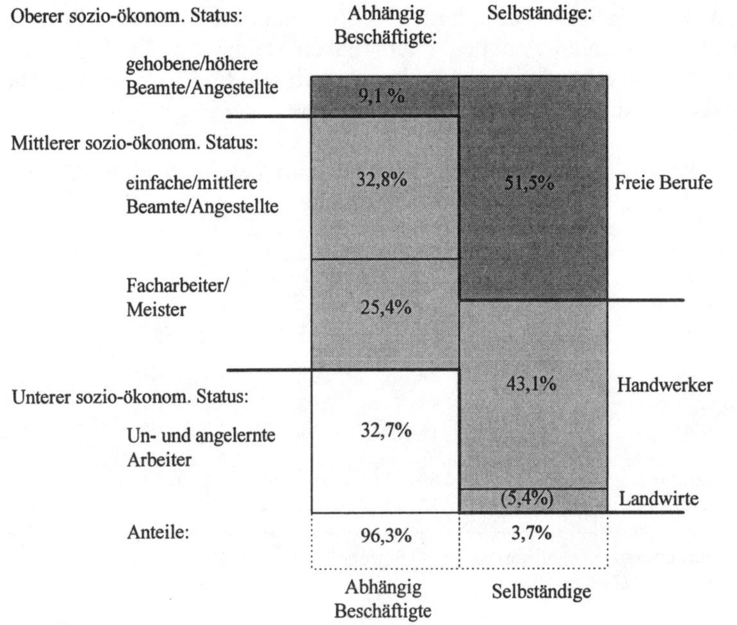

Anmerkung: () = Fallzahl in der Stichprobe kleiner als zehn;
Datenbasis: Ca-Dat. 91.

ren Unterschicht" (Facharbeiter/untere Beamte) bzw. „unteren Mittelschicht" (mittlere Beamte bzw. Angestellte, Landwirte) gerechnet werden. „Unterer" Status umfaßt Angehörige der „unteren Unterschicht". „Oberer" Status deckt weitgehend Angehörige der oberen Mittelschicht ab. Unter einer allgemeinen Schichtungs-Perspektive ist daher der Großteil der hier untersuchten Teilgruppe der Befragtenpopulation der Unterschicht und der unteren Mittelschicht zuzuordnen. Zur Oberschicht können nur solche Beamte und Angestellte (aber auch „große" Selbständige) gerechnet werden, die mit Führungspositionen betraut sind. Diese sind in der Stichprobe jedoch nicht auffindbar.

Aus der Tabelle 4.1 (S. 142) läßt sich nun entnehmen, daß die Anteile der drei Statuskategorien bei Herkunfts- und Befragten-Haushalten nur geringfügig voneinander abweichen. Es überwiegt der „mittlere" Status (62,1% vs. 57,5%), und einer großen Gruppe mit „unterem" Status stehen nur wenige mit „oberem" gegenüber. Es ist offensichtlich, daß

Befragte aus dem unteren Status nur in ihrem Herkunftsstatus verbleiben oder aufsteigen können. Ebenso gilt, daß der obere Status aufrechterhalten worden sein kann oder aber ein Abstieg erlebt wurde. Diesen Analysen sind deutliche Grenzen gesetzt. Zu bedenken gilt, daß zum Beispiel aus einer Herkunftsfamilie andere Mitglieder (Kinder) sozialen Aufstieg erlebt haben - und auf die Hilfe eines Wohlfahrtsverbandes nicht mehr angewiesen sind. Solche Personen sind durch die Stichprobe nicht zu erreichen.

Tabelle 4.1: Sozio-ökonomischer Status im Vergleich: Herkunftsstatus und Status des Haushalts

Sozio-ökonomischer Status des Befragten-Haushalts	Sozio-ökonomischer Status im Elternhaus			Anteile
	Unterer	Mittlerer	Oberer	
Unterer	45.5%	25.2%	(23.9%)	31.4%
Mittlerer	49.7%	62.8%	46.0%	57.5%
Oberer	(4.8%)	12.0%	(30.0%)	10.7%
Insgesamt	100.0%	100.0%	100.0%	100.0%
Jeweiliger Anteil	32.2%	62.1%	5.7%	100.0%

Anmerkungen: () = Fallzahl in der Stichprobe kleiner als zehn.
Datenbasis: Ca-Dat. 91.

3. Globale Quoten der relativen Armut in der Untersuchungspopulation im Vergleich mit der Gesamtbevölkerung

Die vorliegende Untersuchung stellt bei der Definition der Armut auf relative Einkommensstandards ab. Armut wird anhand des Ressourcenkonzepts definiert, wobei als Ressource, im Sinne von verfügbaren monetären Mitteln, das Haushaltsnettoeinkommen betrachtet wird. Neben dem „klassischen“ Konzept relativer Einkommensarmut wird in diesem Abschnitt eine wohnkostenbereinigte und zusätzlich eine schuldenbereinigte Version relativer Armut vorgestellt, wodurch lebenslagenrelevante Merkmale Eingang in die Definition finden. Als Trennlinie für die Unterscheidung in Arme und Nichtarme dient jeweils die 50%-Grenze. Die Bezeichnungen „arm“ und „einkommensarm“ bzw. „Arme“ und „Einkommensarme“ werden dabei synonym verwendet. Zunächst stehen die Ergebnisse zu den folgenden Armutsgrenzen im Blickfeld:

(a) die relative Armut an der 50%-Grenze („klassische relative Armut“, d.h. nicht wohnkostenbereinigt),
(b) die wohnkostenbereinigte relative Armut an der 50%-Grenze,
(c) die wohnkosten- *und* schuldentilgungsbereinigte relative Armut an der 50%-Grenze („relative Armut i.w.S.“).

Da feststeht, daß vor allem Personen mit Ressourcenmangel und Problemkumulationen Hilfe bei einem Wohlfahrtsverband suchen, kann man erwarten, *daß die Armutsquoten in der Untersuchungspopulation weit höher sein werden als unter der gesamten Bevölkerung*. Daher sind direkte Rückschlüsse von den Niveaus der Armutsquoten unter der Untersuchungspopulation auf die Gesamtbevölkerung unzulässig. Dennoch bietet die Stichprobe den Vorteil detaillierter und spezieller Auswertungsperspektiven.
In der folgenden Betrachtung wird zwischen Armut unter den Befragten (Caritas-Klienten) und Armut unter Befragten einschließlich ihrer Haushaltsmitglieder unterschieden. Die „Befragten-Perspektive“ ermöglicht es, spezifische Aussagen über Betroffenheit von Armut der Befragten selbst zu machen, wobei ihre individuellen Merkmale berücksichtigt werden. Die „Haushaltsmitglieder-Perspektive“ ist sinnvoll, da gemäß der Wohlstandsgleichverteilungsannahme alle Haushaltsmitglieder von Armut betroffen sind. Einen Überblick über Ar-

mut auf beiden Analyseebenen unter Zugrundelegung der drei Armutskonzepte gibt die Tabelle 4.2.
Verglichen mit einer repräsentativen Armutsuntersuchung für Westdeutschland auf Basis des SOEP im Jahre 1991 ist für die Haushaltsmitglieder-Perspektive der Anteil der Armen, wie vermutet, viereinhalbmal (45,3%) so hoch wie in der westdeutschen Gesamtbevölkerung (10,0%). Noch weitaus höhere Armutsquoten ergeben sich, wenn die beiden anderen alternativen Armutskonzepte zur Messung herangezogen werden. Wenn das verfügbare Netto-Haushaltseinkommen um die Wohnkosten und auch um die Schulden- und Tilgungszahlungen bereinigt wird, erreichen auf Basis der Befragten-Perspektive die Armutsquoten 36,2% (klassische Grenze) bzw. 46,0% (wohnkostenbereinigte Grenze) bzw. 53,2% (schuldenbereinigte Grenze). Geht man von der Befragten-Perspektive zur Haushaltsmitglieder-Perspektive über, so stellt man fest, daß die Hälfte (50,3%) der in Privathaushalten der Untersuchungspopulation lebenden Personen die relative wohnkostenbereinigte 50%-Armutsgrenze unterschreiten. Geht man davon aus, daß die monatliche Tilgung von Schulden eine notwendige Ausgabe darstellt, da bei Nichtzahlung negative juristische Konsequenzen für die Betroffenen eintreten (falls sie nicht Sozialhilfe beziehen), muß das Einhalten der Zahlungsverpflichtungen das frei verfügbare Einkommen weiter verringern. Die Armutsquote (Haushaltsmitglieder-Perspektive) erhöht sich gegenüber dem nur wohnkostenbereinigten Konzept um über sieben Prozentpunkte. Durch die monatliche Schuldentilgung gleiten viele, die früher armutsgefährdet waren, in Einkommensarmut ab.

Tabelle 4.2: Armutsquoten in der Untersuchungspopulation und der westdeutschen Gesamtbevölkerung

Analyse-perspektive	Relative Einkommensarmut (50%-Grenze)			
	Untersuchungspopulation			West- deutschland 1991 a)
	Klassische relative Armut	Wohnkost.-bereinigte relative Armut	Relative Armut i.w.S.	„Klassische" relative Armut
Alle Befragte	36.2%	46.0%	53.2%	
Alle Personen in Haushalten der Befragten	45.3%	50.3%	57.6%	10.0%

Anmerkung: a) Quelle: Habich/Krause 1994: 601 (Klass. Armutsgrenze).
Datenbasis: Ca-Dat. 91.

Die Ergebnisse erlauben ein erstes Fazit: Ein Vergleich zwischen der Untersuchungspopulation und der Gesamtbevölkerung in der westlichen Bundesrepublik offenbart die extrem hohe Belastung der Befragten. Insofern kann zu Recht von einer Problempopulation gesprochen werden. Die Armutsquoten liegen hier mehr als viermal so hoch als im Bevölkerungsdurchschnitt. Verschuldung und Überschuldung führen bei vielen Haushalten nicht nur zu kurzfristigen finanziellen Engpässen, die sich durch eine ökonomische Haushaltsführung abfangen ließen, sondern zum Abgleiten unter die Armutsgrenze. Auch wenn durch die Verschuldung bestimmte Konsumgüter erworben werden können, womit eine Teilhabe an gesellschaftlich üblichen Konsumstandards angestrebt wird, scheint der „Preis" dafür dennoch hoch zu sein. Während die gravierenden Einschränkungen der finanziellen Spielräume und das Ausmaß der Armutsbetroffenheit im Rahmen dieser Untersuchung jedoch noch verläßlich dokumentiert werden können, reichen die Informationen zur Bewertung der gleichzeitig in einigen Fällen gestiegenen Konsumniveaus nicht aus. Auf die schuldenbereinigte Variante relativer Einkommensarmut (Einkommensarmut i.w.S.) soll im folgenden nicht mehr eingegangen werden. Die Verschuldungsproblematik findet erst wieder Berücksichtigung in Abschnitt 5.3.2. Für die nachfolgenden Auswertungen wird ausschließlich die wohnkostenbereinigte 50%-Armutsgrenze herangezogen.

4. Ausmaß von Armut und Wohlstand

Lutz Leisering (1993b) hat den Armutsdiskurs seit den 50er Jahren verfolgt und in der öffentlichen Rede von „Armut“ verschiedene Wandlungsphasen festgestellt. Sprach man von Armut, so bezog sich dies in den 50er Jahren auf das „Volk“, in den 60er Jahren auf den „Einzelnen“, in den 70er Jahren auf „Gruppen“, in den 80er Jahren auf „Individuen“ und „Gruppen“. Seit den 90er Jahren ist wieder ein „ganzer Volksteil“ gemeint, wenn von Armut die Rede ist. Dieser „ganze Volksteil“ wird seit Mitte der 80er Jahre auf etwa ein Drittel der Gesamtbevölkerung quantifiziert. Mit der These von der Zwei-Drittel-Gesellschaft wurde eine Terminologie gefunden, die diese neue sozialstrukturelle Verkrustung auf einen Begriff bringt. Die These suggeriert, daß ein Drittel der Gesellschaft in Armut oder am Rande der Armut lebt und vom gesellschaftlichen Wohlstandskern dauerhaft ausgeschlossen ist. In dieser Sichtweise kommt das Schichtgefüge der Gesellschaft einer dualen Struktur gleich und zerfällt in ein „Oben“ und „Unten“. Das untere Drittel setzt sich im wesentlichen aus Personen zusammen, die aus dem Arbeitsprozeß ausgeschieden sind (Rentner, Invaliden, Obdachlose, Alleinerziehende), in prekären Beschäftigungsverhältnissen stehen (Randbeschäftigte) oder wegen Arbeitslosigkeit dauerhaft vom Wohlstand ausgeschlossen wurden (Dauerarbeitslose). Bis heute ist die These der Zwei-Drittel-Gesellschaft umstritten. Bisherige Forschungen zur Sozial- und Wohlfahrtsstruktur vermitteln jedoch ein Bild, das erheblich komplexer ist, als daß es in ein solches duales Schema gebracht werden könnte. Die anschließende differenzierte Analyse des Armuts- und Wohlstandsspektrums bringt die Lebenslage der Personen und Haushalte ins Blickfeld, die in der Nahzone der Armut leben, und beleuchtet damit ein in der Armutsforschung völlig unterbelichtetes Thema.

4.1. Armutsausmass und Wohlstandsausmass

Die Verteilung der Bevölkerung Westdeutschlands im Jahr 1991 auf Klassen von Vielfachen des durchschnittlichen Netto-Äquivalenzeinkommens ergibt, daß 10% der westdeutschen Bevölkerung als einkommensarm zu bezeichnen sind und in der Klasse von 50% bis unter 60% des Netto-Äquivalenzeinkommens weitere 8% der Bevölkerung konzentriert sind (Habich/Krause 1994: 601). Folglich lebt fast ein

Fünftel der westdeutschen Bevölkerung unterhalb der 60%-Einkommensgrenze, einer Schwelle, die auch als „milde Armut" (Glatzer 1977) oder Armutsnähe (Habich/Krause 1994) bezeichnet worden ist.[3] Bezogen auf die Sozialhilfeschwelle als Armutsgrenze läßt sich das gleiche Phänomen feststellen. Nur eine geringfügige prozentuale Variation der Einkommensgrenze nach oben führt zu einem beträchtlichen Anstieg potentiell sozialhilfeberechtigter Haushalte. Repräsentative Berechnungen dieser Art liegen zwar nur für 1979 vor (Hartmann 1981), grundsätzlich dürfte sich an diesem Zusammenhang jedoch nichts geändert haben. Setzt man die Sozialhilfegrenze um lediglich 10% höher (Ausgangsbasis 100%), so vergrößert sich die Anzahl der darunter fallenden Haushalte um rund 41%, die Empfängerquote steigt von 3,7% auf 5,2% (ebd.: 64f.). Es läßt sich also folgern, daß bereits geringe Einkommensverluste für viele Haushalte zu einem Abgleiten unter die Armuts- bzw. Sozialhilfeschwelle führen würde.[4]
Zur Frage, ob sich der Bevölkerungsteil, der in der Nahzone der Einkommensarmut lebt, im Hinblick auf soziale Merkmale oder Aspekte der Lebenslage signifikant von denjenigen Teilen unterscheidet, die unterhalb der Armutsschwelle leben, liegen keine repräsentativen empirischen Ergebnisse für Westdeutschland vor. Dieser Frage soll nun auf Basis des Caritasdatensatzes nachgegangen werden. Dazu werden die Variablen Armutsausmaß und Wohlstandsausmaß eingeführt. Als Indikatoren der Variablen dienen „Armutslücke" und „Armutsgrad" sowie „Wohlstandsspanne" und „Wohlstandsgrad".
Die nachfolgende Analyse wird zunächst einige globale und differenzielle Ergebnisse zum Ausmaß von Armut und Wohlstand darstellen, um dann ausführlich auf Basis von Varianzanalysen die Einflußfaktoren für Armuts- und Wohlstandsgrad zu lokalisieren. Die anschließende Sozialstruktur- und Lebenslagenanalyse der Quintile wird zeigen, ob und in welchem Ausmaß sich die einzelnen (benachbarten) Ein-

---

3 Hier müßte genauer formuliert werden. Die Spanne zwischen 50% und unter 60% des durchschnittlichen Netto-Äquivaleneinkommens wäre als Armutsnähe zu bezeichnen, wenn alle Personen und Haushalte, deren Einkommen unterhalb der 50%-Grenze liegt, gemeinhin als zur relativen Einkommensarmut gerechnet werden.

4 Völlig unterbelichtet ist in der Armutsforschung die Tatsache, daß in Haushalten, die nur geringfügig über ihrer spezifischen Armutsschwelle liegen, eine unausgeglichene interne Einkommensverteilung (d.h. die Verletzung der Wohlstandsgleichverteilungsannahme) dazu führen kann, daß eine oder auch mehrere Personen faktisch dennoch unterhalb der Armutsgrenze leben.

kommenslagen - nicht allein mit Blick auf das Einkommen - voneinander unterscheiden.

4.2. Globale Masse zum Ausmass von Armut und Wohlstand

Wie Tabelle 4.3 demonstriert, liegt das freie Einkommen im Durchschnitt aller armen Haushalte um DM 295,52 unter der durch das Standardmindesteinkommen definierten Armutsgrenze, wobei die Spanne der Armutslücke zwischen DM 2.773 und lediglich 31 Pfennigen schwankt. Diese immense Spannweite wird auch durch den hohen Wert der Standardabweichung demonstriert. Summiert man alle negativen Differenzbeträge, so zeigt sich, daß im Erhebungsmonat insgesamt rund 8 Millionen DM ausreichen würden (allgemeine Armutslücke), um alle armen Haushalte der Untersuchungspopulation auf ihre spezifische Armutsgrenze anzuheben. Das Ausmaß der Einkommensarmut in den untersuchten Haushalten hängt natürlich von der Anzahl der in ihnen lebenden Haushaltsmitglieder ab. Denn eine haushaltsbezogene Armutslücke von durchschnittlich rund DM 296 wiegt unterschiedlich schwer, je nachdem, ob dieser Differenzbetrag sich auf eine Person oder mehrere Personen in einem Haushalt bezieht. Welcher Haushalt tatsächlich der ärmere ist, gibt der Armutsgrad an. Der durchschnittliche Armutsgrad liegt bei 21%; das freie Einkommen der Haushalte liegt somit im Durchschnitt um gut ein Fünftel unter dem zur Armutsvermeidung erforderlichen Standardmindesteinkommen. Auch beim Armutsgrad ist eine erhebliche Spannweite zu beobachten; die Werte reichen von einer minimalen Unterschreitung von noch nicht einmal einem Prozent bis zu 62 Prozent.

Tabelle 4.3: Armutslücke und Armutsgrad pro Monat

Maßzahlen zum Ausmaß der Armut	Globale Maße zum Ausmaß der Armut					
	Anzahl der Haushalte	Arithm. Mittel pro Haush.	Standardabweichung	Maximum	Minimum	Allgemeine Armutslücke
Armutslücke - in DM -	27260	-295.52	285.37	-2773.0	-0.31	-7.995.438
Armutsgrad - in % -	27260	20.65	13.26	62.1	0.40	

Datenbasis: Ca-Dat. 91.

Da die Einkommensvariation im Wohlstandsspektrum eine viel größere Spanne aufweist als im Armutsspektrum, fallen auch die durchschnittlichen Differenzbeträge hier viel höher aus (siehe Tabelle 4.4). Die Werte deuten auf eine extrem große Streuung des Wohlstandseinkommens hin (der DM-Betrag der Standardabweichung ist höher als der Mittelwert). Die Problematik von Armutsuntersuchungen, Arme und Nichtarme anhand einer Einkommensgrenze zu messen, wird ersichtlich, wenn zur Gruppe der Nichtarmen gleichermaßen Haushalte gezählt werden, die weniger als eine DM über dem Standardmindesteinkommen liegen, und solche, die über fast DM 13.000 Wohlstandseinkommen verfügen können.

Tabelle 4.4: Wohlstandsspanne und Wohlstandsgrad pro Monat

Maßzahlen zum Ausmaß des Wohlstandes	Globale Maße zum Ausmaß des Wohlstands					
	Anzahl der Haushalte	Arithm. Mittel pro Haush.	Standardabweichung	Maximum	Minimum	Allgemeines Wohlstandseinkommen
Wohlstandsspanne - in DM -	31960	921.69	1205.21	12756.55	0.69	29.455.970
Wohlstandsgrad- in %	31960	80.15	101.66	1710.48	0.11	
Wohlstandsgrad ohne Extremwerte [a] - in % -	30899	67.32	62.62	298.93	0.11	

Anmerkung: a) Der Wohlstandsgrad („bereinigt“) wird berechnet unter Ausschluß der Extremwerte. Hierzu zählen alle Haushalte, deren Wohlstandsgrad das 3-fache und mehr des Interquartilsabstandes vom oberen Ende der Wohlstandsskala aufweisen. Hierunter fallen insgesamt 3,3% der nichtarmen Haushalte.
Datenbasis: Ca-Dat. 91.

Die Variation des Wohlstandsgrads reicht von einem Zehntelprozent bis zu 1711 Prozent. Das heißt, die wohlhabendsten Haushalte konnten im Untersuchungsmonat über mehr als das Siebzehnfache ihres spezifischen Standardmindesteinkommens verfügen. Welchen enormen Einfluß die hohen Einkommensbezieher auf die Einkommensverteilung ausüben, wird erkennbar, wenn man die Wohlhabendsten (die extremen Werte beim Wohlstandsgrad) aus den Berechnungen ausschließt. Das sind lediglich 3,3% aller nichtarmen Haushalte. Danach reduziert sich der durchschnittliche Wohlstandsgrad von rund 80% um fast 13 Prozentpunkte auf einen Wert von ca. 67%.[5]

Diese ersten Ergebnisse zum Ausmaß von Armut und Wohlstand vermitteln ein Bild von extremer Einkommensungleichheit in der Untersuchungspopulation. Die Minimal- und Maximalwerte in den beiden vorangehenden Tabellen deuten zwar eine starke Ungleichheit der Einkommensverteilung an, wichtiger für die Beurteilung der insgesamt prekären Einkommenssituation vieler Haushalte ist aber ihre Konzentration im unteren Bereich der Einkommenshierarchie. Um ein detaillierteres Bild der Einkommensverteilung zu erhalten, wendet sich die Untersuchung nun der Analyse der Verteilung des Armuts- und Wohlstandseinkommens differenziert nach Einkommenslagen zu.

4.3. Differentielle Masse zur Verteilung von Armuts- und Wohlstandseinkommen

Die Untersuchungspopulation wird nun aufsteigend nach ihrem Armutsgrad bzw. Wohlstandsgrad jeweils in fünf gleich große Einkommenslagen (Quintile) aufgeteilt. Das erste Armuts-Quintil umfaßt das finanziell am besten gestellte Segment der Armutspopulation, das fünfte Quintil das am schlechtesten gestellte. Auf der anderen Seite gilt: Das erste Wohlstands-Quintil stellt die finanziell am schlechtesten situierte Teilgruppe dar, das fünfte die am besten gestellte. Auf diese Weise wird die gesamte Untersuchungspopulation in 10 Einkommenslagen untergliedert, in fünf gleichgroße Armutslagen und fünf gleich große Wohlstandslagen.

Ein Verteilungsmaß zur Beschreibung des Ausmaßes von Armut und Wohlstand ergibt sich aus der aufsummierten Armutslücke und der aufsummierten Wohlstandsspanne für die entsprechenden Einkommenslagen (siehe Schaubild 4.3, S. 151). Als Maßzahl dient der prozentuale Anteil von aufsummierter Armutslücke je Armutslage bzw. aufsummierter Wohlstandsspanne je Wohlstandslage am Gesamtbetrag der Armutslücke bzw. am gesamten Wohlstandseinkommen. Der Wohlstandsgrad und der Armutsgrad drücken die relative Differenz - in Prozent angegeben - zwischen einem beliebigen Äquivalenzeinkommens-Punkt im Wohlstands- oder Armutsbereich und der 50%-

[5] Die Extremwerte beim Wohlstandsgrad sind vor Anwendung der Varianzanalyse eingehend analysiert worden; vgl. hierzu weiter unten Teil 4, Abschnitt 4.4.1.

Schaubild 4.3: Überblick über die Einkommenslagen der Untersuchungspopulation nach verschiedenen Indikatoren zum Ausmaß von Armut und Wohlstand

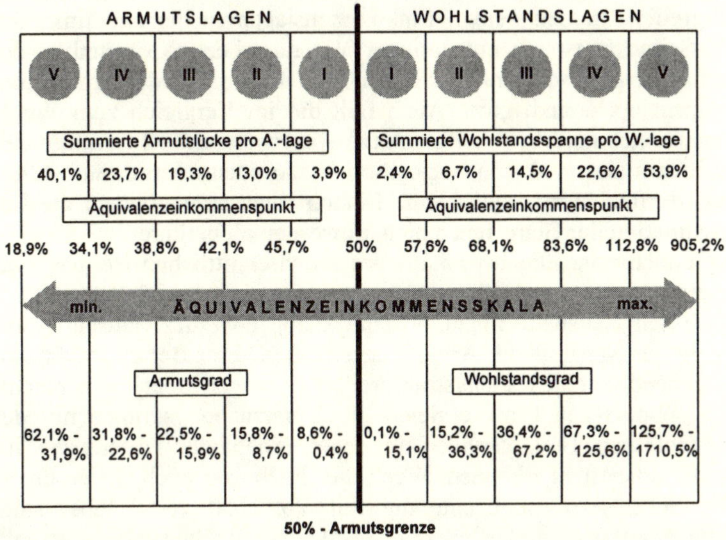

Armutsschwelle aus. Da die Haushalte bei der Quintilsdarstellung nach ihrer Einkommensposition geordnet sind, läßt sich zudem jede Einkommenslage durch den Minimal- und Maximalwert von Armuts- bzw. Wohlstandsgrad beschreiben. Die waagerechte Achse im Schaubild 4.3, die vom untersten Armuts-Quintil bis zum obersten Wohlstands-Quintil reicht, symbolisiert die Äquivalenzeinkommensskala. Darauf sind die Äquivalenzeinkommens-Punkte[6] (in Prozent) angegeben, die die Einkommenlagen voneinander trennen.[7]

---

[6] In der Literatur wird auch der Terminus Einkommensposition und Wohlstandsposition verwandt. Der Begriff des Wohlstands soll hier aber nur für den Nichtarmutsbereich benutzt werden.

[7] Im Frühjahr 1991 betrug in Westdeutschland das (nicht-wohnkostenbereinigte) gewichtete durchschnittliche Nettoeinkommen pro Kopf DM 1.628,64. Der 100%-Betrag des wohnkostenbereinigten Nettoäquivalenzeinkommens in Westdeutschland für einen Alleinlebenden beträgt DM 1.172,62 - nach Abzug des als tragbar angesehenen Teils für die Warm-Wohnkosten in Höhe von 28% des Nettoeinkommens. Dieser Betrag ist mit der Summe der Personengewichte PG_i der Mitglieder der Haushalte zu multiplizieren.

Die „ärmsten“ Haushalte haben ein deutlich unter dem Durchschnitt liegendes (wohnkostenbereinigtes) Netto-Äquivalenzeinkommen zur Verfügung. Die wohlhabendsten Haushalte hingegen können auf das Neunfache (905,2%) des gesellschaftlichen Durchschnittswerts zurückgreifen. In den beiden Einkommenslagen rechts und links der 50%-Schwelle ist nur ein geringer Variationsbereich erkennbar, der Wohlstandsgrad schwankt zwischen 0,1% und 15,1%, der Armutsgrad zwischen 0,4% und 8,6%. Auch fällt die im Vergleich zum Wohlstandsbereich natürlich viel geringere Spannweite zwischen minimaler und maximaler Einkommensposition im Armutsspektrum auf. Allerdings dürften hier bereits kleine Einkommensveränderungen die Lebenssituation der Betroffenen nicht unwesentlich berühren.
Im Bereich von 50% bis 68,1% des durchschnittlichen Nettoäquivalenzeinkommens sind 40% der Nichtarmen plaziert. Zählt man auch alle armen Haushalte hinzu, so sind knapp 68% der Haushalte arm oder in der Nahzone der Armut angesiedelt. Dieser Befund deckt sich weitgehend mit den sozialstrukturellen Aussagen über die Untersuchungspopulation. Ein Vergleich der Untersuchungsgruppe mit der westdeutschen Bevölkerung läßt daher erhebliche Differenzen im Wohlstandsgefüge erkennen. Wenn die Ergebnisse auch wegen unterschiedlicher Armutskonzepte nur mit Vorbehalt vergleichbar sind, dürfte allenfalls ein Drittel der westdeutschen Haushalte unterhalb (einer wohnkostenbereinigten) Äquivalenzeinkommensgrenze von 68% liegen.[8]
Das Schaubild 4.3 (S. 151) zeigt auch die auf die einzelnen Einkommenslagen zugerechneten Anteile der summierten Wohlstandsspannen. Auf das höchste Einkommensfünftel entfällt mehr als die Hälfte (53,9%) des Wohlstandseinkommens, auf die beiden unteren Fünftel zusammengenommen dagegen weniger als 10%. Auf der anderen Seite muß der Großteil der Armutslücke durch die Haushalte aus den beiden unteren Armutslagen getragen werden, auf sie addieren sich fast zwei Drittel, im ersten und zweiten Armutsfünftel hingegen nur 17% der summierten Armutslücke.
Der Inter-Quintilenvergleich weist ein ganz unterschiedliches Ausmaß an interner Streuung der Werte von Armutsgrad und Wohlstandsgrad aus. Als eine Maßzahl für die Abweichungen aller Meßwerte vom arithmetischen Mittel gilt die Standardabweichung. Wie die Werte der Standardabweichungen zeigen, ist die Streuung des Armutsgrads am

[8] Vgl. hierzu Tabelle 4.A1 im Anhang. Danach verfügen im Jahr 1991 rund 36% der Personen in Westdeutschland über weniger als 75% des durchschnittlichen Netto-Äquivalenzeinkommens.

höchsten im fünften Quintil (vgl. Tabelle 4.5, S. 154). Beim Wohlstandsgrad liegen die Spitzenwerte in den beiden oberen Einkommenslagen. Um einen besseren Eindruck von der „Homogenität“ oder „Heterogenität“ der Verteilung von Armutsgrad und Wohlstandsgrad in den einzelnen Einkommenslagen zu erhalten, wird darüber hinaus der Variationskoeffizient ausgewiesen.[9] Die relativen Abweichungen von den einzelnen Mittelwerten sind im Armutsspektrum, außer im ersten Quintil, gering ausgeprägt. Für das Wohlstandsspektrum ist nicht nur die hohe Konzentration von Haushalten in Armutsnähe charakteristisch, sondern ebenso die günstige finanzielle Lage im höchsten Einkommensfünftel; hier beträgt die relative Abweichung der Merkmalswerte vom Mittelwert des Wohlstandsgrads 64%. Diese begünstigte Lage wird erheblich beeinflußt durch eine Untergruppe, die nur ein Sechstel der Haushalte im fünften Quintil umfaßt. Sie verfügt annähernd über ein Drittel (31,1%) des auf diese Einkommenslage entfallenden Wohlstandseinkommens. Auf das gesamte Wohlstandsspektrum bezogen, verfügt diese Untergruppe von 3,3% aller Wohlstands-Haushalte über knapp 17% des gesamten Wohlstandseinkommens.[10] Bei Ausschluß der Extremwerte reduziert sich der Mittelwert des Wohlstandsgrads in der höchsten Einkommenslage auf 179,7 und die Standardabweichung sinkt auf 43,4; der Variationskoeffizient fällt auf 0.24.

Die Quintilenanalyse in Teil 4, Abschnitt 5. wird die Betrachtung ergänzen und zeigen, durch welche sozialen Merkmale und durch welches Ausmaß an Deprivationen die Einkommenslagen charakterisiert sind. Zunächst aber soll untersucht werden, welche Faktoren, d.h. unabhängige, „gruppenbildende“ Variablen, Einfluß auf Armutsgrad und Wohlstandsgrad ausüben. Deshalb sind umfangreiche varianzanalytische Untersuchungen Gegenstand der nachstehenden Ausführungen.

---

9 Der Variationskoeffizient ist eine relative Streuungsmaßzahl und setzt die Standardabweichung zum arithmetischen Mittel in Beziehung (vgl. hierzu Wehrt 1985: 103-109). Die Anwendung des Variationskoeffizienten ist angezeigt, wenn Streuungsmaße mit sehr unterschiedlichen Mittelwerten vorliegen. Der Koeffizient läßt sich dann als prozentuale Abweichung der Meßwerte vom Mittelwert angeben, wenn der Quotient mit 100 multipliziert wird. Je kleiner der Koeffizient, desto mehr Homogenität in bezug auf die Verteilung der Werte von Armutsgrad und Wohlstandsgrad in den Einkommenslagen liegt vor, umgekehrt gilt: je größer der Koeffizient, desto mehr liegt Heterogenität vor.

10 Siehe hierzu die Tabelle 4.A2 im Anhang, aus der die relativ günstige Lage dieser Teilgruppe anhand einiger wichtiger Merkmale ersichtlich wird.

Tabelle 4.5: Mittelwerte, Standardabweichungen und Variationskoeffizienten von Armutsgrad und Wohlstandsgrad nach Einkommenslagen

50%-Armutsgrenze									
Armutslagen					Wohlstandslagen				
V	IV	III	II	I	I	II	III	IV	V
Armutsgrad-Mittelwerte					Wohlstandsgrad-Mittelwerte				
41.1	27.4	18.2	12.8	4.1	7.7	24.5	50.4	92.3	225.0
Standardabweichungen					Standardabweichungen				
7.6	2.9	2.3	2.2	2.6	4.6	6.1	9.0	17.1	143.5
Variationskoeffizienten					Variationskoeffizienten				
0.19	0.11	0.13	0.17	0.63	0.60	0.25	0.18	0.19	0.64

Anmerkungen: Variationskoeffizient (Vk) = s/M, mit s = Standardabweichung, M = Quintils-Mittelwert.
Datenbasis: Ca-Dat. 91.

4.4. Zur Erklärung des Ausmasses von Armut und Wohlstand mittels Varianzanalysen

Zur Erklärung des Ausmaßes von Armut und Wohlstand werden die unabhängigen Merkmale (1) sozialdemographische Merkmale, (2) Bildungsmerkmale, (3) haushaltsstrukturelle Merkmale, (4) Statusmerkmale herangezogen; darüber hinaus dient der Status „verdeckt arm“ als erklärende Variable für den Armutsgrad. Bevor die Ergebnisse erläutert werden, ist das Verfahren der Varianzanalyse näher zu beschreiben.

4.4.1. Zum Verfahren der Varianzanalyse

Das Grundprinzip der einfachen Varianzanalyse[11] ist die Untersuchung des Einflusses einer oder mehrerer unabhängiger Variablen (auch als Faktoren, Faktor- oder Gruppierungsvariablen bezeichnet) auf eine intervallskalierte Variable. Beide hier betrachtete Variablen Armutsausmaß und Wohlstandsausmaß (betrachtet werden Armutsgrad bzw. Wohlstandsgrad) sind intervallskaliert, während die verwendeten

---

[11] Die folgenden Ausführungen nehmen Bezug auf: Kähler 1994; Brosius 1988; Saurwein/Hönekopp 1991.

Faktoren nominal- und ordinalskaliertes Niveau haben. Ziel der Varianzanalyse ist es, herauszufinden, ob zwischen den Gruppenmittelwerten der abhängigen Variablen, die den Ausprägungen der Faktorvariablen zugeordnet sind, signifikante Unterschiede bestehen. Getestet wird dabei die Nullhypothese (H0), die besagt, daß die Gruppenmittelwerte auf jeder Ausprägung der Faktorvariablen - den Faktorstufen - gleich sind. Eine Widerlegung der Nullhypothese würde mit der durch das Testniveau (Signifikanzniveau) gegebenen Irrtumswahrscheinlichkeit die Annahme eines Zusammenhangs zwischen Faktorvariablen und abhängiger Variablen rechtfertigen.
Die Varianzanalyse zerlegt die gesamte Streuung der Stichprobe und unterteilt sie in die *Streuung zwischen* den Gruppen und die *Streuung innerhalb* der Gruppen. Innerhalb der Gruppen ergibt sich die Streuung aus den Abweichungen der einzelnen Werte vom arithmetischen Mittel der Gruppen, zwischen den Gruppen werden die Abweichungen der Gruppenmittelwerte vom Stichprobenmittelwert berechnet. Wenn einerseits die Streuung zwischen den Gruppenmittelwerten groß ist, und somit die Gruppenmittelwerte stark voneinander abweichen, und andererseits innerhalb der einzelnen Gruppen die Streuung um die Gruppenmittelwerte klein ist, dann kann die Nullhypothese verworfen werden. Die Streuung zwischen den Gruppen wird als Resultat des Einflusses der Faktorvariablen angesehen, die Streuung innerhalb der Gruppen muß auf andere, nicht in Betracht gezogene Einflüsse zurückgeführt werden. Im ersten Fall handelt es sich um die erklärte Varianz, im zweiten um die sog. Fehlervarianz (d.h. die nicht erklärte Varianz). Unterstellt wird immer, daß die erklärenden Faktoren (Einflußgrößen) unabhängig vom Einfluß der sog. Residualgrößen, d.h. der im Varianzmodell nicht aufgenommenen anderen Variablen wirken. Das bedeutet, daß die Einflüsse der Faktoren als additiv verknüpft angesehen werden.
Setzt man die mittleren quadratischen Abweichungen zwischen und innerhalb der Gruppen in Beziehung, so ergibt sich ein Quotient, der sog. empirische F-Wert. Je größer die Streuung zwischen den Gruppenmittelwerten ist und je kleiner die Streuung innerhalb der einzelnen Gruppen, desto größer ist dieser F-Wert. Da die (theoretische) Zufallsverteilung von F (F-Verteilung), falls in der Grundgesamtheit alle Gruppenmittelwerte gleich wären, bekannt ist, wird bei bekannten Freiheitsgraden (zwischen den Gruppen und innerhalb der Gruppen) die Wahrscheinlichkeit der Abweichung des empirischen F-Werts ermittelt. Ist der F-Wert deutlich größer als 1 und übersteigt das beobachtete Signifikanzniveau des F-Wertes nicht das vorgegebene Signifikanzniveau (das vorgegebene Testniveau), dann liegen höchstwahr-

scheinlich spezifische Unterschiede in den Gruppenmittelwerten der Grundgesamtheit vor.
Die Varianzanalyse beruht auf einer Reihe von Voraussetzungen, die alle geprüft werden müssen, bevor sie zur Anwendung kommen kann. Neben der erwähnten sachgemäßen Auswahl der Daten hinsichtlich des Skalenniveaus müssen die aus den Faktorvariablen hervorgehenden Teilgruppen (Faktorstufen) unabhängige Stichproben aus normalverteilten Grundgesamtheiten sein und in den Teilgruppen muß *Varianzhomogenität* gewahrt sein. Die Annahme der Normalverteilung soll sicherstellen, daß der Erwartungswert des arithmetischen Mittels der Stichprobe auch dem Erwartungswert der Grundgesamtheit entspricht. In der Praxis wird dies als gegeben betrachtet, wenn die Anzahl der Fälle der einzelnen Faktorstufen mindestens den Richtwert von n= 20 erreicht (Saurwein/Hönekopp 1991: 269). Diese Fallzahl wird bei jeder der hier ausgewählten Variablen eingehalten, meist sogar um ein Vielfaches überschritten. Problematischer ist hingegen das Kriterium der Varianzhomogenität. Varianzhomogenität soll die Vergleichbarkeit der Gruppen gewährleisten. Das bedeutet, daß sich alle anderen nicht explizit kontrollierten Faktoren auf die Varianzen in den Gruppen der Grundgesamtheit in gleicher Weise auswirken müssen. Wenn Varianzhomogenität nicht erreicht wird, kann das Signifikanzniveau für die Varianzanalyse strenger angelegt werden. Dies ist ein Vorgehen, das in der empirischen Sozialforschung Anwendung findet (Blanke u.a. 1986: 495). Die Varianzen der einzelnen Gruppen müssen zwar nicht identisch sein, jedoch als nur zufällige Schwankungen interpretiert werden können.
Bei Verletzung der Voraussetzung der Varianzhomogenität ist es problematisch, die Varianzanalysen durchzuführen. Folgt man der (praxisorientierten) statistischen Literatur, dann gilt jedoch, daß die Varianzanalyse bei genügend großen Fallzahlen relativ „robust" gegenüber einer Verletzung der Testvoraussetzungen ist und daher bei „hinreichend" großen Gruppen die Ergebnisse dennoch ausgewertet werden können (Kähler 1994: 329). Beim vorliegenden Datensatz unterschreiten die Fallzahlen nur selten den Wert von n= 100 und liegen oft um ein Vielfaches darüber.[12]

---

[12] Es bieten sich verschiedene Verfahren an, die Verteilung der Daten anzupassen, um eine Annäherung an die Normalverteilung zu erreichen und die Varianzen zu stabilisieren. Eine Möglichkeit sind Datentransformationen, sog. Exponententransformationen. Ein anderes Verfahren verspricht jedoch auch überzeugende Ergebnisse. Die Abweichung von der Normalverteilung und die fehlende Varianzhomogenität sind besonders den Extremwerten und einigen Ausreißern geschuldet. Durch Ausschluß

Um die Varianzanalysen so gut wie möglich abzusichern, wird das Testniveau bei allen nachfolgenden Auswertungen bei 0.05 und 0.01 angesetzt. Liegt das ermittelte empirische Signifikanzniveau der F-Werte niedriger als 0.01, so wird das Ergebnis als „hochsignifikant", liegt es zwischen 0.01 und 0.05 wird es als „signifikant" bezeichnet. Das bedeutet, daß der Mittelwertunterschied in der Stichprobe mit einer Wahrscheinlichkeit zwischen 95% und 99% (und ggf. mit noch höher Wahrscheinlichkeit) auch in der Grundgesamtheit besteht. Die „Irrtumswahrscheinlichkeit", eine an sich richtige Nullhypothese zu verwerfen, d.h. signifikante Mittelwertdifferenzen fälschlicherweise anzunehmen, beträgt mithin zwischen 5% und 1%. Ergebnisse mit einer Irrtumswahrscheinlichkeit, die 5% übersteigt, werden als „nichtsignifikant" bezeichnet. Somit sind die Ergebnisse der Auswertungen durch die Herausnahme der Extremwerte und die dadurch erfolgte Glättung der Varianzen sowie durch das insgesamt strenge Testniveau gut abgesichert.

Die Varianztabellen im folgenden Abschnitt enthalten die empirischen F-Werte und das beobachtete Signifikanzniveau; die Gruppenmittelwerte der einzelnen Faktorstufen und diejenigen Werte, die im 95%-Konfidenzbereich liegen, sind in den betreffenden Tabellen im Anhang zu ersehen. Die Werte im Bereich des 95%-Konfidenzintervalls besagen, daß die Gruppenmittelwerte in der Grundgesamtheit mit einer Wahrscheinlichkeit von 95% zwischen dem angegebenen unteren und oberen Wert liegen. Beachtenswert sind dabei die sog. Überlappungen. Wenn zwischen Gruppen größere Überlappungen vorkommen, kann davon ausgegangen werden, daß diese Gruppen sich untereinander nicht signifikant unterscheiden.

Die Fragestellung für eine Varianzanalyse kann ausgeweitet werden, wenn die Effekte mehrerer Faktoren auf die abhängigen Variablen Armutsgrad und Wohlstandsgrad geprüft werden sollen. Nicht selten sind es Wechselwirkungen zwischen verschiedenen Einflußgrößen,

---

dieser wenigen Fälle (3,3% aller Fälle) sind die Voraussetzungen für die Anwendung der Varianzanalyse für die Faktorvariablen erfüllt. Eine separate Analyse der „Extremfälle" zeigt auch, daß sie sich in einigen Aspekten (Staatsangehörigkeit, Bildungsniveau) deutlich von der Gesamtgruppe der Nichtarmen und auch der Angehörigen des fünften Wohlstandsquintils unterscheiden (vgl. Tabelle 4.A2 im Anhang). Ihr Ausschluß aus der Varianzanalyse führt daher zwangsläufig zu einer „Homogenisierung" der Untersuchungspopulation. Die Varianzanalysen beziehen sich folglich auf alle nichtarmen Befragten bzw. deren Haushalte ausschließlich der sehr kleinen Teilgruppe (Extremwerte) der besonders Wohlhabenden.

deren Analyse erst relevante und auch überraschende Zusammenhänge aufdeckt. Je nachdem, wieviele Faktoren ins Modell einbezogen werden, entstehen entsprechend zusätzliche Möglichkeiten von Interaktionen zwischen den Faktoren. In den hier vorgelegten drei-faktoriellen Varianzanalysen ergeben sich somit neben der Streuung, die durch die drei Faktoren (Haupteffekte) hervorgerufen werden, zudem die Streuung durch insgesamt drei Wechselwirkungen (Interaktionen). Die Streuung der Haupteffekte und der Interaktionen zusammengenommen macht die erklärte Streuung aus, die unerklärte Streuung innerhalb der Gruppen muß wieder auf andere nicht berücksichtigte Residualgrößen zurückgeführt werden.

4.4.2. Varianzanalysen zum Ausmaß der Armut

Die Vermutung liegt nahe, den Armutsgrad besonders auf haushaltsstrukturelle und Statusmerkmale zurückzuführen. Dem folgend, müßten die Haushalte umso ärmer sein, je größer sie sind. Außerdem müßten die verdeckt Armen den höchsten Armutsgrad aufweisen. Doch diese Annahmen lassen sich nur zum Teil bestätigen. Die demographischen Merkmale, die berufliche Bildung und der Ortstyp bewirken keine signifikanten Unterschiede (siehe Tabelle 4.6, S. 159). Die schulische Bildung zeigt einen signifikanten Einfluß, wenn auch die Gruppenmittelwerte sich kaum merklich voneinander unterscheiden. Größeren und hochsignifikanten Einfluß haben hingegen die haushaltsstrukturellen Faktoren, wenn auch in diesen Fällen die F-Werte relativ niedrig sind. Viel mehr noch tragen die Status-Faktoren zur Erklärung des Ausmaßes der Armut bei. Für den Faktor „verdeckte Armut“ wird hier der weitaus höchste F-Wert ermittelt. Diese Haushalte, die trotz Sozialhilfebedürftigkeit keine Sozialhilfe in Anspruch nehmen, gehören zu den Ärmsten der Armen. Ihr durchschnittlicher Armutsgrad (26,8) ist der höchste von allen untersuchten Teilgruppen (vgl. hierzu auch die Tabellen 4.A3 bis 4.A6 im Anhang).
Range-Tests spiegeln erwartungsgemäß die insgesamt nur geringe Einflußkraft der untersuchten Faktoren wider.[13] Es werden nur multi-

---

[13] Durch den F-Test der einfachen Varianzanalyse ist lediglich in Erfahrung zu bringen, ob die Gruppenmittelwerte der Grundgesamtheit mit einer hohen Wahrscheinlichkeit überhaupt Differenzen aufweisen. Dabei läßt der Test offen, ob *alle* Gruppenmittelwerte untereinander signifikant voneinander abweichen. Aufklärung darüber geben erst die *multiplen Range-Tests* (multiple Mittelwertvergleiche). Anhand verschiedener Testverfahren läßt sich entscheiden, welche Mittelwerte der einzelnen Faktorstufen sich in der Grundgesamtheit voneinander unterscheiden.

ple Mittelwertvergleiche tabelliert, wenn signifikante Einflüsse für das Ausmaß der Armut festzustellen sind.[14] Bei der schulischen Bildung unterscheiden sich nur die befragten Hauptschüler von den formal höher Gebildeten, alle anderen Gruppenvergleiche zeigen keine signifikanten Unterschiede. Bedeutsame (hochsignifikante) Differenzen hinsichtlich der Haushaltsgröße lassen sich zwischen den Kombinationen der Zwei-Personenhaushalte und den größeren Haushalten nachweisen. Die Differenzen drücken sich aber nicht in einem höheren Ausmaß der Armut bei den größeren Haushalten aus, wie vermutet wurde, sondern im gegenteiligen Befund. Es sind die Zweipersonen-Haushalte, die den höchsten Armutsgrad haben. Auch sind es die Haushalte ohne Kinder (oft ältere Rentner-Ehepaare), die sich (hochsignifikant) von solchen mit Kindern unterscheiden. So gehören kinderlose Ehepaar-Haushalte und solche mit nur über 18jährigen Kindern mit einem weit überdurchschnittlichen Armutsgrad (25,5% und 25,2%) zu den ärmsten der Armen. Ein gegenteiliges Bild der Einkommenslage dieser Haushaltstypen ergibt sich jedoch im Wohlstandsspektrum (hierzu der folgende Abschnitt).
Die Varianzanalyse unterstützt auch die Einschätzung der Teilzeitarbeit als prekäres Beschäftigungsverhältnis. So weisen Haushalte mit nur einem teilzeitbeschäftigten Erwerbstätigen einen viel höheren durchschnittlichen Armutsgrad auf als Nichterwerbstätige. Ein überraschendes Ergebnis ist es, daß Haushalte, die HLU beziehen, einen höheren Armutsgrad aufweisen als Einkommensarme ohne Sozialhilfe-

---

Die Anwendung der Tests muß man insbesondere davon abhängig machen, wie sensibel die Mittelwertdifferenzen behandelt werden sollen. Je nachdem, welche Kriterien angelegt werden, um Mittelwertdifferenzen als signifikant auszuweisen, sind die Tests als mehr oder weniger „konservativ" zu bezeichnen. Reagiert der Test erst bei größeren Differenzen, ist er „konservativ", treten schon bei geringeren Differenzen Signifikanzen ein, ist er „weniger konservativ". Inhaltliche Überlegungen sprechen dafür, den Tests nicht allzu große Mittelwertdifferenzen abzuverlangen, um viele Anhaltspunkte für mögliche Gruppenunterschiede zu erhalten. Die Gruppengrößen der zum Vergleich herangezogenen Faktoren sind ungleich, daher wird der „Duncan-Test" für die Mittelwertvergleiche angewendet. Diesem weniger konservativen Test wird ein strenges Testniveau unterstellt (0.01 und 0.05), Mittelwertdifferenzen also nur bei relativ geringer Irrtumswahrscheinlichkeit angenommen.

[14] Trotz fehlender Signifikanz bei der einfachen Varianzanalyse können die Mittelwerte einzelner Faktorstufen untereinander dennoch signifikante Differenzen aufweisen, wie dies beim Alter zutrifft (50-64jährige und 65jährige und Ältere weisen nach dem Duncan-Test auf dem 5%-Niveau meßbare Unterschiede auf).

bezug. Der Hauptgrund dafür ist, daß viele Sozialhilfeempfänger-Haushalte im Befragungsmonat neben der Wohnkostenübernahme lediglich über einen Geldbetrag in Höhe der (haushaltsspezifischen) Regelsatzleistungen, jedoch ohne Mehrbedarfe und einmalige Beihilfen verfügten.[15]

Tabelle 4.6: Einfaktorielle Varianzanalysen zum Armutsgrad nach verschiedenen Merkmalen der Befragten und deren Haushalten

Faktoren	F-Wert	Beobachteter Signifikanzwert des F-Wertes
Demographische Merkmale und Ortstyp		
Geschlecht	2.033	0.1542
Alter	1.918	0.1249
Familienstand	0.358	0.7834
Staatsangehörigkeit	0.557	0.4555
Ortstyp	0.943	0.4191
Bildungsmerkmale		
Schulische Bildung	3.544	0.0292
Berufliche Bildung	0.275	0.5999
Haushaltsstrukturelle Merkmale		
Haushaltsgröße	3.632	0.0126
Kinderzahl	5.244	0.0014
Haushaltstyp	4.573	0.0001
Statusmerkmale		
Sozialrechtl. Status	1.705	0.1466
Beschäftigungs-Status	3.668	0.0120
Sozialhilfe-Status	11.575	0.0000
Verdeckt-arm	115.384	0.0000

Datenbasis: Ca-Dat. 91.

4.4.3. Varianzanalysen zum Ausmaß des Wohlstands

Die demographischen Merkmale haben ebenso wie beim Armutsgrad keinen signifikanten Einfluß auf das Ausmaß des Wohlstands, allerdings mit Ausnahme der Geschlechtszugehörigkeit (siehe Tabelle 4.7,

[15] Falls ein alleinlebender Sozialhilfeempfänger 1991 lediglich über den Betrag des bundesdurchschnittlichen Regelsatzes von DM 447 verfügte, so läge sein Armutsgrad bei dem hier zugrunde gelegten Standardmindesteinkommen bei 24%.

S. 161). Innerhalb der Gruppen ist die Streuung (Fehlervarianz) so groß, daß die erklärte Varianz durch die ausgewählten Faktoren relativ unbedeutend bleibt. Der Faktor „Ortstyp" trägt nicht signifikant zur Erklärung der Wohlstandssituation bei. Innerhalb der vier gebildeten Teilgruppen ist eine große Streuung zu beobachten, die zu weitreichenden Überlappungen der Gruppenmittelwerte führt. Auffallend ist jedoch der unterdurchschnittliche Wohlstandsgrad bei Befragten und ihren Haushalten aus Mittelstädten (siehe Tabelle 4.A7 im Anhang). Beim Gruppenvergleich hinsichtlich der beiden Bildungsmerkmale zeigt sich eine erhebliche Spannweite beim Wohlstandsgrad zuungunsten der Schlechtausgebildeten. Haushalte mit Befragten, die über mindestens einen mittleren Schulabschluß oder eine berufliche Ausbildung verfügen, trennt eine große Wohlstands-Differenz von den Haushalten, deren Befragte keinen Schulabschluß oder keine Berufsausbildung haben. Gemessen am durchschnittlichen Wohlstandsgrad beträgt die Differenz rund 20 Prozentpunkte (siehe hierzu Tabelle 4.A8 im Anhang).

Tabelle 4.7: Einfaktorielle Varianzanalysen zum Wohlstandsgrad nach verschiedenen Faktoren

Faktoren	F-Wert	Beobachteter Signifikanzwert des F-Wertes
Demographische Merkmale und Ortstyp		
Geschlecht	5.630	0.0177
Alter	2.113	0.0969
Familienstand	1.704	0.1644
Staatsangehörigkeit	2.058	0.1516
Ortstyp	2.182	0.0885
Bildungsmerkmale		
Schulische Bildung	8.174	0.0003
Berufliche Bildung	26.597	0.0000
Haushaltsstrukturelle Merkmale		
Haushaltsgröße	14.589	0.0000
Kinderzahl	36.601	0.0000
Haushaltstyp	24.614	0.0000
Statusmerkmale		
Sozialrechtl. Status	22.364	0.0000
Beschäftigungsstatus	41.528	0.0000
Sozialhilfestatus	27.579	0.0000

Datenbasis: Ca-Dat. 91.

Bei den haushaltsstrukturellen Merkmalen ergibt sich ein hochsignifikanter Einfluß auf die Wohlstandssituation. Am höchsten liegt der F-Wert beim Faktor „Kinderzahl", die Gruppenmittelwerte klaffen zuungunsten der kinderreichen Haushalte weit auseinander. Dies ist ein wichtiger Beleg für die finanziell unterprivilegierte Lage im Wohlstandsspektrum, die insbesondere Familienhaushalte mit drei und mehr minderjährigen Kindern betrifft. Haushalte ohne minderjährige Kinder stehen hingegen im oberen Bereich der Wohlstandsskala (durchschnittlicher Wohlstandsgrad = 81%), wogegen derselbe Haushaltstyp im Armutsbereich der am schlechtesten gestellte ist. Die Wohlstandssituation der Haushalte mit nur einem Kind ist bereits demgegenüber als unterdurchschnittlich zu bezeichnen (durchschnittlicher Wohlstandsgrad = 56,9%). Mit jedem weiteren Kind nähern sich die Haushalte der Armutsschwelle. Der enge Zusammenhang zwischen Wohlstandsgrad und der Zusammensetzung des Haushalts kommt auch durch den Faktor „Haushaltsgröße" zum Ausdruck. Die Zweipersonen-Haushalte, nicht selten sog. Doppelverdiener, haben den höchsten Wohlstandsgrad (81,3%), mit steigender Haushaltsgröße hingegen sinkt der Wohlstand. Wie der Range-Test zeigt, unterscheiden sich die großen Haushalte hochsignifikant von den kleineren (siehe Tabelle 4.A11). Ebenfalls einen differenzierenden Effekt hat der Faktor „Haushaltstyp". Ob minderjährige Kinder in vollständigen Familien oder in Ein-Elternteil-Familien leben, ist für die Höhe des Wohlstandsgrades zwar nicht irrelevant, doch sind Familienhaushalte gleich welcher Zusammensetzung gegenüber Haushalten ohne Kinder finanziell benachteiligt (vgl. Tabelle 4.A9 im Anhang). Die (Ehepaar-) Haushalte ohne Kinder und die Haushalte nur mit volljährigen Kindern hingegen erreichen im Wohlstandsspektrum mit deutlichem Abstand die privilegierteste Position. Es erscheint auf den ersten Blick als ein widersprüchliches Ergebnis, daß bei der Betrachtung des Armutsspektrums für diese Haushaltstypen ebenfalls ein signifikanter Einfluß festgestellt wurde, jedoch in Richtung auf hohe Armutsgrade. Der Grund hierfür liegt darin, daß sich hinter diesen gleichen Haushaltstypen verschiedene Konstellationen verbergen, die dann Ursache für die Zugehörigkeit zu den unterschiedlichen Einkommensgruppen sind. So sind bei den Einkommensarmen darunter häufig verdeckt arme (Rentner-)Ehepaare zu finden, während im Nichtarmutsbereich in kleinen Haushalten ein oder zwei Personen der Erwerbstätigkeit nachgehen und somit eine privilegierte Wohlstandsposition erreichen.

Neben den haushaltsstrukturellen Faktoren haben auch die Statusmerkmale allesamt hochsignifikanten Einfluß auf die Höhe des Wohlstands. Haushalte mit mindestens einer erwerbstätigen Person sind bedeutend wohlhabender als die nichterwerbstätigen Haushalte (durchschnittlicher Wohlstandsgrad 79,7% vs. 49,5%). Rentner-Haushalte erreichen nur ein unterdurchschnittliches Wohlstandsniveau (57%). Im unteren Spektrum des Wohlstands stehen die Arbeitslosen und die (häufig alleinerziehenden) Hausfrauen (siehe hierzu Tabelle 4.A10).

Den stärksten Einfluß auf den Wohlstandsgrad hat jedoch der Faktor „Beschäftigungsstatus" mit dem höchsten F-Wert (41.5) aller ausgewählten Faktoren. Würde man auch die beiden Teilgruppen der Nichterwerbstätigen und der Teilzeitbeschäftigten zusammenfassen, so ergäben sich im 95%-Konfidenzbereich keinerlei Überlappungen. Dies ist ein Beleg dafür, daß das von den Haushalten auf dem Arbeitsmarkt eingesetzte Beschäftigungsvolumen zu klar voneinander abgrenzbaren Wohlstandsgruppen führt. Das ist auch durch die multiplen Mittelwertvergleiche zu belegen (siehe hierzu die Tabelle 4.A12/A13). Außer Nichterwerbstätigen und Teilzeitbeschäftigten unterscheiden sich alle anderen Kombinationen auf den einzelnen Faktorstufen. Die Ergebnisse verdeutlichen, daß sich Haushalte durch eine alleinige Teilzeitbeschäftigung nur sehr begrenzte finanzielle Handlungsspielräume eröffnen können. Wie begünstigt dagegen die Wohlstandssituation der sog. Doppelverdiener gegenüber den bereits überdurchschnittlich wohlhabenden Haushalten mit nur einem Vollzeitbeschäftigten ist, geht aus der großen Wohlstandsdiskrepanz zwischen beiden hervor (33-Prozentpunkte-Differenz).

Die Mittelwerte der Gruppen, die durch den Sozialhilfestatus gebildet werden, weisen nur geringe Überlappungen auf (siehe hierzu Tabelle 4.A10 im Anhang). Der Range-Test vermittelt diesen Sachverhalt dadurch, daß die einzelnen Gruppen untereinander signifikante bis hochsignifikante Mittelwertdifferenzen aufweisen. Das überraschende Ergebnis des relativen Wohlstands bei einigen Empfängern von Hilfe zum Lebensunterhalt dürfte in vielen Fällen auf die besondere Konstellation des Zusammenlebens zurückzuführen sein, d.h. auf das Auseinanderfallen von Haushalts- und Bedarfsgemeinschaft. Im Gegensatz dazu steht die Situation der HLU-Bezieher im Armutsspektrum; dort weisen sie einen überdurchschnittlich hohen Armutsgrad auf. Dieser Befund erhärtet noch einmal die Tatsache, daß Sozialhilfeempfänger hinsichtlich ihrer monetären Versorgungslage eine höchst heterogene Problemgruppe darstellen. Besonders bemerkenswert ist auch die signifikante Differenz zwischen Haushalten, die innerhalb eines Zehnjahreszeitraums bereits einmal HLU bezogen haben und solchen Haushalten, die noch niemals Sozialhilfe empfangen haben. Es ist eine offene Frage, ob die Wohlstandsdiskrepanz eine Folge der ehemaligen Sozialhilfeabhängigkeit ist und die Betroffenen auch dauerhaft im unteren Wohlstandsspektrum angesiedelt sind. In dieser Hinsicht wäre die Beobachtung von Einkommenslagen über mehrere Jahre hinweg erforderlich, was mit den vorliegenden Querschnittsdaten nicht geleistet werden kann. Trotz dieser Einschränkung der Analysemöglichkeiten stützen die Ergebnisse die Schlußfolgerung, daß ehemalige HLU-Bezieher nach Beendigung der Sozialhilfeabhängigkeit (zumindest mittelfristig) nur selten eine herausgehobene Wohlstandsposition erreichen und allenfalls im unteren Bereich des Wohlstandsspektrums verbleiben. Diese Feststellung dürfte nicht nur die Situation der speziellen Untersuchungspopulation angemessen charakterisieren, sondern in ihrer Gültigkeit auch darüber hinausreichen. Der Kontakt mit Armut scheint nicht selten durch tieferliegende Ursachen mit langfristigem Charakter hervorgerufen zu sein, die auch dann wirksam bleiben, wenn wieder der Ausstieg aus der Armutslage erreicht wird, und die zudem möglicherweise durch das Eintreten einer Armutslage verfestigt werden. In jedem Fall erhöht eine einmal erlebte Armutsphase das Risiko, später wieder in Armut zu geraten. Diese negativen Effekte im Hinblick auf eine dauerhafte Verbesserung der Lebensumstände werden durch repräsentative Untersuchungen bestätigt (Leisering/Zwick 1990; Krause 1994).

Es läßt sich also resümieren: Insgesamt betrachtet demonstrieren die Ergebnisse die herausragende Funktion von Erwerbstätigkeit für die Wohlstandssteigerung. Der Umfang der eingesetzten Arbeitskraft bestimmt nicht nur den Grad des Wohlstands, sondern stellt auch ein Kriterium für deutliche Gruppenabgrenzungen dar. Dies korrespondiert mit dem Bild eines Systems der sozialen Ungleichheit, das dieses durch eine schichtspezifische Gliederung der Gesellschaft charakterisiert sieht. Ebenso deutlich geworden ist der herausragende Einfluß der Haushaltszusammensetzung für das Wohlstandsniveau. Die Monokausalität dieser Zusammenhänge ist jedoch vor allem dem verwendeten Untersuchungsverfahren geschuldet. Die einfache Varianzanalyse kann Überlagerungseffekte, d.h. kombinierte Effekte mehrerer Faktoren nicht erfassen. Wie verschiedene Faktoren in einer Wechselwirkung die Wohlstandssituation beeinflussen, soll im folgenden nun durch mehrfaktorielle Varianzanalysen untersucht werden. Auch hier wird zunächst der Armutsbereich betrachtet.

4.4.4. Erklärung des Ausmaßes der Armut durch mehrfaktorielle Varianzanalysen

Mit der einfaktoriellen Varianzanalyse wurden die isolierten Effekte einzelner Merkmale (Faktoren) untersucht. Bei den mehrfaktoriellen Varianzanalysen steht nun der kombinierte Einfluß mehrerer Faktoren auf Armutsgrad und Wohlstandsgrad als abhängige Merkmale im Mittelpunkt. Wenn Faktoren wechselseitig aufeinander einwirken, liegen sog. Interaktionseffekte vor. Der Einfluß eines Faktors hängt nicht selten von den Ausprägungen der anderen Faktoren ab, sie haben sich wechselseitig verstärkende oder dämpfende Effekte.

Tabelle 4.8: Dreifaktorielle Varianzanalyse zum Armutsgrad

Faktoren I: Beschäftigungsstatus II: Kinderzahl III: Verdeckte Armut	F-Wert	Beobachteter Signifikanzwert des F-Wertes
Alle Haupteffekte	38.468	0.0000
I Beschäftigungsstatus	14.883	0.0000
II Kinderzahl	3.628	0.0130
III Verdeckte Armut	166.572	0.0000
2-faktorielle Interaktionseffekte	2.974	0.0040
- I und II	3.702	0.0110
- I und III	2.686	0.1020
- II und III	1.312	0.2690
Alle Effekte zusammen (Explained)	17.763	0.0000

Datenbasis: Ca-Dat. 91.

Die einfaktorielle Analyse hat gezeigt, daß nur wenige Faktoren einen nennenswerten Einfluß auf das Ausmaß der Armut haben. Weder demographische, Bildungs- noch haushaltsstrukturelle Merkmale lassen klare Gruppenabgrenzungen erkennen. Deshalb ist zu vermuten, daß erst die Kombination mehrerer Faktoren relevante Mittelwertunterschiede aufweist. Getestet werden soll nun ein dreifaktorielles Vari-

anzmodell. Es untersucht den kombinierten Einfluß von „Beschäftigungsstatus“[16], „Kinderzahl“ und „verdeckter Armut“.
Die Analyse prüft die Nullhypothese, daß alle durch die Kombinationen der Faktorstufen gebildeten Gruppenmittelwerte gleich sind, somit kein Zusammenhang mit der Höhe des Armutsgrads besteht.[17] Wie die Varianztabelle 4.8 (S. 165) jedoch ausweist, liegt der aus allen Quadratsummen errechnete hochsignifikante F-Wert bei 17.763. Die Haupteffekte aller drei Faktoren zusammen, jedes einzelnen Faktors sowie die zwei-faktoriellen Interaktionseffekte insgesamt sind hochsignifikant[18]. Bei genauer Betrachtung letzterer erweist sich aber nur die zweifaktorielle Wechselwirkung zwischen Beschäftigungsstatus und Kinderzahl als hochsignifikant. Die drei Faktoren zusammen bilden wegen der Interaktionen kein „additives“ Modell. Die Einzeleffekte der Faktoren lassen sich nicht zu einem Gesamteffekt auf den Armutsgrad addieren.
Um diesen dreifaktoriellen Zusammenhang sichtbar zu machen, sind in der drei-dimensionalen Tabelle 4.9 (S. 167) alle Gruppenmittelwerte, die sich aus Kombinationen der Faktorstufen ergeben, aufgeführt. Damit wird das unterschiedliche Ausmaß der Armut für einzelne Teilgruppen erkennbar. In verdeckt armen und nichtwerbstätigen Haushalten liegt das „freie Einkommen“ um fast 30% unter dem zur Armutsvermeidung erforderlichen Standardmindesteinkommen. Demgegenüber sind alle nicht-verdeckt armen und erwerbstätigen Haushalte nur knapp unter der Armutsgrenze (durchschnittlicher Armutsgrad =8,7%) lokalisiert. Die Situation in diesen Haushalten wird nur unwesentlich durch die Anzahl der minderjährigen Kinder beeinflußt; alle drei Teilgruppen liegen dicht beieinander knapp unter der Armutsgrenze (durchschnittlicher Armutsgrad zwischen 4,9% und 9,3%).

---

[16] Die Variable „Beschäftigungsstatus“ wird dichotomisiert in „nichterwerbstätig“ (aus den Faktorstufen „Teilzeit“ und „Nichterwerbstätig“) und „erwerbstätig“ (aus den Faktorstufen „1 Vollzeit“ und „1 Vollzeit und 1 weitere Vollzeit oder Teilzeit“).

[17] Die durch die Faktorkombinationen entstandenen Gruppen sind ungleich besetzt. Bei disproportionalen Gruppenumfängen kann der Einfluß der Faktoren und ihrer Interaktionen nicht unabhängig voneinander geschätzt werden. Daher ist anzugeben, wie die Variation (die Abweichungsquadrate) zerlegt werden sollen. Hier wurde die „hierarchische“ Methode gewählt (vgl. hierzu Kähler 1994: 348f.).

[18] Die dreifaktoriellen Wechselwirkungen wurden nicht errechnet; die durch die drei Faktoren gemeinsam verursachte Varianz geht daher in die Fehlervarianz ein.

Tabelle 4.9: Armutsgrad aufgeschlüsselt nach sozialen Teilgruppen

Anzahl der Kinder	Armutsgrad				Gruppen mittelwerte	Gruppen anteile
	Verdeckt arm		Nicht-verdeckt arm			
	NEWT	EWT	NEWT	EWT		
Keine	29.6%	29.2%	18.9%	13.4%	23.6%	47.2%
1 Kind	29.9%	19.8%	19.0%	4.9%	20.9%	16.6%
2 Kinder	32.6%	20.8%	18.1%	7.6%	19.7%	17.6%
3 u. m. Kinder	26.0%	21.8%	21.4%	9.3%	20.0%	18.6%
Gruppenmittelw.	29.6%	22.9%	19.1%	8.7%	21.8%	
Gruppenanteile	25.7%	17.6%	50.2%	6.5%	100%	100%

Anmerkung: „NEWT" = nicht-erwerbstätig, „EWT" = erwerbstätig
Datenbasis: Ca-Dat. 91.

Da signifikante Interaktionseffekte vorliegen, sind, folgt man der statistischen Literatur, die Voraussetzungen für die Berechnung der „Stärke" der Haupteffekte und des Anteils der Gesamtstreuung, die durch die Faktoren erklärt wird, mittels einer multiplen Klassifikationsanalyse (MCA) nicht gegeben.[19] Unter Vorbehalt ist hier jedoch dennoch eine MCA durchgeführt worden. Alle drei Faktoren zusammen „erklären" 16,6% der gesamten Streuung (R^2) der abhängigen Variable „Armutsgrad", wobei der Großteil der Erklärungskraft auf den Faktor „verdeckte Armut" (10,8%) entfällt. Dieses Ergebnis kann nur ein Hinweis sein für die „Erklärungsgüte" der drei Faktoren.[20]

[19] Durch Varianzanalysen können statistisch bedeutsame Effekte auf die interessierenden Merkmale untersucht werden. Ein mehr oder weniger hoher F-Wert besagt jedoch noch nichts über die „Stärke" des Zusammenhangs zwischen den untersuchten Merkmalen aus. Um dies aufzuklären, bietet sich die multiple Klassifikationsanalyse (MCA) an. Der Koeffizient ETA^2 gibt den Anteil an der Gesamtvarianz des abhängigen Merkmals an, der durch eine Faktorvariable erklärt wird. Mit R^2 ist der Gesamtanteil der Varianz zu beschreiben, der durch die additiven Effekte der im Modell einbezogenen Faktoren erklärt wird. Sollten sich bei einer mehrfaktoriellen Varianzanalyse signifikante Interaktionseffekte auffinden lassen, soll auf die Anwendung der MCA verzichtet werden. Diese wichtige Voraussetzung zur Durchführung einer MCA scheint, folgt man der Präsentation empirischer Ergebnisse in der Sozialforschung, häufig nicht eigens thematisiert oder beachtet zu werden.

[20] Diese hier ausgewiesene Varianzanalyse (die zweite siehe Tabelle 4.A14 im Anhang) bietet den höchsten Beitrag für die Erklärung des Armuts-

Die einfache Varianzanalyse hatte gezeigt, daß die Gruppenmittelwerte meist nur geringfügig voneinander abweichen und nur selten signifikante gruppenspezifische Mittelwertunterschiede in den betrachteten Teilgruppen feststellbar sind. Wie vermutet, sind markante Unterschiede erst durch die mehrfaktorielle Varianzanalyse in der Kombination einzelner Faktorstufen zu entdecken: Nichterwerbstätige Haushalte (insbesondere Alleinstehende und „ältere" Paarhaushalte) mit einem Anspruch auf Sozialhilfe (HLU), der aber nicht eingelöst wird, bilden die „Extremgruppen" der Einkommensarmut. Ihr hohes Ausmaß der Einkommensarmut ließe sich durch Sozialhilfebezug sicherlich erheblich mildern. Die verdeckte Armut - m.a.W. nicht-bekämpfte Armut - ist der Haupteinflußfaktor für das Ausmaß der relativen Einkommensarmut. Die Ergebnisse der Untersuchung zeigen aber gleichzeitig, daß auch die HLU-Empfänger überwiegend unterhalb der relativen Armutsgrenze lokalisiert sind, zudem bei relativ hohem Armutsgrad. Auch sie verfügen meist nicht über ein Einkommen, das hoch genug ist, um der relativen Einkommensarmut entgehen zu können.

4.4.5. Erklärung des Wohlstands durch mehrfaktorielle Varianzanalysen

Im Hinblick auf den Wohlstandsgrad haben die einfaktoriellen Varianzanalysen und die multiplen Range-Tests zu viel aussagekräftigeren Gruppenunterschieden geführt als beim Armutsgrad. Im Wohlstandsspektrum zeigen die klassischen sozialstrukturellen Faktoren ihre volle Prägekraft: Bildungsmerkmale, haushaltsstrukturelle Faktoren und insbesondere Statusmerkmale führen zu klar voneinander abgrenzbaren Wohlstandsgruppen.

Für die mehrfaktorielle Varianzanalyse sind drei Faktoren ausgewählt worden: ein Bildungsmerkmal (berufliche Bildung), ein Statusmerkmal (Beschäftigungsstatus) sowie ein haushaltsstrukturelles Merkmal (Kinderzahl)[21]. Alle drei Faktoren haben bei der einfachen Varianzana-

---

grades. Es wurden alle möglichen dreifaktoriellen Modelle anhand der herangezogenen Bildungs-, haushaltsstrukturellen und Statusmerkmale getestet. Wird anstatt der „verdeckten Armut" der „Sozialhilfestatus" neben Beschäftigungsstatus und Kinderzahl als erklärende Variable einbezogen, dann ergibt sich zwar ein hochsignifikanter aber nur vergleichsweise kleiner F-Wert von 4.437. Alle drei Faktoren zusammen erbringen ein R^2 von nur 4,3%.

21 Für die dreifaktorielle Varianzanalyse wurden einige Faktorstufen zusammengefaßt. Beim Erwerbsstatus betrifft dies die beiden Stufen „nicht-erwerbstätig" und „teilzeitbeschäftigt". Beim Faktor „Kinderzahl" gibt es anstatt vier nurmehr drei Faktorstufen, die größeren Familien-

lyse hochsignifikante F-Werte erreicht. Im mehrfaktoriellen Modell sind hohe Interaktionseffekte zu erwarten, insbesondere zwischen dem Erwerbsstatus und der Kinderzahl.

Tabelle 4.10: Dreifaktorielle Varianzanalyse zum Wohlstandsgrad

Faktoren I: Berufliche Bildung II: Beschäftigungs-status III: Kinderzahl	F-Wert	Beobachteter Signifikanzwert des F-Wertes
Alle Haupteffekte	78.967	0.0000
I Berufl. Bildung	35.149	0.0000
II Beschäftig.stat.	74.423	0.0000
III Kinderzahl	105.419	0.0000
2-faktorielle Interaktionseffekte	6.666	0.0000
- I und II	2.683	0.0690
- I und III	0.954	0.3860
- II und III	11.378	0.0000
Alle Effekte zusammen (Explained)	34.474	0.0000

Datenbasis: Ca-Dat. 91.

Wie aus der Varianztabelle 4.10 hervorgeht, bestätigt das dreifaktorielle Modell voll und ganz die Erwartungen. Sowohl die Haupteffekte zusammen (F-Wert= 78.967) als auch jeder der drei Faktoren sind jeweils mit hohen F-Werten hochsignifikant. Unter den Wechselwirkungen tritt die Kombination zwischen Beschäftigungsstatus und Kinderzahl (F-Wert= 11.378) deutlich hervor, und auch für alle Effekte zusammengenommen (Explained) belegt der F-Wert von 34.474 ebenfalls hohe Signifikanz.[22]

Wie sich die Interaktionseffekte konkret auswirken, demonstriert Tabelle 4.11 (S. 170). Die Tabelle enthält die Mittelwerte des Wohlstandsgrads aller durch die Kombination der drei Faktoren entstandenen Teilgruppen. Wie die Gruppenmittelwerte belegen, wächst mit

Haushalte sind in der Kategorie „zwei und mehr Kinder“ zusammengefaßt. Ohne die Zusammenfassungen wären die Fallzahlen bei einigen Faktorkombinationen zu klein ausgefallen. Die Reduktion der Faktorstufen führt dazu, daß die Fallzahlen nie unter n=10 liegen.

22 Interaktionseffekte 3. Ordnung (drei-faktorielle Interaktionseffekte) sind unterdrückt worden. Die durch die Interaktion 3. Ordnung bedingte Varianz geht deshalb in die Fehlervarianz ein.

dem Umfang der erbrachten Erwerbsarbeit auch das erreichte Wohlstandsniveau. Einen „dämpfenden“, gegenläufigen Einfluß übt die Anzahl der Kinder aus. Führt man den Intergruppenvergleich Zeile für Zeile durch, so fällt eine ausgeprägte Wohlstandsdifferenz zwischen Haushalten ohne Kinder und solchen mit nur einem Kind auf. Die Wohlstandsdiskrepanzen zwischen Ein-Kind-Familien und Mehrkind-Familien sind auch bemerkenswert, jedoch nicht so gravierend wie zwischen den kinderlosen und den Ein-Kind-Familien. Daraus läßt sich folgern, daß mit steigender Kinderzahl die Wohlstandseinbußen degressiv verlaufen dürften.

Tabelle 4.11: Durchschnittlicher Wohlstandsgrad nach verschiedenen Merkmalen

Merkmale	Wohlstandsgrad			Gruppen mittel- werte	Gruppen anteile
	Keine Kinder	1 Kind	2 u.m. Kinder		
Ohne beruflichen Bildungsabschluß				56.6%	41.1%
NEWT/TZ a)	45.1%	38.4%	28.4%	41.6%	20.3%
1 EWT	95.1%	37.3%	31.4%	64.2%	17.4%
2 EWT	160.1%	87.5%	52.5%	108.2%	3.4%
Mit beruflichem Bildungsabschluß				75.1%	58.9%
NEWT/TZ a)	61.5%	46.4%	28.6%	55.4%	26.2%
1 EWT	120.0%	71.4%	45.7%	86.9%	27.7%
2 EWT	144.0%	101.7%	70.8%	112.9%	5.0%
Gruppenmittelwerte nach Kinderzahl	81.2%	57.0%	39.6%	67.3%	
Gruppenanteile	59.1%	19.0%	21.9%		100.0%

Anmerkungen: a) NEWT/TZ = nicht erwerbstätig/ eine Person im Haushalt teilzeitbeschäftigt; 1 EWT = eine Person im Haushalt vollzeitbeschäftigt; 2 EWT = zwei Personen im Haushalt beschäftigt, entweder beide vollzeit- oder eine vollzeit- und eine teilzeitbeschäftigt.
Datenbasis: Ca-Dat. 91.

Die Wohlstandsanalyse erlaubt allerdings nur eine Zeitpunktbeobachtung. Daher sind die *direkten* Auswirkungen von innerhaushaltlichen Einflüssen auf das erreichte Wohlstandsniveau infolge besonderer Ereignisse wie z.B. der Geburt eines Kindes nicht rekonstruierbar. Der zeilenweise Vergleich des durchschnittlichen Wohlstandgrads sagt nichts darüber aus, wie sich das Wohlstandsniveau eines Haushaltes verändert, wenn ein Kind geboren wird. Die Wohlstandseinbußen, die durch die Geburt eines Kindes bedingt sind, können noch viel größer sein, als von der Tabelle ausgewiesen. So verleitet der zeilenweise Vergleich dazu, anzunehmen, daß sich der Wohlstandsgrad in einem Doppelverdiener-Haushalt (ohne Berufsbildungsabschluß) bei Geburt eines Kindes von 160,1% auf 87,5% verringert. Viel realistischer ist es jedoch, von komplexeren Anpassungsprozessen an neue Gegebenheiten auszugehen, die kaum durch eine Querschnittsuntersuchung einzufangen sind. So ist es möglich, daß Haushalte mit nur einem vollzeitbeschäftigten Mitglied und nur einem Kind vor Geburt des Kindes sog. Doppelverdienerhaushalte gewesen sind. Häufig gibt in einem Haushalt mit zwei Erwerbstätigen nach der Geburt eines Kindes die Ehefrau ihre Berufstätigkeit zumindest zeitweise auf. Für diesen Fall vermittelt die Tabelle 4.11 (S. 170) mit der „Wohlstandssenkung" (bei Befragten ohne Bildungsabschluß) von 160,1% auf 37,3% zumindest einen Eindruck von den starken Effekten der Familienerweiterung auf den Wohlstand. Das folgende fiktive und vereinfachte Beispiel soll hier der Illustration dienen:

> Ein Doppelverdiener-Ehepaar-Haushalt erreicht einen Wohlstandsgrad von rund 160% mit einem monatlichen Netto-Einkommen von 3.750 DM und einer Wohnkostenbelastung von 1.000 DM. Annahmegemäß legt die Ehefrau nach der Geburt des ersten Kindes ihre Teilzeitbeschäftigung nieder und verzichtet auf ein Erwerbseinkommen, das netto 900 DM betragen haben soll. Hieraus ergibt sich wegen des vergrößerten Haushalts und des niedrigeren Netto-Haushaltseinkommens der in der Tabelle ausgewiesene Wohlstandsgrad von nur noch rund 37%. Nicht berücksichtigt ist bei diesem Beispiel ein möglicher Wohnungswechsel wegen des gestiegenen Wohnraumbedarfs, was zu einer Wohnkostenmehrbelastung führen dürfte. Vergrößert sich der Haushalt in kurzer Zeit um ein weiteres Kind (und ist kein Wohnungswechsel notwendig), dann könnte der Wohlstandsgrad (ohne Berücksichtigung des Familienlastenausgleichs oder des Wohngeldes) sogar auf rund 13% absinken.

Neben dem (wechselseitigen) Effekt von Beschäftigungsstatus und Kinderzahl übt darüber hinaus die berufliche Bildung einen deutlich erkennbaren Einfluß auf das Wohlstandsniveau der Haushalte aus. Die Interpretation dieses Effektes ist aber nicht unproblematisch. Es handelt sich hierbei um ein Merkmal der befragten Person. Würde ein (positiver) Zusammenhang zwischen beruflicher Bildung und Höhe des Erwerbseinkommens der befragten Person festzustellen sein, wäre das ein völlig plausibler Befund. Wenn ein beruflicher Bildungsabschluß vorhanden ist, dann ist das durchschnittliche Wohlstandsniveau in Abhängigkeit von Erwerbsstatus und Kinderzahl höher als bei fehlendem Abschluß. In der Untersuchungspopulation kann eine erwerbstätige Person eine andere Person als die befragte selbst sein, und im

Gegensatz zur befragten Person muß sie nicht über eine Berufsausbildung verfügen. Dennoch zeigen sich hier die erwartbaren negativen (bei fehlender Ausbildung) bzw. positiven (bei vorhandener Ausbildung) Effekte der beruflichen Bildung auf das Wohlstandsniveau der Haushalte, wenngleich mit einer Ausnahme. Diese betrifft doppelerwerbstätige Haushalte ohne minderjährige Kinder.
Wiederum hat die mehrfaktorielle Varianzanalyse signifikante Interaktionseffekte erbracht, was die Anwendung der multiplen Klassifikationsanalyse zur Berechnung der „Stärke" einzelner Faktoren und des Gesamtanteils der erklärten Varianz, die durch die Einflüsse aller Faktoren bedingt ist, begrenzt. Die dennoch vorgenommene Berechnung ergibt einen Anteil von 23,4% der durch das dreifaktorielle Modell erklärten Varianz an der Gesamtvarianz. Wenn man davon ausgeht, daß das R^2 für Erklärungen von Einkommensindikatoren eher niedrige Werte liefert (Berntsen 1991), dann ist der hier ermittelte Wert als relativ hoch einzuschätzen.
Die dargestellte dreifaktorielle Varianzanalyse bietet den höchsten Beitrag für die Erklärung des Wohlstandsgrades *auf Basis eines noch überschaubaren Modells*. Es wurden alle möglichen dreifaktoriellen Kombinationen anhand der herangezogenen vier Faktorenbündel getestet. Ein dreifaktorielles Modell, das die Haushaltstypen anstatt der Kinderzahl heranzieht, weist R^2 am höchsten ($R^2 = 31\%$) aus. Da die hier verwendete Variable „Haushaltstyp" insgesamt sieben Faktorstufen erzeugen würde, ist aus Gründen der Übersichtlichkeit auf eine Darstellung verzichtet worden.

4.4.6. Das Ausmaß von Armut und Wohlstand: ein Resümee

Der überwiegende Teil der ausgewählten Faktoren hat keinen bedeutsamen Einfluß auf den Armutsgrad. Den Erwartungen gemäß führt die Nichtinanspruchnahme von faktisch zustehenden Sozialhilfeleistungen zu besonders krassen Formen der Einkommensarmut. Viel wirksamer hingegen differenzieren die Faktoren den Wohlstandsgrad. Die Erwerbsbeteiligung und die Haushaltszusammensetzung haben nicht nur einen wichtigen Einfluß darauf, *ob* Personen und Haushalte in Armut geraten, sondern auch auf das *Ausmaß* der Armut und des Wohlstands. Bildung und Ausbildung, die Formen des Zusammenlebens sowie Statuseigenschaften entfalten starke subgruppen-prägende Kraft. Insbesondere die Erwerbsbeteiligung konturiert klar voneinander abgrenzbare Wohlstandsgruppen. Der Wohlstandsgrad hängt jedoch entscheidend davon ab, ob minderjährige Kinder im Haushalt zu versorgen sind. Berufliche Ausbildung und hohe Erwerbsbeteiligung zusammen schaffen zwar ein hohes Wohlstandsniveau, mit steigender Anzahl von Kindern im Haushalt aber reduziert sich der Wohlstand drastisch. Daraus läßt sich folgern, daß eine einseitige, nur an den Statusmerkmalen von Personen und Haushalten orientierte Sozialstrukturanalyse, will sie Aussagen über die durch die Schlüsselressource Einkommen vermittelten Lebenschancen und mögliche Handlungsspielräume machen, immer zu kurz greifen muß. Die sozialen Kontexte, in denen die Menschen leben, müssen berücksichtigt werden, wenn ungleiche Lebens- und Handlungschancen aufgedeckt werden sollen.

5. Das Sozialprofil und Lebenslagenprofil der Einkommenslagen

5.1. Hypothesen und Erläuterungen zur Darstellung

Durch die Varianzanalysen[23] konnten im Wohlstandsspektrum mehrere voneinander unterscheidbare soziale Teilgruppen identifiziert werden. Anders ist dies im Armutsspektrum, wo nur bei wenigen Merkmalen Teilgruppen, die sich im Ausmaß der Armut unterscheiden, zu lokalisieren waren. In den folgenden Abschnitten wenden wir uns der Quintilenanalyse zu. Anhand von fünf Sozialmerkmalen sollen zunächst die Konturen der Einkommenslagen im Armuts- und Wohlstandsspektrum genauer herausgearbeitet werden.
Es scheint unzweifelhaft, daß Zusammenhänge zwischen dem Ausmaß von Armut und Wohlstand und der Unterschreitung von Mindest(versorgungs-)standards, die als *Deprivation*[24] bezeichnet wird, bestehen. Tritt eine Situation ein, in der bei Betroffenheit von Einkommensarmut gleichzeitig auch die Nichterreichung von Mindeststandards in einem oder mehreren Bereichen gegeben ist, so liegt *multiple Deprivation* vor. Nach der Darstellung des Sozialprofils befassen sich die nachfolgenden Abschnitte mit einer eingehenden Analyse dieser Zusammenhänge. In den Deprivationsschaubildern wird die Unterschreitung von Mindeststandards sichtbar gemacht, indem für jede Armuts- und Wohlstandslage die Betroffenheit von Deprivation in ausgewählten Bereichen angezeigt wird. Eine ausführliche Definition der Mindeststandards (Schwellenwerte), bei deren Unterschreitung für die betrachteten Bereiche Deprivation konstatiert wird, ist in Teil 2 erfolgt.
Die Schaubilder weisen für jeden in ihnen enthaltenen Bereich insgesamt zehn nebeneinanderliegende Kreise auf, die sich jeweils auf eine der zehn Einkommenslagen beziehen. Die Größe eines Kreises symbolisiert die Betroffenheit von Deprivation in einer Einkommenslage, gemessen durch den Anteil der Deprivierten an allen Haushalten bzw.

---

[23] Anders als bei den Varianzanalysen ist im folgenden wiederum die gesamte Untersuchungspopulation, d.h. einschließlich der sehr kleinen Extremgruppe der Wohlhabenden, einbezogen. Ihr Ausschluß auch für diese Quintilenanalyse (derartige Berechnungen wurden durchgeführt) hätte keine der Grundaussagen der nachfolgenden Analyse in Frage gestellt.

[24] Im folgenden wird auch von „Defizit“, „Mangelerscheinung“ oder „Unterversorgung“ gesprochen, sie stehen synonym für Deprivation.

Personen in dieser Teilgruppe oder aber durch den Quintils-Mittelwert eines Indexes, der den Grad der vorliegenden Deprivation anzeigt. Dabei steht der größte Kreis, der für jeden untersuchten Bereich *immer die gleiche maximale Größe* aufweist, für die am stärksten deprivierte Einkommenslage, der kleinste Kreis - ebenfalls mit immer der gleichen minimalen Größe - für diejenige Teilgruppe, in der die Betroffenheit von Deprivation am geringsten ist. Die übrigen, innerhalb dieses Größenabstandes liegenden Kreise entsprechen in ihrem Flächeninhalt dem relativen Verhältnis der Deprivationsbetroffenheit der jeweiligen Einkommenslage zu dem am besten und dem am schlechtesten gestellten Einkommensfünftel. Diese Lösung weist den Vorteil größerer Anschaulichkeit auf, schränkt aber gleichzeitig den Blickwinkel des Interpreten ein: Ein *optischer Vergleich* der Kreisgrößen ist nur *innerhalb* der zehn Einkommenslagen eines Bereiches statthaft, nicht aber zwischen bestimmten Quintilen verschiedener Bereiche. Sind in einem Schaubild mehrere Bereiche abgebildet, so sind den *Kreisen gleicher Größe aus unterschiedlichen Bereichen* in der Regel höhere oder niedrigere Anteilswerte von Deprivierten bzw. Mittelwerte der Deprivationsindizes zugeordnet. Am rechten Rand der Schaubilder sind jeweils die Werte für die Gesamtheit aller Armen und aller Nichtarmen aufgetragen.
Zur der Illustration des Sozialprofils der Einkommenslagen im Armuts- und Wohlstandsbereich wurde die gleiche Logik der grafischen Darstellung gewählt. Hier symbolisiert der Flächeninhalt der Kreise den Anteil der Teilgruppen innerhalb einer Einkommenslage, die nach verschiedenen sozialen Merkmalen definiert werden.

5.2. Sozialprofil der Einkommenslagen im Armuts- und Wohlstandsspektrum

Das Schaubild 4.4 (S. 176) zeigt die Verteilung von fünf Sozialmerkmalen auf die 10 Einkommenslagen. Diese Merkmale erhöhen im allgemeinen das Armutsrisiko. Es müßte daher ein starker Zusammenhang zwischen der Stellung in der „Hierarchie der Einkommenslagen“ und der Häufung dieser Merkmale erkennbar werden. Betrachtet man die Anteilswerte für alle Armen bzw. alle Nichtarmen (siehe Prozentspalte rechts), so sind markante (Berufsbildung, Haushaltsgröße, Kinder im Haushalt) und herausragende Prozentsatzdifferenzen (Nichterwerbstätigkeit) zu erkennen. Wird die Untersuchungspopulation

Schaubild 4.4: Sozialprofil der Untersuchungspopulation nach Einkommenslagen

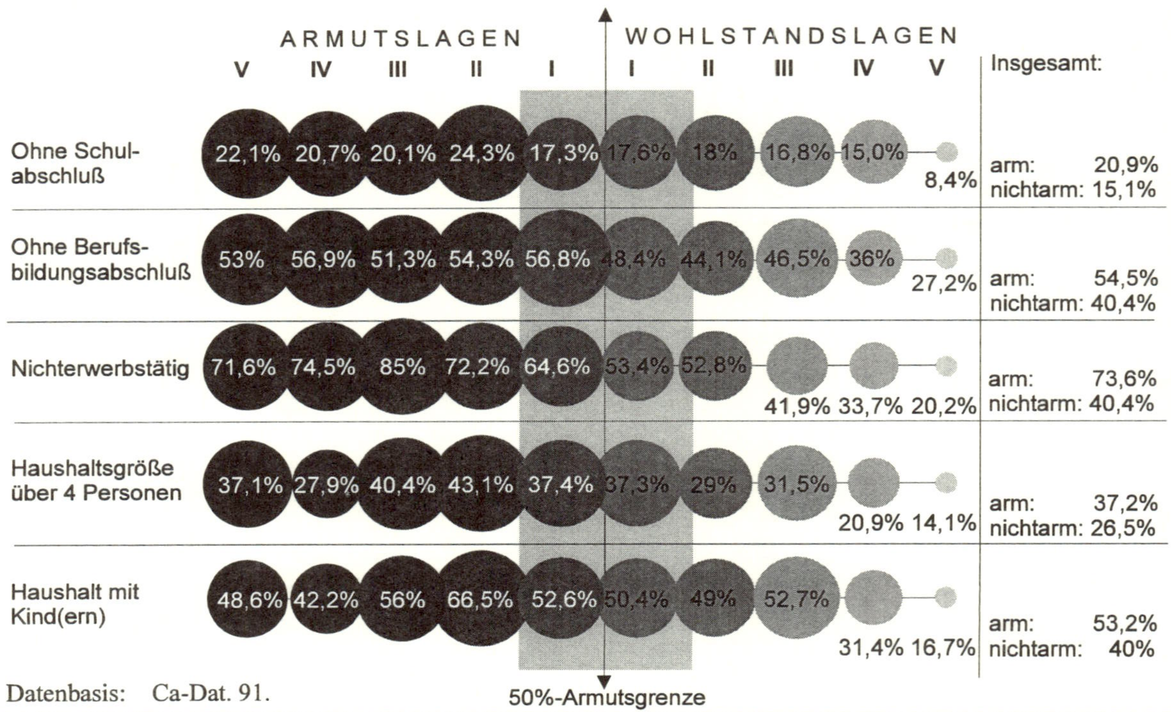

Datenbasis: Ca-Dat. 91.

nach Einkommensstatus (arm vs. nichtarm) dichotomisiert, scheint die 50%-Armutsgrenze ihre Funktion zu erfüllen: sie teilt die Population in zwei Gruppen, die sich hinsichtlich wichtiger Sozialmerkmale klar voneinander unterscheiden. Die Quintilenanalyse in Form der dargestellten Kreise aber macht deutlich, daß erhebliche Differenzen zwischen den Einkommenslagen insbesondere im Wohlstandsspektrum bestehen. Soziale Konturen nach Armutslagen (außer bei der Nichterwerbstätigkeit) sind aus der Quintilenanalyse heraus kaum abzuleiten, wie dies nach der Varianzanalyse auch zu vermuten war. Es offenbart sich ein eher heterogenes Bild der Sozialstruktur. Zu erkennen ist, daß die Armen in der vierten und fünften Armutslage überdurchschnittlich häufig kinderlos sind und öfter in kleinen Haushalten leben. Mit steigendem Armutsgrad variiert die Verteilung der sozialen Merkmale jedoch nicht in eine bestimmte Richtung.

Anders als im Armutsbereich weist die Merkmalsverteilung im Wohlstandsbereich ein viel stärker strukturiertes Bild auf. Vergleicht man die beiden Einkommenslagen im grau unterlegten Streifen, dann ergeben sich mit Ausnahme der Berufsbildung und Nichterwerbstätigkeit nur geringfügige Unterschiede. Überraschender jedoch sind einerseits die nur kleinen Prozentsatzdifferenzen bei allen Sozialmerkmalen (mit Ausnahme der Nichterwerbstätigkeit) in den drei unteren Wohlstandslagen und andererseits die erheblich geringeren Anteilswerte bei den Risikomerkmalen in den beiden oberen Quintilen.[25] Von den Befragten in den drei unteren Wohlstandslagen hat fast die Hälfte keine Berufsausbildung, bei Befragten im vierten und fünften Quintil sind es zwischen 27% und 36%. Eine Schnittlinie verläuft ebenso bei der Haushaltsgröße und den Haushalten mit Kindern zwischen drittem und viertem Quintil; in der privilegiertesten Einkommenslage sind Haushalte mit Kindern vergleichsweise eine Marginalerscheinung (83,3% sind kinderlos).

Die Differenzen zwischen den drei unteren und den beiden oberen Wohlstandslagen deuten bei wichtigen Sozialmerkmalen auf einen „sozial-strukturellen Bruch" hin. Zu bedenken gilt, daß in den beiden oberen Wohlstandslagen keine „homogene" Sozialstruktur vorliegt.

[25] Hier stellt sich die Frage, ob bei Anlegen der „klassischen" relativen 50%-Armutsgrenze eine wesentlich andere Verteilung der Merkmale auf die einzelnen Quintile erfolgen würde. Für den Wohlstandsbereich ist das für alle sozialen Merkmale überprüft worden. Die Differenzen der Mittelwerte für jedes Quintil (nach beiden Armutskonzepten) liegen fast allesamt zwischen einem und drei Prozentpunkten. Auch bei der klassischen 50%-Armutsgrenze treten die Differenzen zwischen dritter und vierter Wohlstandslage hervor.

An anderer Stelle ist bereits auf eine sehr kleine finanziell hochprivilegierte Teilgruppe innerhalb der höchsten Wohlstandslage hingewiesen worden. Diese Gruppe zeigt auffallende Besonderheiten bei einer Reihe von Sozialmerkmalen.[26] Bemerkenswert ist auch, daß die Prozentwerte in den beiden oberen Wohlstandslagen immer unter dem Durchschnittswert aller Nichtarmen liegen, die in den unteren Wohlstandslagen hingegen immer über dem entsprechenden Durchschnittswert.

5.3. Lebenslagenpositionen und Lebenslagenprofile im Armuts- und Wohlstandsspektrum

In den Abschnitten 4.4.2. bis 4.4.5. dieses Teils wurde danach gefragt, welche Faktoren einen Einfluß auf Armutsgrad und Wohlstandsgrad ausüben. Bei den nachfolgenden Betrachtungen ändert sich der Status der beiden Größen als abhängige (zu erklärende) Variable. Nun geht es um die Frage, welchen „Einfluß" der Armutsgrad und der Wohlstandsgrad (klassiert in Einkommenslagen) auf ausgewählte Lebenslagenmerkmale haben. Das Ausmaß von Armut und Wohlstand nimmt den Status der erklärenden Variablen an. In diesem Abschnitt werden Lebenslagenprofile der Armuts- und Wohlstandslagen entwickelt. Zu unterscheiden sind die haushalts- und personenbezogenen Dimensionen der Lebenslage, wie sie in Teil 2, Abschnitt 4 ausführlich beschrieben wurden. Zur Einführung seien sie nochmals genannt.
Die haushaltsbezogenen Dimensionen sind:

(a) Wohnsituation,
(b) Überschuldung sowie Einschränkungen in verschiedenen Lebensbereichen.

Die personenbezogenen Dimensionen sind:

(a) Gesundheit und Besorgnisse,
(b) subjektives Wohlbefinden,
(c) Soziale Netzwerke.

Für jeden Bereich wird eine Quintilenanalyse durchgeführt. Darüberhinaus erfolgt an einem Beispiel auch die Analyse des Zusammentreffens (Kumulation) mehrerer Deprivationen.
Lebenslagen in der hier dargestellten Form zielen auf die konkrete Versorgungslage der Befragten und der Haushalte, in denen sie leben. Dem Einkommen, der Stellung in der Einkommenshierarchie, kommt

---

[26] Siehe hierzu die Tabelle 4.A2 im Anhang.

die Schlüsselstellung zu, wenn es um die Fähigkeit geht, individuelle Lebenschancen zu sichern und die wichtigsten Bedürfnisse zu befriedigen. Der Verfügbarkeit über ein ausreichendes Einkommen wird ein zentraler Einfluß auf die Ausgestaltung der Versorgungslage zugesprochen. Erst hinreichende finanzielle Mittel eröffnen und erweitern verschiedene Handlungsspielräume und bieten die Optionen, sie auch tatsächlich zu nutzen.

Bevor die Ergebnisse der Quintilenanalyse dargelegt werden, wird zunächst eine Typisierung entwickelt, die vier Lebenslagenpositionen beschreiben soll.

Eine Untersuchung der Wohlfahrtsforschung kommt zu dem Ergebnis, „daß die Position in der Einkommensverteilung für die Gesamtkonstellation der Lebensbereiche eine eher geringe Bedeutung hat" (Berger 1984a: 257).[27] Betrachtet man gleichzeitig mehrere Lebensbereiche, so ergeben sich keineswegs für alle Individuen konsistente, das heißt in den verschiedenen Bereichen immerzu günstige oder ungünstige Plazierungen. Berger unterteilt die Bevölkerung in fünf Einkommensschichten (Einkommensquintile), wobei als Einteilungskriterium das nach der Haushaltsgröße gewichtete Haushaltseinkommen herangezogen wird. Es zeigt sich, daß sowohl die unteren als auch die höheren Einkommensgruppen gleichzeitig von günstigen und auch ungünstigen Plazierungen in den einzelnen Lebensbereichen betroffen sind. Dennoch weist das unterste Einkommensquintil die schlechteste Versorgungslage bezogen auf die fünf zur Indexbildung herangezogene Merkmale auf.[28] Im Durchschnitt lassen sich bei den Einkommensschwachen mehr als drei Defizite (3,2) finden. Das oberste Einkommensquintil ist keineswegs vor Deprivationen geschützt. In durchschnittlich zwei von fünf Lebensbereichen befinden sich auch die Einkommensstarken in einer objektiv ungünstigen Lage. Daraus folgert Berger (1984a: 258): „Auch einkommensmäßig privilegierte Gruppen haben somit in anderen Bereichen Mängel an Lebensqualität, die nicht nur in ihrer eigenen Wahrnehmung bestehen, sondern den objektiven Lebensumständen entsprechen". Kritisch läßt sich bei dieser Untersuchung einwenden, daß eine Quintilenaufteilung des *gesamten* Einkommensspektrums die Differenzierungen zu grob widerspiegelt. Das unterste Quintil erfaßt auch Teile des unteren Wohlstandsbereichs,

---

27 Ähnliche aktualisierte Befunde vgl. Schott-Winterer 1990.

28 Diese umfassen: Bildung, Wohnung, Gesundheit, Partizipation und Sozialbeziehungen. Zur Indexbildung vgl. Berger 1984a: 253, Anmerkungen zu Tabelle 14.1.

wodurch drastische Unterversorgungserscheinungen gerade im Armutsspektrum verdeckt werden können.

Schaubild 4.5: Einkommensstatus und Lebenslagenpositionen

Einkommensstatus / Lebenslage	Arm	Nichtarm
ohne Defizit	I inkonsistente Armutslage (kurzfristige Armutsepisode)	II konsistente Wohlstandslage
mit Defizit	III konsistente Armutslage (langandauernde Armut)	IV inkonsistente Wohlstandslage

Eine „Typisierung“ unterschiedlicher Einkommens- und Lebenslagen läßt vier mögliche Konstellationen - Lebenslagenpositionen - zutage treten (siehe Schaubild 4.5). Sie ergeben sich, wenn man einerseits die Lebenslage in „ohne Dezfizit“ und „mit Defizit“ dichotomisiert und andererseits den Einkommensstatus in „Armut ja“ und „Armut nein“. Das ist zwar eine relativ grobe Unterscheidung, die aber dennoch empirisch relevante Grenzverläufe abzubilden verspricht. Der extreme Mangel an finanziellen Mitteln, der gleichzeitig auch mit Defiziten und Unterversorgungen in anderen Lebensbereichen verknüpft ist, entspricht einem Bild der Armut, das sich durch dauerhafte multiple Deprivation und eine umfassende Verfestigung der Ausgrenzungserscheinungen im Lebensverlauf auszeichnet (konsistente Armutslage). Diese Vorstellung der Armut herrschte lange Zeit im Diskurs der Armutsforschung und auch in der fachinteressierten Öffentlichkeit vor. Angesichts neuerer Ergebnisse zur Dauer der Armut dürfte jedoch dieses Erscheinungsbild quantitativ gesehen eine eher kleine Bevölkerungsgruppe umfassen.

Das Unterschreiten der Armutsgrenze muß nicht in allen Fällen mit Deprivationen in anderen Dimensionen kombiniert sein. Einkommensarmut kann mit guten Wohnbedingungen, guter Gesundheit und funktionierenden Sozialbeziehungen einhergehen (inkonsistente Armutslage). Es ist zu vermuten, daß diese Konstellation eine eher „kurzfristige Armutsepisode" beschreibt. Erst bei länger andauernder Einkommensarmut ist eine Verschlechterung sukzessive auch in anderen Lebensbereichen zu erwarten. Die Lage wird sich, so steht zu vermuten, mit der fortschreitenden Dauer der Armut immer mehr dem Typus der multiplen Deprivation und sozialen Ausgrenzung annähern. Neuere empirische Befunde der Bremer Forschergruppe zeigen jedoch ein differenziertes Bild insbesondere der langfristigen Sozialhilfeabhängigkeit (Leibfried u.a. 1995). Zwar sind bei mehrjährigem Sozialhilfebezug krasse Erscheinungsformen der Armut zu erkennen, aber nicht als dominante Sozialkategorie. Langzeitbezug kann eine von den Betroffenen selbst „gewählte" Existenzform (z.B. als Alleinerziehende) sein, die als Überbrückung einer besonderen Lebenssituation dient. Aus der Sicht der Hilfebezieher müssen sich die Handlungsmöglichkeiten mit fortschreitender Dauer des Bezugs nicht kontinuierlich verringern. Sozialhilfebezug kann in einer besonderen Lebenssituation bzw. -phase einen materiell und sozial auf niedrigem Niveau geschützten Raum anbieten, der die Erfüllung einer gesellschaftlich relevanten Funktion (Kindererziehung) erst ermöglicht.

Im Nichtarmutsbereich findet sich, sind ausreichende finanzielle Mittel zugleich verknüpft mit einer guten Ausstattung in anderen Lebensbereichen, eine „konsistente Wohlstandslage". Demgegenüber können jedoch trotz des Fehlens von Einkommensarmut Deprivationen in einzelnen Lebensbereichen vorliegen. Solche Defizite bei Lebenslagenmerkmalen bei einem ausreichenden Einkommen beschreiben eine „inkonsistente Wohlstandslage". Wie Berger (1984a) gezeigt hat, kann diese Konstellation für einen Großteil der westdeutschen Bevölkerung als zutreffend unterstellt werden.

Die Klassifizierung anhand der vier Lebenslagenpositionen bietet einen Orientierungs- und Interpretationsrahmen für die nachfolgenden Ergebnisse. Zwar wird sich dieser im Fortgang der Analyse als zu undifferenziert erweisen, doch lassen sich mit seiner Hilfe dennoch Muster der Kombination von Begünstigungen und Deprivationen beim Einkommen und anderen Lebensbereichen begrifflich fixieren und anschaulich beschreiben.

Nach diesen Ausführungen lassen sich nun einige Hypothesen zum Ausmaß der Unterversorgung (Deprivation) im Quintilenvergleich aufstellen:

(1) Je höher der Armutsgrad, das heißt je „höher" die Ordnungszahl des Armutsquintils, dem ein Haushalt oder eine Person angehört, desto größer ist der Anteil der Deprivierten bzw. um so ungünstiger ist der Index-Mittelwert eines betrachteten Bereichs.
(2) Je höher der Wohlstandsgrad, das heißt je „höher" die Ordnungszahl des Wohlstandsquintils, dem ein Haushalt oder eine Person angehört, desto niedriger liegt der Anteil der Deprivierten bzw. um so günstiger ist der Mittelwert eines betrachteten Bereichs.

Die Gültigkeit beider Hypothesen ergäbe eine idealtypische Verteilung der Deprivationswerte, die sich graphisch wie in Schaubild 4.6 darstellen würde: der Kreis mit dem größten Flächeninhalt befindet sich immer auf der linken Seite des Schaubildes und der kleinste Kreis immer auf der rechten Seite. Zusätzlich nehmen die Flächeninhalte der Kreise kontinuierlich von den ärmsten zu den wohlhabendsten Einkommenslagen hin ab.

Schaubild 4.6: Idealtypische Verteilung der Deprivationsanteile der Untersuchungspopulation nach Einkommenslagen

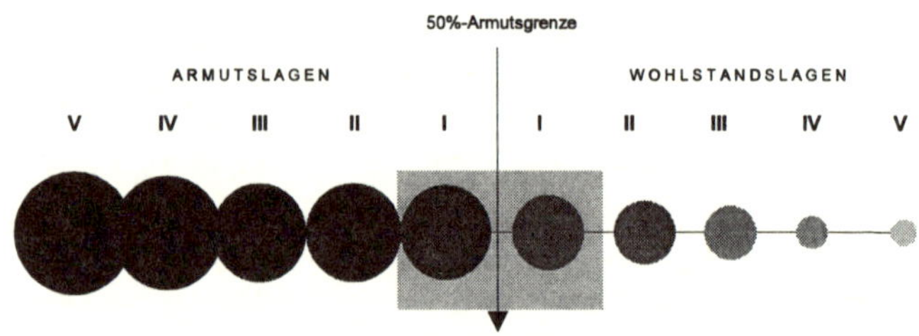

Neben der Verteilung über alle zehn Kreise hinweg gilt aber auch dem Vergleich von erstem Armutsquintil und erstem Wohlstandsquintil besonderes Interesse. Sie sind deshalb auch optisch durch einen grau unterlegten Streifen hervorgehoben. Diese beiden Einkommenslagen liegen rechts und links von der Armutsgrenze und sollten den Übergang von der Gruppe der Armen zu den Nichtarmen auch dementsprechend widerspiegeln. Für die im Nahbereich der Armut lebenden Personen und Haushalte lassen sich zwei weitere Hypothesen aufstellen:

(3) Das erste Armuts- und das erste Wohlstandsquintil zeigen nur relativ geringe Differenzen hinsichtlich der Anteile der Unterversorgten bzw. der Mittelwerte eines betrachteten Bereichs, weil ihre Einkommenssituation nur wenig voneinander abweicht (vgl. hierzu Schaubild 4.3, S. 151, und Tabelle 4.5, S. 154).
(4) Die Anteilswerte der Deprivierten bzw. die Mittelwerte sind bei den Armen des ersten Quintils im Vergleich zu allen Armen unterdurchschnittlich (je nach Bereich überdurchschnittlich). Bei den Nichtarmen des ersten Quintils sind die Anteile der Unterversorgten bzw. die Mittelwerte überdurchschnittlich (je nach Bereich unterdurchschnittlich) im Vergleich mit allen Nichtarmen.

Eine weitere zentrale Fragestellung der Quintilenanalyse wird sein, ob sich vergleichbare „Strukturbrüche" wie bei den Sozialmerkmalen im Wohlstandsspektrum auch bei der Verteilung der Deprivierten auf die Einkommenslagen feststellen lassen.

5.3.1 Wohnsituation

Das Schaubild 4.7 (S. 184) zeigt die Quintilenkreise für drei Wohnkomponenten (Anzahl der Wohnräume, Wohnfläche und Sanitärausstattung) sowie für kumulierte Wohndefizite. Auf den ersten Blick läßt sich zwar nicht die „idealtypische" Anordnung der Kreisflächen entdecken, dennoch sind die größeren Kreise fast allesamt im Armutsspektrum zu finden. Allerdings ist keiner der Extremwerte bei den drei Wohnkomponenten (außer bei kumulierten Wohndefiziten) im fünften Armutsquintil lokalisiert. Im vierten Armutsquintil ergibt sich sogar eine relativ günstige Situation hinsichtlich Wohnraum und Wohnfläche. Anders im ersten und zweiten Armutsquintil, wo relativ hohe Anteilswerte der Deprivierten bei beiden Komponenten festzustellen sind. Die Schlechterstellung besonders der Ärmsten bei der sanitären Ausstattung und den kumulierten Wohndefiziten entspricht aber wiederum ganz den Erwartungen.
Viel klarer stellt sich der Zusammenhang zwischen Wohndefiziten und Einkommenslagen im Wohlstandsbereich dar. Hier zeigt sich bei steigendem Wohlstand - mit Ausnahme der Anzahl der Wohnräume - die stetige Besserstellung von Quintil zu Quintil. Das Schaubild belegt somit eine der Ausgangshypothesen: die geringen Unterschiede bei Wohndefiziten in Haushalten der beiden Einkommenslagen links und rechts der Armutsgrenze. Haushalte, die nur knapp über der Armutsgrenze liegen, unterscheiden sich nur geringfügig vom Durchschnitt aller Einkommensarmen. Darüber hinaus zeigen sie überdurchschnittlich hohe Deprivationswerte im Vergleich zu allen Nichtarmen.

Schaubild 4.7: Wohnsituation: Deprivationsanteile der Untersuchungspopulation nach Einkommenslagen

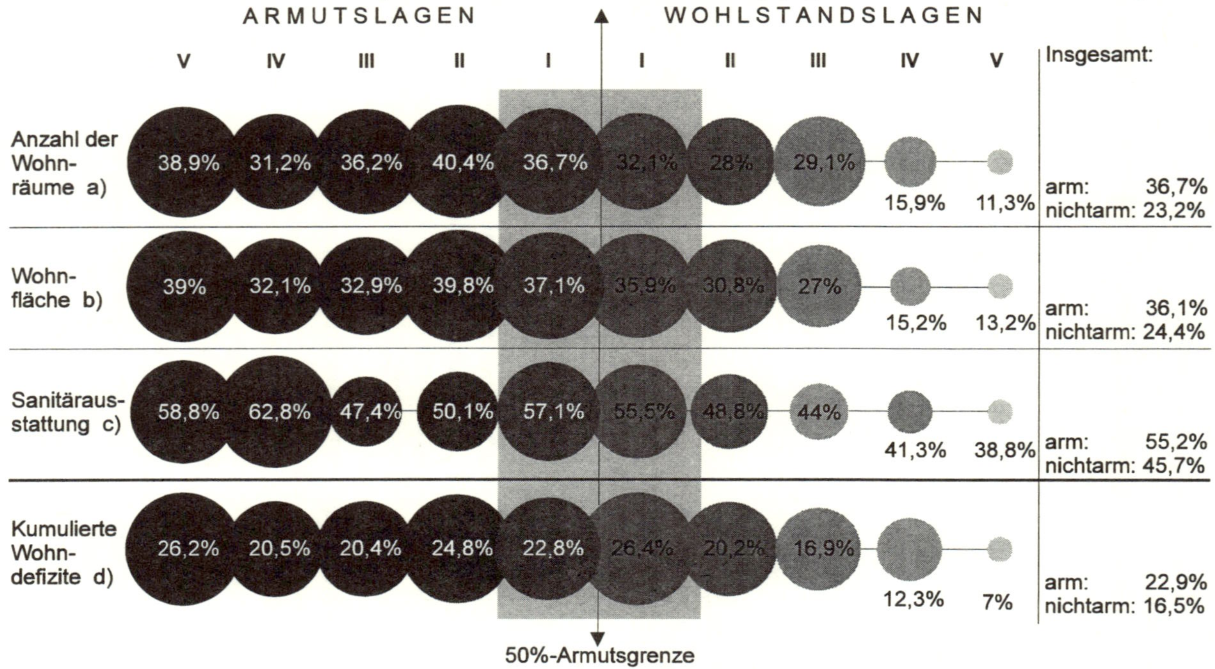

Anmerkungen: a) Weniger als 1 Raum pro Kopf; b) Wohnfläche pro Kopf unter 20 qm; c) Wohnung ohne Bad oder ohne Toilette oder ohne Zentralheizung; d) In Notunterkunft lebend oder a) bzw. b) und gleichzeitig c)

Datenbasis: Ca-Dat. 91.

Zwischen dritter und vierter Wohlstandslage ist ein „Sprung" zu erkennen; der Anteil der Wohndeprivierten sinkt - beim Wohnraum und der Wohnfläche - gegenüber den drei unteren Wohlstandslagen um fast die Hälfte. Weniger ausgeprägt ist hingegen die Besserstellung der beiden oberen Wohlstandslagen bei der Sanitärausstattung. Schließlich befinden sich unter ihnen nur kleine Teilgruppen mit kumulierten Wohndefiziten.
Nun stellt sich die Frage, wodurch die heterogene Struktur im Armutsspektrum und die den Erwartungen weitgehend entsprechende Verteilung im Wohlstandsspektrum bedingt sind. Ein wichtiger Grund dürfte in der Zusammensetzung der Haushalte (Haushaltsgröße) in den einzelnen Einkommenslagen liegen. Große Haushalte sind in den beiden unteren Armuts- und besonders in den beiden oberen Wohlstandslagen unterrepräsentiert (siehe das Sozialprofil in Schaubild 4.4, S. 176). Da Alleinlebende i.d.R. über mindestens einen Raum verfügen, dürften Wohnraum- und Wohnflächendefizite bei ihnen eher selten anzutreffen sein. In großen Haushalten dürften Wohndefizite hingegen die Regel sein. Ob und inwieweit das in Schaubild 4.7 zum Vorschein kommende Bild auch nach Kontrolle der Haushaltsgröße bestehen bleibt, soll daher nun untersucht werden.
Dazu sind die Einpersonen-Haushalte, Mehrpersonen-Haushalte insgesamt und die großen Haushalte (vier und mehr Mitglieder) weiteren separaten Berechnungen unterzogen worden. Die Unterschiede bei den Wohndefiziten zwischen Armen und Nichtarmen sind jeweils erkennbar, jedoch deutlich weniger bei den Alleinlebenden. Im Armutsspektrum ist keine Abhängigkeit der Wohndefizite vom Ausmaß der Armut festzustellen. Das trifft sowohl auf die Alleinlebenden als auch auf die Mehrpersonenhaushalte und auch die großen Haushalte zu. Im Wohlstandsspektrum hingegen ist bei den Mehrpersonenhaushalten insgesamt und den Alleinlebenden ein deutlicher Zusammenhang zwischen Wohndefiziten und Einkommenslagen zu erkennen. Die beiden oberen Wohlstandslagen sind erheblich seltener von Wohnungsmängeln betroffen als die drei unteren.[29]

---

[29] Die Wohnungssituation getrennt nach Wohlstandslagen läßt sich auch aus der Perspektive der gut Versorgten in den Mehrpersonenhaushalten insgesamt betrachten. Hinsichtlich der Wohnräume sind in den drei unteren Wohlstandslagen zwischen 20% und 25%, in der vierten rund 44% und in der fünften hingegen rund 52% gut ausgestattet. Weniger strukturiert erscheint das Bild bei der sanitären Ausstattung, hier läßt sich kein dominantes Muster erkennen. In den großen Haushalten können in den drei unteren Wohlstandslagen zwischen 1% und 4,4% über eine Wohn-

Resümiert man die Ergebnisse und stellt ihnen die Ausgangshypothesen gegenüber, dann zeigen sich zum Teil erhebliche Abweichungen. Der allgemeine Vergleich zwischen dem Armuts- und dem Wohlstandsspektrum ergibt zwar eine markante Schlechterstellung der Einkommensarmen, doch ist der Verlauf innerhalb der Armutslagen nicht durch eine kontinuierliche Verschlechterung gekennzeichnet, das Bild ist vielmehr heterogen. Die Hypothese, daß mit steigender Ordnungszahl des Armutsquintils sich sukzessive auch der Anteil der (Wohn-) Deprivierten vergrößert, ist somit nicht zutreffend. Ganz anders präsentiert sich hingegen die Situation im Wohlstandsspektrum. Mit steigender Einkommenslage wird der Anteil der Wohndeprivierten kontinuierlich geringer. In den Einkommenslagen links und rechts der Armutsgrenze ist die Wohnsituation gleichermaßen unzureichend. Es sind herausragende Diskrepanzen zwischen den Wohlstandslagen - Strukturbrüche - zu erkennen. Diese Strukturierung kommt auch bei unterschiedlichen Haushaltgrößen zum Vorschein. Dieses Bild wird dadurch ergänzt, daß das Privileg der „Überversorgung" hinsichtlich der betrachteten Wohnstandards weit überdurchschnittlich auf die beiden oberen Wohlstandslagen verteilt ist.

5.3.2 Überschuldung sowie Einschränkungen in verschiedenen Lebensbereichen

Bei Vorliegen einer Überschuldung können die notwendigen Zahlungsverpflichtungen nicht mehr eingehalten werden, und nicht selten folgen juristische Konsequenzen. Die Befunde zeigen nun, daß - nicht unerwartet - die Einkommensarmen häufiger überschuldet sind als die Nichtarmen (siehe Schaubild 4.8, S. 187). Dennoch sind die Prozentsatzdifferenzen zwischen beiden Gruppen nicht hoch. Wichtig ist der Befund, daß mit dem Grad der Verarmung nicht in gleichem Maße auch der Anteil der Überschuldeten steigt. Oberhalb der Armutsgrenze erhöht sich dieser Wert sogar von der ersten bis zur dritten Wohlstandslage auf gut ein Viertel. Relativ günstig ist wiederum die Situation der Haushalte in den beiden oberen Einkommensgruppen, wenngleich noch immer eine beachtliche Minderheit unter ihnen als überschuldet einzuschätzen ist.
Überschuldung stellt ein besonderes finanzielles Problem dar, dessen Brisanz in den letzten Jahren immer häufiger auch öffentlich diskutiert worden ist. Versuche, einen „privaten Konkurs" in das Insolvenzrecht

---

fläche von mehr als 35qm pro Kopf verfügen. In den beiden oberen Wohlstandslagen sind es jedoch rund 25%.

Schaubild 4.8: Überschuldung: Deprivationsanteile der Untersuchungspopulation nach Einkommenslagen

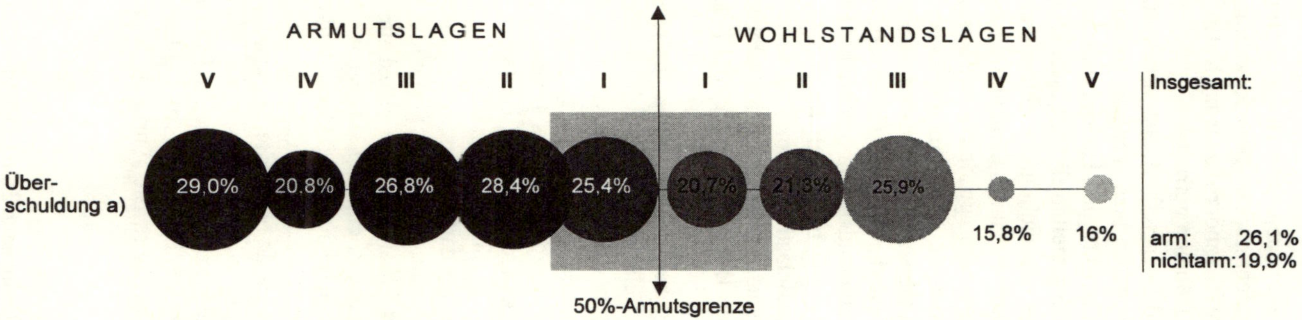

Anmerkung: a) Von Caritas-Mitarbeitern angegebene Charakterisierung der finanziellen Lage der Befragten
Datenbasis: Ca-Dat. 91.

einzuführen, sollen dieser neuen Entwicklung Rechnung tragen. In der Befragung wurde aber nicht nur auf die offenkundigen Phänomene der Überschuldung abgestellt, sondern auch nach den subjektiv empfundenen finanziellen Belastungen gefragt.

Das Ergebnis zeigt, daß finanzielle Belastungen von einem viel größeren Teil der Befragten als Problem genannt werden, als es allein aus der Betrachtung des Aspekts der Überschuldung hervorgeht (siehe Schaubild 4.9, S. 189). Sie stellen für fast zwei Drittel aller Haushalte der Befragungspersonen ein wichtiges Problem dar. Zwischen Befragten in armen und nichtarmen Haushalten sind die Unterschiede erheblich, doch sind wieder herausragende Differenzen zwischen den Einkommenslagen zu erkennen. Die beiden Einkommenslagen „links" und „rechts" der Armutsgrenze haben einen ähnlich hohen Anteil finanziell Belasteter, alle anderen Armutslagen sind viel schlechter und die beiden oberen Wohlstandslagen erheblich bessergestellt. Dieses Grundmuster der Verteilung trifft auch im Hinblick auf die Auswirkungen der finanziellen Belastungen zu.

Wenn finanzielle Belastungen vorliegen, in welchem Ausmaß müssen Einschränkungen in den Bereichen Ernährung, Kleidung, Möbel, Urlaub und Freizeit vorgenommen werden? Zur Beantwortung dieser Frage ist aus den Angaben der Befragten für jede einzelne Versorgungskomponente ein Belastungswert ermittelt worden, der zwischen 0 und 2 schwanken kann; die Werte dazwischen geben die Abstufungen wieder. Je niedriger der Wert, desto geringer, je höher der Wert, desto schwerwiegender werden die aus finanziellen Belastungen resultierenden Einschränkungen von den Befragten beurteilt. Um den Grad der kumulierten Einschränkungen in allen fünf Versorgungsbereichen zu messen, wurden darüber hinaus die einzelnen Versorgungskomponenten über ein summierendes Verfahren zu einem einzigen Index zusammengefaßt[30]. Falls sich die Haushalte in allen Bereichen „sehr einschränken" müssen, erhalten sie den Wert 10, wenn sie sich hingegen in allen fünf Bereichen „nie" einschränken müssen, bekommen sie den Skalenwert 0 zugeordnet. Der Summenwert schwankt mithin zwischen 0 und 10. Je höher die Mittelwerte bei den einzelnen Komponenten und bei der zusammenfassenden Skala ausfallen, um so höher ist der Deprivationswert im Hinblick auf Einschränkungen.

Zur Überprüfung der Reliabilität der zusammenfassenden Skala wurde eine Itemanalyse durchgeführt. Sie führte zu dem Ergebnis, daß alle

[30] Vgl. hierzu die Erläuterungen in Teil 2, Abschnitt 4.2.

Schaubild 4.9: Besondere finanzielle Belastungen: Deprivationsanteile der Untersuchungspopulation nach Einkommenslagen

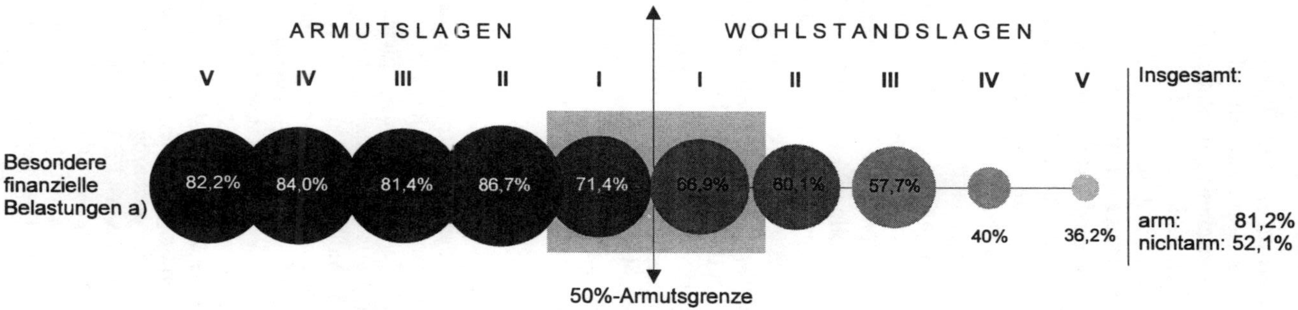

Anmerkung: a) Selbsteinschätzung der finanziellen Lage durch die Befragten.
Datenbasis: Ca-Dat. 91.

Versorgungskomponenten im Armuts- wie auch im Wohlstandsspektrum miteinander positive Korrelationen aufweisen[31]. Im Wohlstandsspektrum sind die (Pearsonschen) Korrelationskoeffizienten mit wenigen Ausnahmen höher als in der Gruppe der Armen. Der zusammenfassende Reliabilitätskoeffizient zur additiven Skala, „CRONBACHS ALPHA", liegt im Armutsbereich bei 0.61 und im Wohlstandsspektrum bei 0.71. Insgesamt sind diese Ergebnisse als Beleg dafür zu werten, daß alle Komponenten sich auf den interessierenden Sachverhalt beziehen und die Skala ein geeignetes Meßinstrument darstellt, um „Einschränkungen" zu erfassen.

Das Schaubild 4.10 (S. 191) vermittelt bemerkenswerte Zusammenhänge zwischen der Verteilung der Einkommenslagen und der Betroffenheit von Einschränkungen. Die ersten fünf Zeilen zeigen die durch Kreise symbolisierten Mittelwerte bei den einzelnen Komponenten der Versorgung an, die letzte Zeile gibt die Mittelwerte (Deprivationswerte) der auf den fünf Komponenten beruhenden Skala graphisch wieder. Wie die zusammenfassende Skala zeigt, müssen sich die Einkommensarmen insgesamt mehr einschränken (Skalenmittelwert = 8.17) als Nichtarme (Skalenmittelwert = 7.11). Interessanter sind aber die Ergebnisse der detaillierteren Quintilenanalyse.

In der ersten Einkommenslage des Armutsbereichs liegen die fünf Mittelwerte ohne Ausnahme unter dem Durchschnitt aller armen Befragungspersonen, und im Vergleich mit der ersten Wohlstandslage sind keine oder nur sehr geringe Differenzen (mit Ausnahme der Frei-

[31] Zur Itemanalyse wurde die SPSS-Prozedur RELIABILITY angewandt. Das Verfahren der Itemanalyse (Brosius 1989: 261-273) dient der Prüfung einer durch die Zusammenfassung „gleichartiger Komponenten" neugebildeten Skala (Variablen). Dabei geht es vor allem darum zu klären, ob die Skala den Anforderung an die Zuverlässigkeit (Reliabilität) besteht. Die einzelnen Komponenten werden auch als „items" bezeichnet, daher wird das Verfahren auch Itemanalyse genannt. Ein zusammenfassender Koeffizient zur Prüfung der Zuverlässigkeit der Skala ist CRONBACHS ALPHA. Sein Wertebereich kann zwischen 0 und 1 schwanken; je höher der Wert, desto „besser" die Qualität der neugebildeten Skala. Die Zuverlässigkeit einer Skala ist um so höher, desto größer die Korrelationen der einbezogenen Komponenten untereinander sind. Hierzu ist der Ausweis des PEARSONSCHEN KORRELATIONSKOEFFIZIENTEN angezeigt, der die Stärke des Zusammenhangs zwischen jeweils zwei Komponenten (Variablen) anzeigt. Seine Normierung verläuft zwischen -1 und +1, so daß die Richtung des Zusammenhangs erkennbar wird.

Schaubild 4.10: Einschränkungen aufgrund besonderer finanzieller Belastungen: Deprivationsanteile der Untersuchungspopulation nach Einkommenslagen

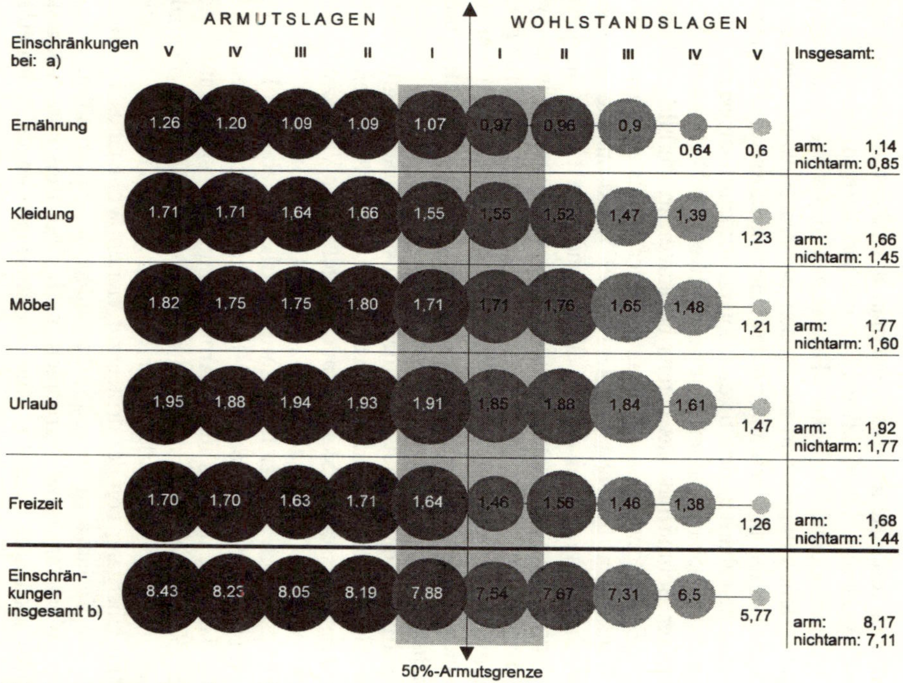

Anmerkungen: a) Mittelwerte einer 3-stufigen Skala, die von 0 bis 2 reicht.
b) Mittelwerte der alle fünf Komponenten zusammenfassenden Skala, die von 0 bis 10 reicht.

zeit) auszumachen.[32] Außer bei der Ernährung geht in den übrigen vier Bereichen mit steigendem Armutsgrad jedoch kein stetiges Ansteigen des Grads der Einschränkungen einher.

Prägnanter sind die Zusammenhänge im Wohlstandsspektrum. Neben dem wichtigen Resultat, daß in der ersten und selbst in der zweiten Wohlstandslage keine oder nur minimale Unterschiede zur ersten Armutslage festzustellen sind, kann man anhand der graphischen Darstellung wiederum einen „Bruch" zwischen dem dritten und vierten Wohlstandsquintil entdecken. Hier liegen überwiegend deutlich niedrigere Deprivationswerte als in den unteren Einkommenslagen vor. Dieser Befund ist auch anhand des zusammenfassenden Skalenmittelwertes belegbar. In den beiden oberen Einkommenslagen liegen die Werte deutlich unter dem Gesamtmittelwert der Nichtarmen. Auch ein weiterer Befund läßt das bereits bekannte Strukturbild, insbesondere den „Bruch" zwischen dritter und vierter Wohlstandslage, sehr deutlich erkennen: Im Schaubild 4.11 (S. 193) sind nur die „sehr starken Einschränkungen" bei der Ernährung und dem Urlaub ausgewiesen. Prägnant zeigt sich hier auch die deprivierte Situation in der vierten und vor allem in der fünften Armutslage bei der Ernährung. Ernährungsdefizite treffen in besorgniserregendem Ausmaß die ärmsten der Armen, nicht zuletzt viele verdeckt Arme, die auf die Unterstützungsleistungen des Sozialamts verzichten.

Der Einfluß des Armuts- und des Wohlstandsgrads - gruppiert nach Einkommenslagen - auf das Ausmaß der Einschränkungen anhand der zusammenfassenden Skala ist auch mittels einer Varianzanalyse überprüft worden (siehe Tabellen 4.A15 und 4.A16 im Anhang). Für den Armutsbereich zeigt sich ein zwar signifikanter aber nur kleiner empirischer F-Wert. Wie der Range-Test mitteilt, unterscheiden sich lediglich das erste und das fünfte Armutsquintil hochsignifikant voneinander. Klar dagegen ist das Bild im Einkommensbereich oberhalb der Armutsgrenze strukturiert. Zur Erhärtung der These eines „Bruchs" beim Übergang von der dritten zur vierten Wohlstandslage tragen daher die Varianzanalyse und insbesondere der multiple Range-Test bei. Der Wohlstandsgrad - gruppiert nach fünf Einkommenslagen - hat einen hochsignifikanten Einfluß auf Einschränkungen in den einzelnen

32 Die durchschnittliche Standardabweichung im Armutsbereich beträgt 1.68, im Wohlstandsbereich liegt sie bei 2.13. Lediglich das fünfte Wohlstandsquintil weist eine vergleichsweise hohe Standardabweichung aus. Das wird auf die privilegierte Situation der Einkommensstarken in dieser obersten Einkommenslage zurückzuführen sein; eine weitere Prüfung dieser Vermutung muß hier unterbleiben.

Schaubild 4.11: Sehr starke Einschränkungen aufgrund besonderer finanzieller Belastungen: Deprivationsanteile der Untersuchungspopulation nach Einkommenslagen

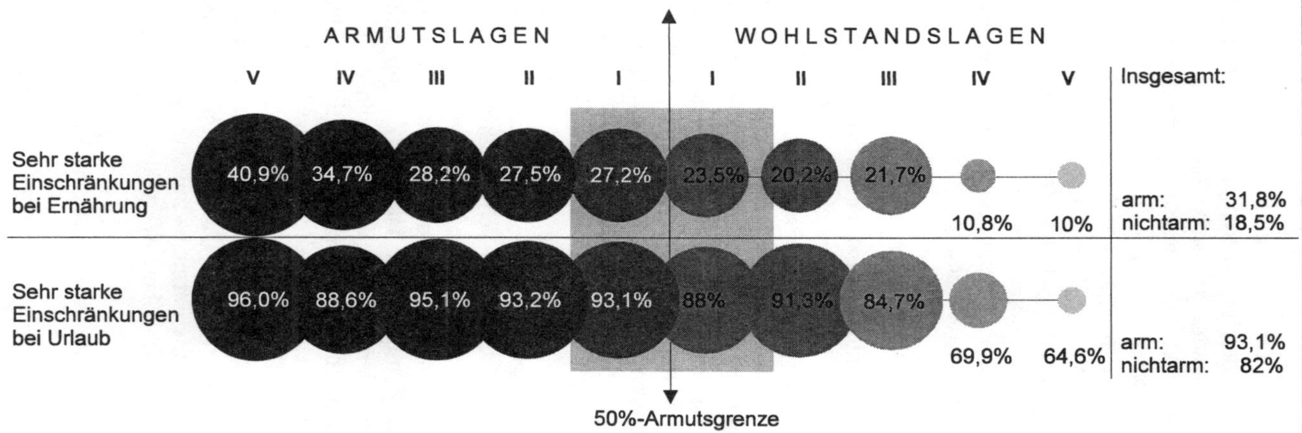

Datenbasis: Ca-Dat. 91.

Versorgungsbereichen (empirischer F-Wert = 15.5). Die ersten drei Wohlstandsfünftel unterscheiden sich jeweils hochsignifikant von den beiden oberen Wohlstandslagen (siehe Tabelle 4.A17 im Anhang). Die drei unteren Einkommenslagen weisen untereinander dagegen keine signifikanten Unterschiede auf. Die Strukturbruchthese läßt sich folglich nicht nur aus den sprunghaft ansteigenden Mittelwertdifferenzen zwischen dritter und vierter Wohlstandslage erschließen, sondern ist auch durch Signifikanztests gestützt. Bemerkenswert ist auch, daß die Gruppenmittelwerte der vierten und fünften Wohlstandslage voneinander abweichen, ohne aber besonders scharfe Konturen aufzuweisen (siehe die Tabelle 4.A16 im Anhang).[33]

5.3.3 Gesundheit und Besorgnisse

Zur Analyse der Gesundheitssituation werden die physische Konstitution und die seelische Befindlichkeit der Befragten betrachtet. Als „krank" gilt, wer unter einer Krankheit oder einer Behinderung leidet und dazu gezwungen war, den Beruf zu wechseln oder das Leben umzustellen, *und/oder* als schwerbehindert gilt. Wie das Schaubild 4.12 (S. 195) mitteilt, läßt sich keine Differenz hinsichtlich der gesundheitlichen Beeinträchtigung zwischen den Armen und den Nichtarmen erkennen; etwa jeder dritte Befragte ist als krank zu bezeichnen. Die Quintilenanalyse zeigt aber ein differenzierteres Bild und deckt die häufiger auftauchenden körperlichen Einschränkungen bei Befragten der vierten und fünften Armutslage auf. Die ärmsten der Armen sind außer von der finanziellen Notlage zusätzlich auch häufiger von andauernder Krankheit oder einer Schwerbehinderung betroffen. Hier kann nicht weiter der Frage nachgegangen werden, ob bei diesen Personen die Armut durch Krankheit oder Schwerbehinderung begründet ist. Oberhalb der Armutsgrenze ist kein Zusammenhang zwischen Krankheit und Quintilenzugehörigkeit zu erkennen.

Neben dem „harten" Indikator der gesundheitlichen Beeinträchtigung dient der Besorgnisindex dazu, die seelische Befindlichkeit der Befragten zu bewerten. Die aus fünf Items zusammengesetzte additive Skala kann Werte von 0 bis 5 annehmen und somit unterschiedliche Grade von Besorgnis erfassen.[34] Das Schaubild 4.13 (S. 195) demonstriert, daß die Einkommensarmen - mit Ausnahme der Befragten des ersten Quintils - allesamt höhere Werte des Besorgnisindexes aufwei-

---

[33] Siehe hierzu die Konfidenzintervalle in der Varianztabelle 4.A16 im Anhang.

[34] Vgl. hierzu die Ausführungen zu den Operationalisierungen in Teil 2, Abschnitt 4.3.

Schaubild 4.12: Gesundheitliche Beeinträchtigung: Deprivationsanteile der Untersuchungspopulation nach Einkommenslagen

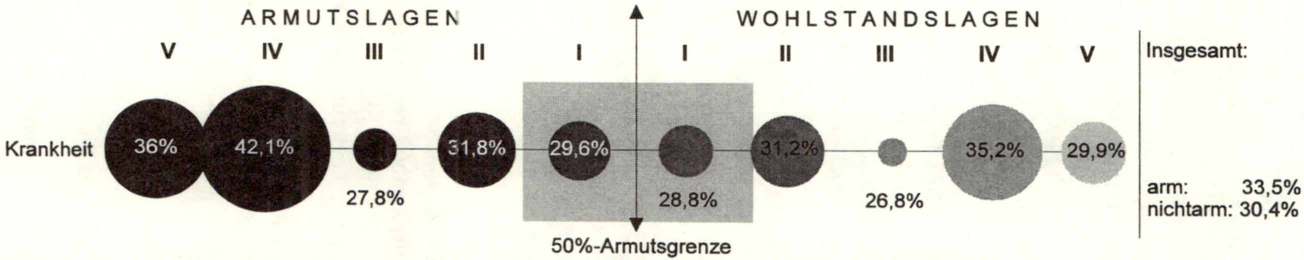

Anmerkung: Als "krank" gilt, wer unter einer Krankheit oder Behinderung leidet und dazu gezwungen war, den Beruf zu wechseln und/oder als schwerbehindert gilt.

Datenbasis: Ca-Dat. 91.

Schaubild 4.13: Besorgnisse: Deprivationsanteile der Untersuchungspopulation nach Einkommenslagen

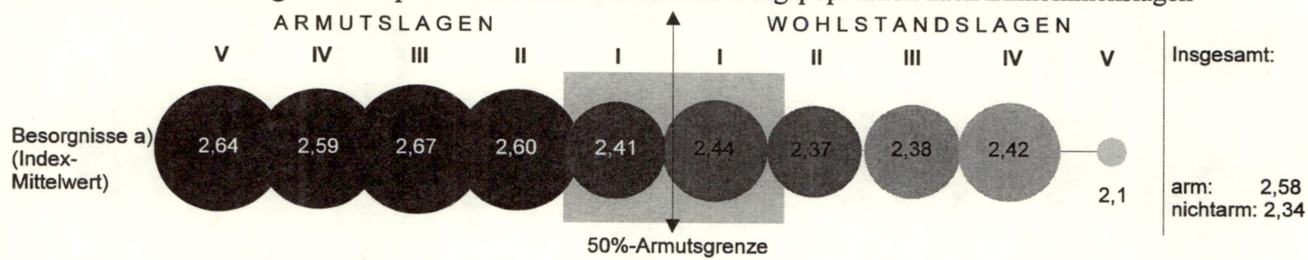

Anmerkung: a) Zusammenfassender, von 0 bis 5 reichender Mittelwert aus Besorgnissymptomen

Datenbasis: Ca-Dat. 91.

sen als die Gruppen der Nichtarmen; und nur in der höchsten Wohlstandslage ist der Mittelwert deutlich niedriger als in den anderen Einkommenslagen.
Um den Einfluß der Zugehörigkeit zu einer Einkommenslage auf das Ausmaß der Besorgnis abschätzen zu können, ist eine Itemanalyse mit Varianzanalyse und multiplen Range-Tests durchgeführt worden. Der Reliabilitätskoeffizient „CRONBACHS ALPHA" zur Besorgnisskala liegt sowohl im Armutsbereich als auch im Wohlstandsspektrum bei rund 0.69, was als Beleg für die hohe Qualität der Skala gewertet werden kann. Die Varianzanalyse widerlegt einen Zusammenhang zwischen Besorgnissen und Zugehörigkeit zu Armutslagen; die Ergebnisse sind nicht signifikant.[35] Auch der Range-Test liefert keine signifikanten Differenzen der Gruppenmittelwerte. Im Wohlstandsbereich ist nur ein sehr kleiner empirischer F-Wert zu entnehmen, der das Testniveau des Signifikanztests von 0.05 jedoch überschreitet.[36] Dennoch lassen die aus dem Range-Test ermittelten Gruppenabgrenzungen im Wohlstandsbereich im Durchschnitt auf eine günstigere seelische Befindlichkeit der Angehörigen der fünften Wohlstandslagen gegenüber den unteren Einkommenslagen schließen, wenngleich die Ergebnisse nicht hochsignifikant sind.
Abschließend bleibt festzuhalten, daß trotz des insgesamt höheren Grads an Befindlichkeitsstörungen unter Einkommensarmen keine hinreichenden Belege gewonnen werden konnten, die auf einen bemerkenswerten Einfluß der Einkommenslage auf die seelische Befindlichkeit der Befragten schließen lassen.

5.3.4 Subjektives Wohlbefinden

Als ein globales Maß subjektiven Wohlbefindens wird die Einschätzung der eigenen allgemeinen Lebenszufriedenheit bei den Befragten betrachtet. Sie ist auf einer einfachen elfstufigen Skala, die von 0 („ganz und gar unzufrieden") bis 10 („ganz und gar zufrieden") reicht, gemessen worden.
Um die ermittelten Werte auf der Skala für die verschiedenen Einkommensgruppen vergleichen zu können, seien zuvor einige repräsentative Ergebnisse für westdeutsche Bundesbürger für das Jahr 1988

[35] Der empirische F-Wert beträgt 0.863 bei einem Signifikanzniveau von 0.4854.
[36] Der empirische F-Wert beträgt 2.010 - bei Überschreiten des Testniveaus (0.0909).

genannt (vgl. hierzu Habich/Spellerberg 1994)[37]. Die Mehrheit der Westdeutschen ordnete sich im oberen Skalenbereich ein. Der Durchschnittswert lag 1988 bei 7.9. Der Anteil der eher Unzufriedenen, d.h. die Gruppe, die Skalenwerte zwischen 0 und 4 angab, war mit 3% erstaunlich klein. Auf dem anderen Ende der Skala ordneten sich 17% der Westdeutschen auf dem Skalenwert 10 ein. Erwähnenswert ist in diesem Zusammenhang, daß eine bedeutende Differenzierung der Angaben nach ausgewählten demographischen Merkmalen nicht festgestellt werden konnte. Kleinere Gruppendifferenzen ergaben sich bei Unterteilung der gesamten Einkommensskala in Quintile. Bei Personen im untersten Quintil beträgt der Durchschnittswert 7.5, während er im obersten Quintil bei 8.3 liegt. Herausragend ist die Diskrepanz hinsichtlich der Lebenszufriedenheit zwischen Erwerbstätigen (8.0) und Arbeitslosen (6.7) (ebd.: 423).

Welche Befunde ergeben sich nun aus der vorliegenden Untersuchung, insbesondere aus der Quintilenbetrachtung? Aus Schaubild 4.14 (S. 198) ist zunächst zu erkennen, daß die Durchschnittswerte der subjektiven Lebenszufriedenheit für die Armen (5.0) und Nichtarmen (5.7) deutlich unter den repräsentativen Mittelwerten für alle westdeutschen Bundesbürger liegen. Die Verteilung über die Einkommenslagen zeigt für die Angehörigen des Wohlstandsspektrums durchweg höhere Durchschnittswerte als für die Befragten in den fünf Armutslagen. Nimmt man den Anteil der eher Unzufriedenen als Maßstab für subjektive Deprivation, dann ist ebenfalls eine ungünstigere Befindlichkeit der Einkommensarmen festzustellen (siehe auch Schaubild 4.14). Die Unterschiede in den Einkommenslagen links und rechts der Armutsgrenze sind gering. Demgegenüber liegt die Teilgruppe der eher Unzufriedenen in der obersten Wohlstandslage mit rund einem Fünftel weit unter dem Durchschnitt aller Befragten.

Ob zwischen den Einkommenslagen signifikante Diskrepanzen beim subjektiven Wohlbefinden bestehen, ist wiederum durch eine einfache Varianzanalyse und Range-Tests überprüft worden. Im Armutsspektrum deuten weder der F-Wert noch der Range-Test auf signifikante Unterschiede hin.[38] Im Wohlstandsspektrum ist ein niedriger F-Wert

---

[37] Die Ergebnisse haben den Wohlfahrtssurvey 1988 als Datenbasis, dessen Grundgesamtheit alle Personen der deutschen Wohnbevölkerung umfaßt, die das 18. Lebensjahr vollendet haben und in Privathaushalten leben.

[38] Die Varianzanalyse mit dem Faktor „Armutslagen" und „allgemeine Lebenszufriedenheit" als abhängige Variable ergibt einen F-Wert von 0,801 (empirische Signifikanz = 0.5206). Der Range-Test weist weder bei einem vorgebenen Testniveau von 0.01 noch bei 0.05 signifikante Mittelwertdifferenzen aus; er wird nicht tabellarisch ausgewiesen.

Schaubild 4.14: Lebenszufriedenheit: Deprivationsanteile der Untersuchungspopulation nach Einkommenslagen

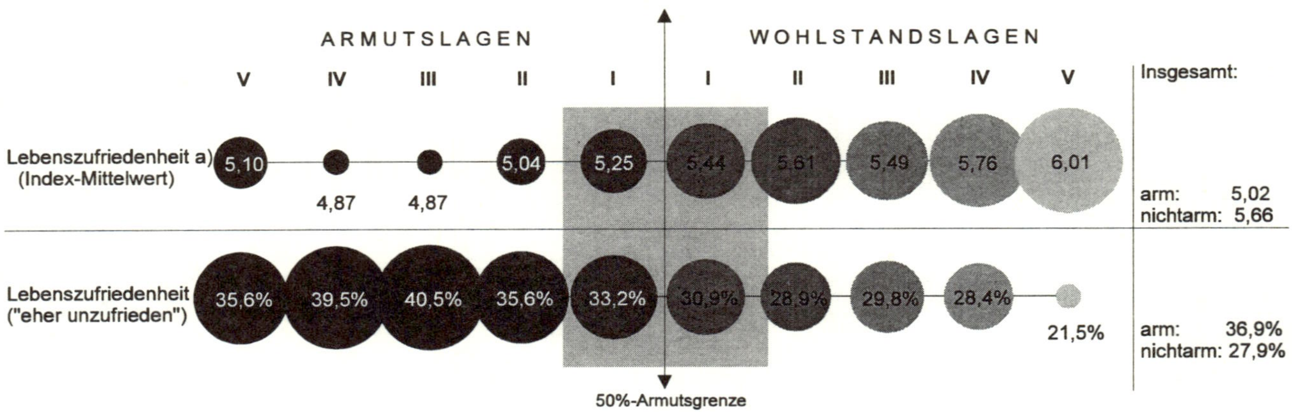

Anmerkung: a) 11-stufige Skala, die von 0 = "ganz und gar unzufrieden" bis 10 = "ganz und gar zufrieden" reicht
b) "eher unzufrieden" erfaßt die Skalenpunkte 0 bis 4

Datenbasis: Ca-Dat. 91.

etwas oberhalb des zulässigen 5%-Testniveaus festzustellen. Differenzen bei den Gruppenmittelwerten sind nur zwischen den Angehörigen der fünften Wohlstandslage einerseits und den Befragten in der ersten und zweiten Wohlstandslage andererseits signifikant. Wenngleich sich einige markante Unterschiede hervorheben lassen, wenn man den Anteil der Unzufriedenen betrachtet, spricht die Varianzanalyse eher gegen einen wirksamen Einfluß der Quintilenzugehörigkeit auf das subjektive Wohlbefinden.

Tabelle 4.22: Besorgnis und Lebenszufriedenheit

Einkommens-status	Besorgnissymptome und Lebenszufriedenheit						Ins-gesamt
	Kein Sympt.	1 Sympt.	2 Sympt.	3 Sympt.	4 Sympt.	5 Sympt.	
- Arme							
Gruppenanteil	12.1%	16.8%	17.1%	21.3%	20.5%	12.3%	100.0%
Durchschnittliche Lebenszufriedheit	7.3	6.5	5.7	4.6	4.0	2.9	5.1
Pearsonscher Korrelationskoeffizient r = 0.52							
- Nichtarme							
Gruppenanteil	16.5%	15.6%	21.4%	19.6%	17.5%	9.4%	100.0%
Durchschnittliche Lebenszufriedheit	7.4	6.8	6.2	5.0	4.3	3.7	5.7
Pearsonscher Korrelationskoeffizient r = 0.48							

Datenbasis: Ca-Dat. 91.

Eine bessere Erklärung für das Maß des subjektiven Wohlbefindens ergibt sich aus der Betroffenheit von Besorgnissymptomen. Hierzu wird die additive Skala verwendet, die zwischen 0 (kein Symptom) und 5 (5 Symptome) schwanken kann. Sind die Befragten „symptomfrei“, dann erreichen sie bei der Lebenszufriedenheit fast einen Durchschnittswert, wie er für die Bevölkerung Westdeutschlands gemessen wird (siehe Tabelle 4.22). Eine eindeutig (negative) Korrelation besteht zwischen der Anzahl der Besorgnissymptome und der Lebenszufriedenheit; linear mit steigender Anzahl der Symptome sinkt die durchschnittliche Lebenszufriedenheit. Dies gilt für die Armen ebenso wie für die Nichtarmen. Das unterstreichen die Korrelationskoeffizienten, die die Stärke des Zusammenhangs zwischen Besorgnis und Lebenszufriedenheit widerspiegeln: Die Pearsonschen Korrelationskoeffizienten „r“ betragen 0.52 (Arme) bzw. 0.48 (Nichtarme). Bei den Armen liegen bei steigender Kumulation die Durchschnittswerte immer unter denen der Nichtarmen. Es zeigt sich daher das gleiche

Grundmuster des Zusammenhangs, wenngleich auf differentem Niveau. Auch ist ein größerer Teil der Armen (54%) als der Nichtarmen (46,5%) mit drei oder mehr Besorgnissymptomen belastet.
Im Hinblick auf das subjektive Wohlbefinden ist resümierend festzuhalten, daß die Befragten im Vergleich mit der Gesamtbevölkerung in einem viel größeren Umfang und in einem viel höherem Ausmaß depriviert erscheinen. Die Lebenszufriedenheit ist jedoch weniger von der Zugehörigkeit zu Einkommenslagen als vielmehr vom Umfang der Besorgnisse beeinflußt.

5.3.5 Soziale Netzwerke

Soziale Kontakte gehören zu den zentralen sozialen Ressourcen. Zu den wichtigen strukturellen Merkmalen sozialer Netzwerke gehört ihre „Größe"; das ist die Anzahl der Personen, die ein Netzwerk umfaßt.[39] Von der Größe eines (persönlichen) Netzwerks hängt nicht zuletzt die Möglichkeit ab, flexibel und gezielt Hilfe für eigene Belange mobilisieren zu können.
Faßt man die Kategorien „vollkommen sozial isoliert" und die prekären Arten sozialer Integration („isolationsgefährdet" und „minimal sozial eingebunden") zu einer Kategorie „prekäres Netzwerk" zusammen (vgl. hierzu die Erläuterung in Teil 2, Abschnitt 4.5.), so ergibt sich ein doppelt so hohes Risiko sozialer Isolierung bei den Armen als bei den Nichtarmen (siehe Schaubild 4.15, S. 201). Dennoch ist der Mangel an sozialen Kontakten in den beiden unteren Armutslagen seltener anzutreffen als in den oberen. Die Angehörigen der drei oberen Wohlstandslagen können für sich eine deutlich günstigere Sozialintegration verbuchen als die Befragten aller anderen Einkommenslagen.
Von vollkommener sozialer Isolation und Isolationsgefährdung sind sowohl bei Einkommensarmen (6,2%) als auch bei Nichtarmen (3,8%) relativ wenige Befragte betroffen. Festzuhalten ist, daß sich beim sozialen Netzwerk - mit Ausnahme der Betroffenen der untersten Armutslage - eine das gesamte Armutsspektrum umfassende Schlechterstellung gegenüber den nichtarmen Befragten zeigt. Aber auch hier gilt: Mit steigender Ordnungszahl der Armutslagen vergrößert sich nicht - wie eingangs vermutet - der Anteil der Deprivierten. Anders im Nichtarmutsbereich, wo die Zusammenhänge offenkundiger erscheinen. Hier vergrößert sich mit steigendem Wohlstandsgrad das

[39] Andere als dieses strukturelle Merkmal der Größe eines Netzwerks wurde in der Caritasuntersuchung auch nicht erfaßt.

Schaubild 4.15: Soziales Netzwerk: Deprivationsanteile der Untersuchungspopulation nach Einkommenslagen

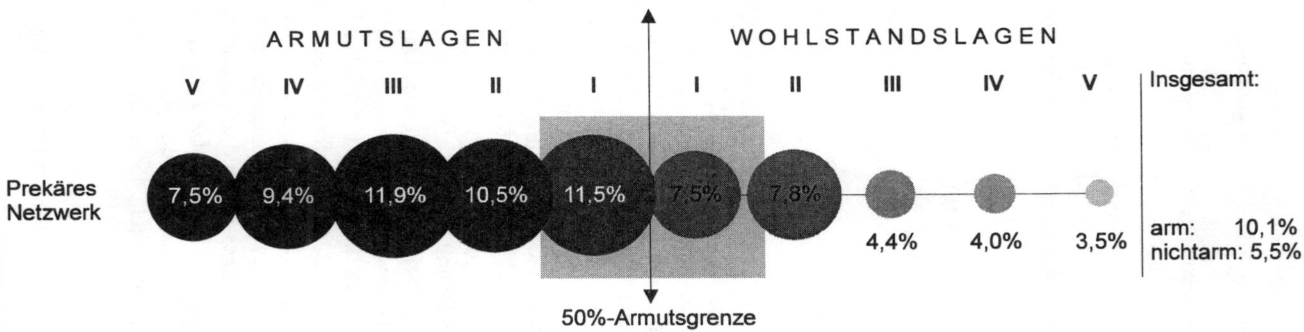

Anmerkung: Prekäres Netzwerk liegt vor, falls höchstens zwei Kontaktpartner existieren oder auch völlige Kontaktisolation vorliegt.
Datenbasis: Ca-Dat. 91.

soziale Kontaktnetz, wenngleich prekäre Formen sozialer Integration auch bei Wohlhabenden nicht völlig ausgeschlossen sind.

5.3.6 Verteilung der Lebenslagenpositionen und Kumulation von Deprivationen nach Einkommenslagen

In der bisherigen Quintilenanalyse wurden die Lebenslagenmerkmale jeweils separat betrachtet. Nun soll das gehäufte Auftreten von Deprivationen untersucht werden. Dazu werden drei wichtige Bereiche herangezogen[40]: (1) *Wohnen*, (2) *Einschränkungen* und (3) *Besorgnisse*. Als depriviert gilt:

(1) wer über weniger als einen Wohnraum oder über eine Wohnfläche von weniger als 20 qm verfügt,
(2) wer sich aus finanziellen Gründen „sehr stark" bei der Ernährung einschränken muß,
(3) wer durch drei oder mehr der fünf Besorgnissymptome[41] belastet ist.

Folgt man dem oben erläuterten Schema der Lebenslagenpositionen (siehe Schaubild 4.5 in Teil 4, Abschnitt 5.3.), so wird eine befragte Person, je nach Kombination von Einkommensstatus und defizitärer oder nicht-defizitärer Lebenslage, einer der vier Lebenslagenpositionen zugeordnet. Dabei genügt bereits ein Deprivationsmerkmal, um in der Zeile „mit Defizit" zu erscheinen. Die Tabelle 4.23 (S. 203) zeigt nun die prozentuale relative Häufigkeit jeder Lebenslagenposition bezogen auf die gesamte Untersuchungspopulation (Zellenprozente) und bezogen auf Arme und Nichtarme (Spaltenprozente).
Bei 29% der Untersuchungspopulation lassen sich weder im Bereich des Wohnens, der Ernährung noch bei Besorgnissen besondere Defizite ausmachen. Bei 71% liegt zumindest eine Deprivationskomponente vor. Die Einkommensarmen sind häufiger (78%) betroffen als die Nichtarmen (65,3%). Eine konsistente Armutslage, d.h. multiple Deprivation läßt sich bei 35% aller Befragten ausmachen. Die inkonsistenten Lagen sind erstens dadurch gekennzeichnet, daß bei 10% der Untersuchungspopulation zwar Einkommensarmut, aber kein anderes Defizit vorliegt, und zweitens durch die Verknüpfung von Nichtarmut und dem Vorliegen von anderen Defiziten bei 36% aller Befragten. Als ein erstes Fazit ist festzuhalten, daß bezogen auf die gesamte Untersuchungspopulation lediglich 19% in einer konsistenten Wohl-

[40] Das Vorliegen der einzelnen Deprivationskomponenten nach Einkommensstatus ist aus der Tabelle 4.A18 im Anhang zu ersehen.
[41] Vgl. hierzu Teil 4, Abschnitt 5.3.3.

standslage leben, sie sind weder von Einkommensarmut noch von anderen Mangelerscheinungen betroffen.

Tabelle 4.23: Einkommensstatus und Lebenslagenpositionen

Lebenslagen-position	Einkommensstatus a)		Insgesamt
	Arm	Nichtarm	
Ohne Defizit	Inkonsistente Armutslage	Konsistente Wohlstandslage	
Spalten-%	22.0%	34.8%	29.0%
Zellen-%	10.0%	19.0%	
Mit Defizit	Konsistente Armutslage	Inkonsistente Wohlstandslage	
Spalten-%	78.0%	65.2%	71.0%
Zellen-%	35.0%	36.0%	
Insgesamt	45.0%	55.0%	100.0%

Anmerkung: a) Geringe Prozentsatzdifferenzen des Einkommensstatus wegen Berechnungsprozeduren.
Datenbasis: Ca-Dat. 91.

Die Quintilendarstellung verhilft nun zu einer differenzierteren Betrachtung. Das Schaubild 4.16 (S. 204) gibt in der oberen Kreisgraphik die Quote der Gruppen in jeder Einkommenslage an, die kein Defizit haben, die untere Kreisgraphik stellt jene Gruppen dar, die zwei oder drei Deprivationskomponenten aufweisen.
Die Gegenläufigkeit der Kreisgrößen in beiden Schaubildern entspricht den Erwartungen. Nur 18% der ärmsten unter den Armen, aber fast 52% der Angehörigen der höchsten Einkommenslage sind von keiner der drei ausgewählten Deprivationen betroffen. Deprivationen in zwei oder drei Bereichen haben weit über ein Drittel in der finanziell am schlechtesten gestellten, aber lediglich 7,1% in der wohlhabensten Einkommenslage. Das Schaubild veranschaulicht eindrucksvoll, daß sich die privilegierte Position der konsistenten Wohlstandslage sehr unterschiedlich auf die fünf Einkommenslagen verteilt. Während in den drei unteren Wohlstandslagen die Differenzen hinsichtlich der Kumulation eher gering sind, fällt die vergleichsweise gute Plazierung der beiden oberen Einkommenslagen auf. Eine besonders günstige Lage findet sich vor allem in der höchsten Wohlstandslage, und das auffallende Muster des „Strukturbruchs" ist wiederum zu erkennen.

Schaubild 4.16: Kumulation von Deprivation: Anteile der Untersuchungspopulation nach Einkommenslagen

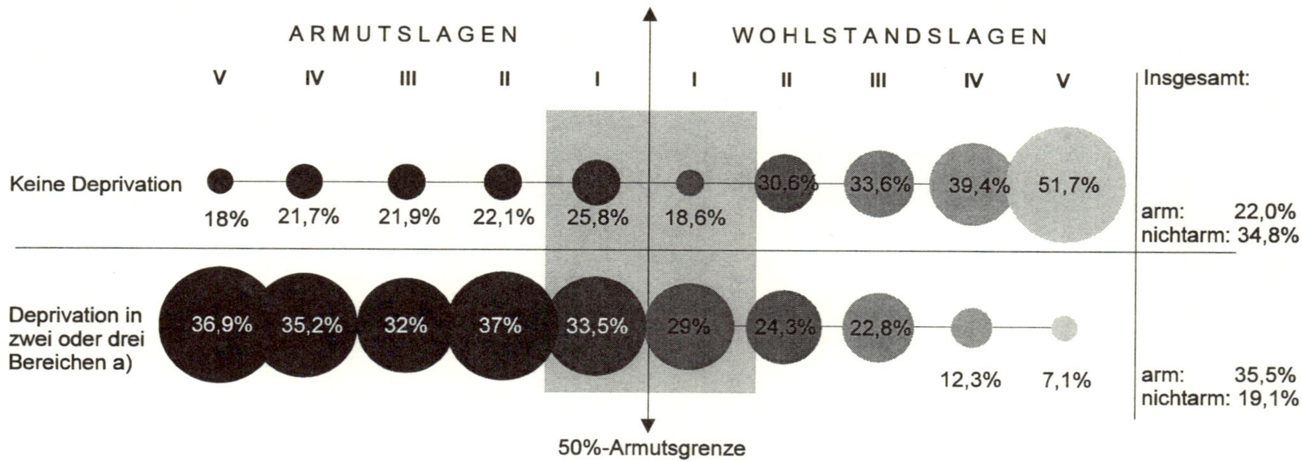

Anmerkung: a) Die Bereiche sind: 1. Wohnen, 2. Einschränkungen und 3. Besorgnisse. Zur Definition der Deprivationen vgl. den vorliegenden Abschnitt

Datenbasis: Ca-Dat. 91.

Die Unterschiede im Armutsspektrum hingegen sind eher marginal und folgen nicht der Erwartung, daß mit steigender Ordnungszahl des Quintils auch der Anteil der Deprivierten linear ansteigt. Die Unterschiede zwischen erster Armutslage und erster Wohlstandslage fallen wieder vergleichsweise gering aus.
Die Varianzanalyse und der Range-Test klären ebenfalls über den fehlenden Zusammenhang zwischen der Schwere der Armutslage und der Häufung der Deprivationen auf.[42] Aus den drei Deprivationskomponenten ist ein additiver Index gebildet worden, der Werte von „0“ bis „3“ annehmen kann; „0“ bedeutet, daß keine Deprivationskomponente vorliegt, „3“ bedeutet, daß alle drei gleichzeitig gegeben sind. Der Range-Test zeigt nur zwischen erster und fünfter Armutslage gruppenspezifische Differenzen. Anders im Wohlstandsspektrum: hier geht ein hochsignifikanter Einfluß vom Ausmaß des Wohlstands (gruppiert nach Einkommenslagen) auf die Häufung der Deprivationen aus. Die vierte und fünfte Wohlstandslage weisen zu den drei unteren hochsignifikante gruppenspezifische Unterschiede auf, ebenso wie sich auch vierte und fünfte Wohlstandslage signifikant voneinander unterscheiden.[43]
Basierend auf der Auswahl von drei verschiedenen Lebenslagenmerkmalen bleibt festzuhalten, daß Armut häufig, aber nicht immer mit (mehreren) Defiziten in anderen Lebensbereichen einhergeht. Eine Teilgruppe der Einkommensarmen ist „nur“ durch Einkommensarmut und keines der anderen ausgewählten Defizite belastet. Einkommensarmut ist folglich nicht immer als multiple Deprivation zu verstehen. Auf der anderen Seite sind die Nichtarmen nicht selten von anderen Beeinträchtigungen betroffen. Nicht nur die Abwesenheit von Einkommensarmut, sondern insbesondere das Ausmaß des Wohlstands (gruppiert nach Wohlstandslagen) hat einen herausragenden Einfluß auf die Ausgestaltung (und Qualität) der Lebenslage. Eine breite Sicherung des materiellen Lebensstandards einschließlich der Vermeidung von Beeinträchtigungen des subjektiven Wohlbefindens ist mehrheitlich nur in der höchsten Wohlstandslage gegeben. Festzuhalten bleibt dennoch, daß eine stattliche Minderheit (48,3%) in dieser Einkommenslage selbst bei guter finanzieller Ausstattung durch zumindest ein Defizit belastet ist, was der besonderen Lebenssituation der Untersuchungspopulation zuzuschreiben ist.

---

[42] Der F-Wert beträgt 1.478 bei beobachteter Signifikanz des F-Wertes von 0.2067.

[43] Der F-Wert beträgt 22.6477 und ist hochsignifikant.

6. Einkommenslagen zwischen Armut und Wohlstand

6.1. Diskussion der Ergebnisse für die Untersuchungspopulation

Die Unterteilung des Armuts- und Wohlstandsspektrums in zahlenmäßig jeweils fünf gleich große Einkommenslagen (Quintile), die sich im Grad der Armut bzw. des Wohlstands unterscheiden, erweitert die Aussagekraft der Sozialstruktur- und Lebenslagenanalyse erheblich. So zeigt sich, daß sich in den Einkommenslagen in der „Nahzone" der Armutsgrenze bei der Versorgungslage (Wohnen, Überschuldung, finanzielle Belastungen und Einschränkungen) die Anteile deprivierter Haushalte und Personen nur geringfügig voneinander unterscheiden. Besonders ausgeprägt ist hingegen die Besserstellung in den beiden oberen Wohlstandslagen. In diesem Bereich liegt der Anteil der Deprivierten signifikant niedriger als in den drei unteren Wohlstandslagen. Innerhalb des Armutsspektrums sind solche signifikanten Unterschiede zwischen den fünf Einkommenslagen sowohl hinsichtlich der Versorgungslage als auch hinsichtlich personenbezogener Dimensionen nur ausnahmsweise festzustellen. Bei personenbezogenen Bereichen (Gesundheit, Besorgnisse, subjektives Wohlbefinden und soziale Isolation) sind zwischen einzelnen armen und nichtarmen Einkommenslagen beachtliche Differenzen nachweisbar. Hervorhebenswert sind die hohen Deprivationswerte bei der Ernährung und bezüglich der gesundheitlichen Situation in den beiden Armutslagen, in denen sich die finanziell am schlechtesten Gestellten befinden. Sind die ärmsten der Armen zugleich mit mehreren Besorgnissymptomen belastet, so sinkt das subjektive Wohlbefinden der Betroffenen auf den niedrigsten der ermittelten Durchschnittswerte. Aber auch bei den personenbezogenen Dimensionen gilt, daß sich die Befragten in den beiden Einkommenslagen „links" und „rechts" der Armutsgrenze nur geringfügig unterscheiden. Dennoch implizieren die Ergebnisse nicht, daß mit steigender Ordungszahl des Armutsquintils sich auch gleichläufig das Ausmaß der personenbezogenen Deprivationen bzw. der Anteil der Deprivierten vergrößert, das Bild ist weitgehend heterogen. Oberhalb der Armutsgrenze besteht hingegen tendenziell ein negativer Zusammenhang zwischen Zugehörigkeit zur Einkommenslage und dem Ausmaß der Deprivation sowie dem Anteil der Deprivierten: Je höher die Wohlstandslage, desto weniger Deprivation liegt vor.

Welche Konsequenzen lassen sich aus diesen empirischen Ergebnissen ziehen? Der Befund eines „Strukturbruchs“ bei den *haushaltsbezogenen* Merkmalen zwischen dritter und vierter Wohlstandslage wirft die Frage auf, ob es eine Einkommensgrenze gibt, die angemessener als die relative Einkommensarmutsgrenze gut versorgte von weniger gut versorgten Bevölkerungsgruppen trennt. Auf diese Weise soll Einkommensarmut nicht neu definiert werden. Sie erscheint aber auf Basis der Befunde in einem anderen Licht angesichts der umfangreichen Versorgungsmängel auch im unteren Bereich der Wohlstandshierarchie.

Über drei Viertel (78%) der gesamten Untersuchungspopulation liegen unter dem Äquivalenzeinkommenspunkt, der die dritte und vierte Wohlstandslage voneinander trennt.[44] Dieser Äquivalenzeinkommenspunkt liegt bei 83,6%. Zwischen dieser Einkommensposition und der 50%-Armutsgrenze ist fast ein Drittel der Untersuchungspopulation plaziert. In den beiden unteren Wohlstandslagen zusammengenommen schwankt der Wohlstandsgrad nur zwischen 0,1% und 36,3%; in der dritten ist eine vergleichsweise breitere Streuung festzustellen (36,4%-67,2%). Wechselfälle und besondere Ereignisse des Lebens können im Einkommensbereich der drei unteren Wohlstandslagen in vielen Fällen zu einem Abgleiten unter die Armutsschwelle führen. Der Wohlstand in diesem Einkommensbereich kann als „prekär“ bezeichnet werden.

Erheblich größer ist die Spannweite und die Streuung der Wohlstandseinkommen in den beiden oberen Wohlstandslagen, ein wichtiger Faktor für die Erklärung der besseren Versorgungslage. Der öfter festgestellte „Strukturbruch“ zwischen dritter und vierter Wohlstandslage kann auch als eine *Wohlstandsschwelle* angesehen werden: *Die Lebenslagen der Haushalte links und rechts dieser Schwelle unterscheiden sich markanter voneinander als die Lebenslagen der in relativer Einkommensarmut Lebenden und derjenigen, die zwischen Armutsgrenze und Wohlstandsschwelle leben.* Daraus ist auch zu folgern, daß die Unterschiede zwischen den beiden oberen Wohlstandslagen und den Einkommensarmen „fundamental“ sind. In den beiden oberen Wohlstandslagen kann der Wohlstand als „gesichert“ angesehen werden, Wechselfälle des Lebens dürften i.d.R. nicht zur Folge haben, daß Verarmung eintritt.

Basierend auf den Ergebnissen zu den haushaltsbezogenen Lebenslagenmerkmalen können also drei Einkommensgruppen voneinander abgegrenzt werden:

---

[44] Vgl. hierzu ausführlich das Schaubild 4.3 in Teil 4, Abschnitt 4.3.

(a) die Einkommensarmut,
(b) prekärer Wohlstand,
(c) gesicherter Wohlstand.

Die Armutsgrenze trennt die Einkommenarmut und den prekären Wohlstand; eine Wohlstandsschwelle den prekären Wohlstand vom gesicherten Wohlstand. Auch wenn es den Anschein hat, stellt die Wohlstandsschwelle dennoch keine empirisch exakt ermittelte „Grenzlinie“ dar, nach deren Überschreiten eine sprunghafte Reduktion von Deprivationen einhergeht. Zu bedenken gilt auch, daß der Wohlstandsgrad in der vierten Wohlstandslage zwischen 67,5% und 125,6% variiert. Es ist möglich, daß hier ein allmählicher Übergang - und kein „Strukturbruch“ - besteht, der durch die Quintileneinteilung überdeckt wird. Dennoch scheint die Wohlstandsschwelle viel stärker als die relative (50%-)Armutsgrenze auf sozialstrukturelle Grenzlinien in der unteren Wohlstandshierarchie hinzuweisen, deren weitere Prüfung und Aufhellung sich die Armutsforschung zu einem neuen Ziel setzen könnte.
Werfen wir daher noch einen anderen Blick auf die Ergebnisse. Wie bereits gezeigt werden konnte, ist die Spannweite des Wohlstandsgrads innerhalb der vierten Wohlstandslage (67,3% bis 125,6%) annähernd so groß wie in den drei unteren Wohlstandslagen (0,1% bis 67,2%) (vgl. Schaubild 4.3, S. 151). Der gesicherte Wohlstand zeichnet sich im Vergleich mit den Einkommenslagen des prekären Wohlstands durch eine signifikant begünstigtere Versorgungslage in wichtigen Lebensbereichen aus. Das gleiche Bild zeigt sich, wenn man die Deprivationswerte in den einzelnen betrachteten Bereichen der drei unteren Wohlstandslagen zu einem Durchschnittswert zusammenfaßt und mit denen der vierten und fünften Wohlstandslage vergleicht.
Legt man nun die Wohlstandsschwelle (vereinfachend) am Übergangspunkt zwischen dritter und vierter Wohlstandslage fest, dann kann die prozentuale Verteilung der Untersuchungspopulation auf die Einkommensgruppen wie in Schaubild 4.17 (S. 209) dargestellt werden. Demnach befinden sich 46% der Befragten (bzw. Haushalte) in Armut, 32% in prekärem Wohlstand und lediglich 22% in gesichertem Wohlstand.
Bei dieser Darstellung wurden die personenbezogenen Komponenten der Lebenslage ausgeblendet. Die Ergebnisse hierzu fügen sich nicht in das oben gezeichnete Bild des engen Zusammenhangs von Einkommenslage und Lebenslage ein. Körperliche Gesundheit und seelische Befindlichkeit, soziale Beziehungen und subjektives Wohlbefinden sind zwar nicht unabhängig von der Einkommenslage, wie das die

Ergebnisse und auch repräsentative Untersuchungen belegen, doch scheinen diese *immateriellen* Komponenten weniger gut durch die Einkommenslage strukturiert und erklärbar zu sein wie die „harten" einkommenssensiblen *materiellen* Komponenten der Lebenslage.

Schaubild 4.17: Die drei Einkommensgruppen der Untersuchungspopulation getrennt durch Armutsgrenze und Wohlstandsschwelle

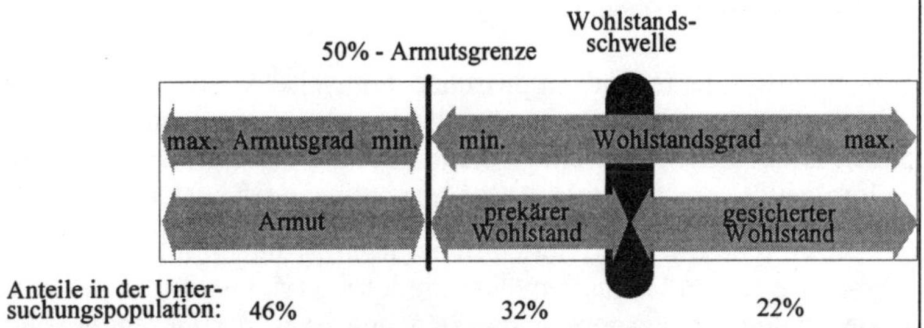

Da die zeitliche Entwicklung der Einkommenssituation der untersuchten Population nicht bekannt ist, fehlt eine zentrale Informationsgrundlage, um Verbleib und Fluktuation in den Einkommenslagen abklären zu können. Die gefundenen Zusammenhänge zwischen der Zugehörigkeit zu Armuts- und Wohlstandslagen und dem Umfang von Deprivation sind Ergebnisse einer Zeitpunktbetrachtung. Bei Berücksichtigung der Zeitdimension wäre zu fragen, ob und in welchem Ausmaß sich die (haushaltsbezogene) Versorgungslage bei Veränderungen der Einkommenslage ändert. Der Sprung von niedrigeren Einkommenslagen in höhere - insbesondere im Wohlstandsspektrum - wird, wenn eine dauerhafte Konsolidierung in den höheren Lagen stattfindet, womöglich auch Veränderungen in der Versorgungslage nach sich ziehen. Ein nur kurzfristiges Verweilen in den beiden oberen Wohlstandslagen wird hingegen kaum Änderungen der Lebenslage mit sich bringen. Ungeklärt ist auch die Frage, ob und in welchem Ausmaß Anpassungen der Versorgungslage bei Abstiegen in untere Einkommenslagen erfolgen. Es dürfte beim Wechsel in andere Einkommenslagen erheblich von der Dauer des anschließenden Verbleibs abhängen, ob und in welcher Form Anpassungen (Verbesserung oder Verschlechterung der Versorgungslage) stattfinden. Der Problematik von Einkommensmobilität geht die Forschung erst seit einigen Jahren nach. Erste empirische Befunde liegen vor und führen langsam, wie

Bild sozialer Ungleichheit und Armut - aber auch zu problematischen Schlußfolgerungen. Einige Ergebnisse der Einkommensmobilitätsforschung sollen nun etwas ausführlicher diskutiert werden. Ziel der Ausführungen soll es sein, die „These der Wohlstandsschwelle" mit Blick auf die Gesamtbevölkerung zu diskutieren.

6.2 Folgerungen aus den Ergebnissen für die Gesamtbevölkerung unter Berücksichtigung der neueren Einkommensmobilitätsforschung

Welche Argumente und empirischen Hinweise können nun für die „Existenz" einer Wohlstandsschwelle innerhalb des bundesdeutschen Systems sozialer Ungleichheit herangezogen werden? Hierzu lassen sich folgende hypothetische Ausgangsüberlegungen anstellen:

(a) Die Anteile der Deprivierten in der nach Armuts- und Wohlstandslagen eingeteilten Gesamtbevölkerung dürften viel niedriger liegen als in der Untersuchungspopulation. Dennoch ist in der Gesamtbevölkerung ein Auseinanderfallen von Versorgungsniveaus bei wichtigen Komponenten der Lebenslage in Abhängigkeit von der Einkommenslage als wahrscheinlich anzunehmen. Denn:

(b) Die relative Stabilität der bundesdeutschen Einkommensverteilung - wie auch die vergleichsweise große Stabilität personeller (individueller) Einkommenslagen - dürfte auch mit einer „Stabilität" in wichtigen Versorgungsbereichen korrespondieren. Kleinere Einkommensfluktuationen ziehen keine einschneidenden Veränderungen z.B. bei der Ausstattung mit Wohnraum oder den Gewohnheiten bei der Ernährung oder in der Freizeitgestaltung nach sich. Hierbei ist zu berücksichtigen, daß der „Sprung" zum Beispiel von der ersten Wohlstandslage zur zweiten nur einer relativ geringen Verbesserung der Äquivalenzeinkommensposition bedarf. Veränderungen der Einkommenssituation, die in unteren Einkommenslagen stattfinden, dürften wegen der relativ geringen Spannweiten von Armutsgrad und Wohlstandsgrad besonders im Armutsbereich und im prekären Wohlstand keine einschneidende Veränderung der Lebenslage nach sich ziehen.[45] Anders kann sich allerdings der Übergang von dritter zu vierter Wohl-

[45] Die Abgrenzung von Einkommenslagen liegt zunächst einmal im Ermessen der Forscher; Ergebnisse sind abhängig von der Definition und der Lokalisierung der Grenzen zwischen ebendiesen Einkommenslagen.

standslage gestalten. Hierbei kann es sich schon um eine beachtliche Verbesserung der Einkommenssitutation handeln.

Bei den bisherigen Einkommensmobilitätsbeobachtungen sind die möglichen Veränderungen der Lebenslage unter dem Einfluß der Einkommensänderungen völlig außer acht gelassen worden. Der Zusammenhang zwischen Zugehörigkeit zu Einkommenslagen und Deprivationen in der Gesamtbevölkerung im Zeitablauf ist bis heute nur sehr selten Gegenstand empirischer (Querschnitts-)Untersuchungen gewesen.[46] Hier sind erhebliche Forschungsdefizite bemerkbar. Bevor einige allgemeine Folgerungen bezüglich des Zusammenhangs zwischen Einkommenslage und Deprivationen gezogen werden sollen, sind ausgewählte Befunde der Einkommensmobilitätsforschung zu würdigen.
Vor dem Hintergrund der in Querschnittsbetrachtungen festgestellten großen Stabilität der globalen Einkommensverteilung war die Beobachtung vielfältiger Einkommensmobilitätsprozesse in der Längsschnittbetrachtung zunächst überraschend. Neuerdings wird von einer „großen individuellen Einkommensmobilität in der Längsschnittbetrachtung" berichtet (Müller u.a. 1995: 90). Personen und Haushalte wechseln im Laufe der Zeit die Einkommenslage[47], sie steigen in höhere auf oder steigen in niedrigere ab. Doch spielt es eine erhebliche Rolle, gerade im Hinblick auf die Ausgestaltung der Lebenslage, wie weit diese Auf- und Abstiege reichen: Findet der Wechsel lediglich zwischen benachbarten Einkommenslagen im unteren Einkommensspektrum (unterhalb der Wohlstandsschwelle) statt, so läßt sich schwerlich von „großer individueller Einkommensmobilität" sprechen. Jüngste Ergebnisse zur relativen Veränderung der Äquivalenzeinkommensposition bei westdeutschen „Längsschnittpersonen"[48] von 1990 bis 1992 zeigen zwar zahlreiche Einkommensmobilitätsprozesse, die sich in ihrem Ausmaß jedoch in Grenzen halten.[49] Definiert man

---

[46] Vergleichbare kleinere Forschungen hierzu wurden schon Mitte der 80er Jahre angestellt (Berger 1984a; dies. 1984b). Hier ist der Zusammenhang zwischen Einkommenquintilen (bzw. -dezilen) und Deprivationen Gegenstand der Untersuchungen. Den Zusammenhang von Niedrigeinkommen und verschiedenen Unterversorgungserscheinungen hat auch Andrea Schott-Winterer (1990) untersucht.

[47] Bei Müller u.a. (1995) handelt es sich nicht um Einkommenslagen in der hier definierten Form, sondern um „Klassen von Vielfachen des durchschnittlichen Äquivalenzeinkommens".

[48] Das sind Personen, die zu allen interessierenden Befragungszeitpunkten (1990, 1991, 1992) am SOEP teilgenommen haben.

[49] Zur Diskussion individueller Mobilitätsprozesse in den 80er Jahren kann auch die Arbeit von Roland Berntsen (1991) herangezogen werden. Die

relative Einkommensaufstiege und -abstiege als prozentuale Veränderungen der individuellen Äquivalenzeinkommensposition, dann erhält man in der Längsschnittbetrachtung bei 40% der Personen in Westdeutschland Auf- bzw. Abstiege, die weniger als 10% betragen.[50] Das kann zu Recht als „mehr oder weniger stabile(r) Bereich" angesehen werden (ebd.: 92). Weitere 36% erfahren eine Veränderung ihrer relativen Einkommensposition zwischen 10% und 30%. Da bei diesen prozentualen Veränderungen das Ausgangsniveau der Einkommensveränderungen nicht bekannt ist, kann daraus nicht abgeleitet werden, ob sie etwa zu einer Abschwächung der Einkommensungleichheit geführt haben. Aussagekräftiger in dieser Hinsicht sind Befunde der gleichen Forschergruppe zum Verbleib und zur Fluktuation von Personen in Klassen von Nettoäquivalenzeinkommensvielfachen.[51] Von den westdeutschen Personen, die 1990 weniger als 50% des durchschnittlichen Äquivalenzeinkommens zur Verfügung hatten, befanden sich im Jahr 1992 noch immer (oder schon wieder[52]) rund 53% unterhalb der relativen (klassischen) Armutsgrenze; 31% schafften einen Aufstieg in das benachbarte Vielfache (0,5 bis 0,75). Weitere 16,2% schafften den Sprung über die 75%-Grenze, davon waren es aber nur 1,9%, die 1992 über mehr als das 1,25-fache des durchschnittlichen Äquivalenzeinkommens verfügten, was sich fallzahlbedingt aber nicht mehr statistisch sicher belegen läßt. Von denjenigen, die 1990 der Klasse zwischen 50% und 75% angehörten, waren 1992 noch immer 55,4% darin plaziert; 13,5% hatten zwischenzeitlich die Armutsgrenze unterschritten, 22,6% erreichten das nächsthöhere Vielfache (0,75-

---

Ergebnisse widersprechen nicht den hier vorgenommenen Interpretationen.

50 Die „prozentualen Veränderungen der individuellen Äquivalenzeinkommensposition" sind identisch mit den in dieser Untersuchung verwendeten Meßgrößen Armutsgrad und Wohlstandsgrad - in dieser Untersuchung allerdings mit dem Ausgangspunkt der wohnkostenbereinigten 50%-Armutsgrenze.

51 Die nachfolgenden Ergebnisse beruhen auf eigenen Berechnungen anhand der Tabelle 4.A20 und der Tabelle 4.A1 im Anhang.

52 Da bei den Berechnungen nur die Ausgangssituation (1990) mit der Endsituation (1992) verglichen wird, werden bestimmte Mobilitätsprozesse ausgeblendet. In den Jahren 1990 und 1992 derselben Einkommensklasse anzugehören, muß nicht notwendigerweise auch für 1991 gelten. Vermutlich dürfte sich jedoch die Einkommenssituation der Untersuchungspersonen 1991 nicht wesentlich von der in den beiden anderen Jahren unterschieden haben.

1,00), und lediglich 6,3% wechselten in noch höhere Einkommensklassen.
Auf der anderen Seite, der Spitze des Einkommensspektrums, läßt sich feststellen, daß von den Personen, die im Jahr 1990 über das Zweifache des durchschnittlichen Nettoäquivalenzeinkommens verfügten, im Jahr 1992 immerhin rund 45% in eine untere Klasse abgestiegen waren. Davon sind jedoch nur rund 11% unter die Grenze des 1,25-fachen abgestiegen; im einzelnen lassen sich fallzahlbedingt aber keine Aussagen darüber machen, wie weit der Abstieg für diese Teilgruppe reicht.
Einige weitere Zahlen der Sekundäranalyse der Fluktuationsprozesse sind ebenso aufschlußreich und sprechen nicht für eine besonders ausgeprägte individuelle Mobilität von höheren in untere Einkommensklassen (unter 50% und 50% bis unter 75%) oder von unteren in höhere Klassen. Im Jahr 1990 verteilten sich 36,1% der Westdeutschen auf den Bereich unterhalb der 75%-Grenze und 64,9% darüber. Von der wohlhabenderen Gruppe, die 1990 über ein durchschnittliches Äquivalenzeinkommen von 75% und mehr verfügten, sind im Beobachtungszeitraum rund 13% (das entspricht 8% der Gesamtbevölkerung) in den unteren Bereich abgestiegen. Eindringlich auch noch folgender Beleg: Über ein Nettoäquivalenzeinkommen, das die 100%-Grenze übersteigt, verfügten 1990 rund 40% der Bevölkerung. Von diesen sind bis 1992 nur 5,5% - d.h. jeder achzehnte - unter die 75%-Grenze abgestiegen. Auf der anderen Seite schafften von jenen 36,1% der Bevölkerung, die unter der 75%-Grenze angesiedelt waren, rund 27% den Aufstieg in höhere Einkommensklassen. Lediglich jede dreizehnte Person (7,9%) überschritt dabei im Beobachtungszeitraum die 100%-Grenze.
Daraus läßt sich der Schluß ziehen: Einkommensarme und Personen im unteren Spektrum der Einkommenshierarchie (unter 75% des Nettoäquivalenzeinkommens) können im Laufe der Zeit damit rechnen, in die nächsthöhere(n) Einkommensklasse(n) aufzusteigen oder einen bereits erreichten bescheidenen Wohlstand aufrechtzuerhalten. Alles in allem scheint ihre Teilhabe am gesellschaftlichen Reichtum aber begrenzt zu sein und auch zu bleiben. Im höheren Einkommensspektrum (Nettoäquivalenzeinkommen von 100% und mehr), das durch gut zwei Fünftel der Bevölkerung besetzt wird, müssen zwar nicht wenige Personen mit einer Verschlechterung ihrer Einkommenssituation rechnen, aber nur sehr wenige trifft ein Absturz in die unteren Segmente der Einkommenshierarchie (unter die 75%-Grenze). Sopp (1994: 68f.) kommt bei seinen Einkommensmobilitätsuntersuchungen für den Zeitraum von 1985 bis 1990 auf der Basis des SOEP zum Ergebnis, daß

„am oberen Ende und am unteren Ende der Einkommenshierarchie von einer Verfestigung von Einkommensungleichheit“ gesprochen werden kann, während in den mittleren Einkommensgruppen viel häufiger Auf- oder Abstiege in „nahegelegene Kategorien“ aufzutreten scheinen.

Resümiert man diese Ergebnisse, so läßt sich folgern, daß im zeitlichen Verlauf für große Teile der Bevölkerung Einkommensmobilität auf individueller Ebene stattfindet, die sich jedoch eng um das Ausgangsniveau herum bewegt. Diese Aussagen für die Gesamtbevölkerung stützen sich auf Untersuchungen für einen Beobachtungszeitraum von drei Jahren (wie bei Müller u.a. 1995) bis zu sechs Jahren (wie bei Sopp 1994). Weitere differenziertere (z.B. nach Sozial- und Risikomerkmalen aufgeschlüsselte) und zeitlich längere Beobachtungen von individuellen Einkommensverläufen sind notwendig, um Mobilitätsprozesse noch besser rekonstruieren und beurteilen zu können. Die bislang vorgelegten Ergebnisse konturieren ein gesamtgesellschaftliches Bild der Einkommensdisparität, das sich durch eine *hohe Stabilität der globalen Gesamtverteilung* der Einkommen einerseits und durch nur *begrenzte individuelle Einkommensmobilitätsprozesse* andererseits auszeichnet - weshalb alles in allem von einer relativ hohen Stabilität der Einkommensdisparität gesprochen werden kann. Zu berücksichtigen ist allerdings auch, daß aufgrund der gleichzeitig auftretenden häufigen Fluktuation - wenn auch meist geringen Ausmaßes - nur ein geringer Teil der Bevölkerung dauerhaft in Armut verharrt.

Diese gesamtgesellschaftlichen Befunde sprechen dafür, daß Personen aus mittleren und höheren Einkommenlagen nur ein kleines Risiko tragen, im Zeitablauf in untere Einkommenslagen absteigen zu müssen. Und für Angehörige der unteren Einkommenslagen stehen die Chancen eher schlecht, in die mittlere und natürlich in die höhere Einkommenshierarchie aufsteigen zu können. Bislang unzureichend beantwortet ist, wie groß der Anteil derjenigen ist, die nach Aufstiegen oder Abstiegen dauerhaft in der neuen Einkommenslage verbleiben. Wie sich dauerhafte oder kurzfristige Aufstiege oder Abstiege im Hinblick auf die Ausgestaltung der Lebenslage und die Vermeidung von Deprivationen auswirken, ist hingegen ein völlig ungeklärte empirische Frage. Es erscheint plausibel, davon auszugehen, daß mit der Zugehörigkeit zu einer mittleren und insbesondere zu einer höheren Einkommenslage[53] alle wichtigen materiellen Güter in ausreichendem

[53] Mit einer „mittleren“ Einkommenslage soll hier der mittlere Einkommensbereich der vierten Wohlstandslage bezeichnet werden, der zwi-

Umfang erwerbbar sind. Bei nur geringem Risiko, einen Abstieg in untere Einkommenslagen zu erfahren, ist von einer weitgehend dauerhaften Sicherung des materiellen Wohlstands für Angehörige dieser Einkommenslagen auszugehen. Anders dagegen dürfte sich die Lage der Bevölkerungsteile gestalten, die dem hier so bezeichneten prekären Wohlstand und dem Armutssegment angehören. Die Ergebnisse dieser Untersuchung vermitteln mehrere wichtige Hinweise, daß (materielle) Deprivationen weit verbreitet sind. Die geringen Chancen, aus den unteren Wohlstandslagen in mittlere und vor allem aber in höhere aufzusteigen, sprechen dafür, auch von längerfristigen Deprivationen bei vielen Betroffenen auszugehen.

Schaubild 4.18: Schätzung der Verteilung der Gesamtbevölkerung auf drei Einkommensgruppen getrennt durch Armutsgrenze und Wohlstandsschwelle

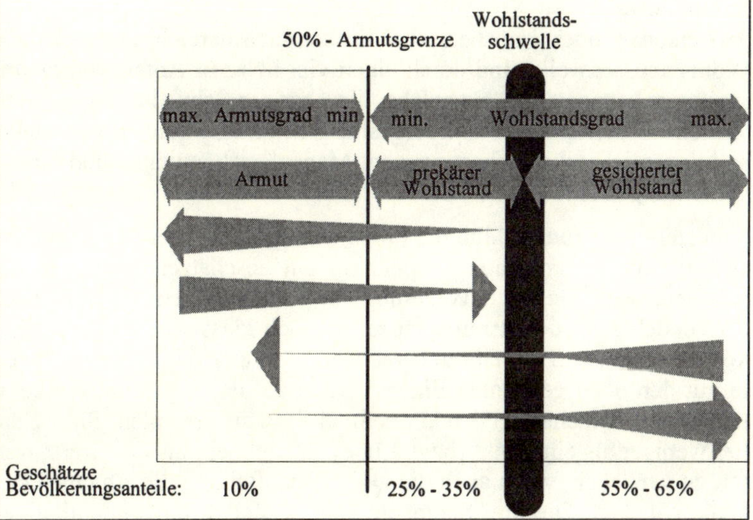

Die Eigenschaften einer Wohlstandsschwelle für das westdeutsche Ungleicheitsgefüge könnten somit resümierend wie folgt charakterisiert werden (siehe hierzu Schaubild 4.18):

---

schen rund 85% und 115% des Äquivalenzeinkommens liegt. Die „höhere" beginnt bei der Einkommensposition von über 115%.

(a) Die Wohlstandsschwelle wird im Zeitablauf (mittelfristig) nur von relativ wenigen Personen oder Haushalten überschritten und nur von wenigen unterschritten (siehe die Pfeile in Schaubild 4.18). Das Überschreiten und Unterschreiten der Schwelle führt nur bei längerfristiger „Ansiedlung" in einer höheren oder niedrigeren Einkommenslage auch zu einer Besserstellung oder Schlechterstellung der Lebenslage.
(b) Große Teile der Personen oder Haushalte, deren Einkommen zwischen Armutsgrenze und Wohlstandsschwelle liegen - die also in prekärem Wohlstand leben - sind armutsgefährdet. Das gilt bei Eintreten besonderer individueller und familialer Ereignisse, wie z.B. Scheidung, Geburt eines Kindes, Verlust des Arbeitsplatzes. Bei einem langfristigen (Erwerbs-)Einkommensbezug im Bereich des prekären Wohlstands dürften zudem die Lohnersatzleistungen und auch die Altersversorgung, insbesondere die Hinterbliebenenabsicherung, nicht selten unzureichend sein, was zur „neuen Armut" und Altersarmut führen dürfte.
(c) Personen oder Haushalte im Einkommensbereich unterhalb der Wohlstandsschwelle sind durch einen viel höheren Anteil von Deprivierten gekennzeichnet als solche, die über der Schwelle liegen. Individuelle Lebenschancen und relevante Bedürfnisse können von vielen nicht ausreichend gesichert werden; Mangelerscheinungen und Unterversorgungen sind relativ weit verbreitet.

Nun stellt sich zum Schluß die Frage, wie groß die drei Segmente, die sich für die Untersuchungspopulation gut abschätzen lassen, in der westdeutschen Gesamtbevölkerung zu veranschlagen sind. Je nach Zugrundelegung der Armutsgrenze, ob nach klassischem oder wohnkostenbereinigtem Verfahren berechnet, wäre eine Wohlstandsschwelle mit den oben genannten Eigenschaften auf der Äquivalenzeinkommensskala zwischen 75% und maximal 85% zu vermuten. Sie ist daher weniger als ein Punkt (bzw. Linie) als vielmehr als ein Grenzstreifen zu verstehen, wenn auch die Quintilenaufteilung die Angabe einer Linie nahelegt. Die drei Segmente sind bezüglich ihres quantitativen Umfangs wie folgt abzuschätzen: Die Einkommensarmut umfaßt etwa 10%, der „prekäre Wohlstand" wird zwischen 25% und 35% und der „gesicherte Wohlstand" zwischen 55% und stattlichen 65% der westdeutschen Bevölkerung zu beziffern sein[54]. Je nach Perspektive sind unterschiedliche Bewertungen dieser *geschätzten* Zahlen möglich. Einerseits könnte von Westdeutschland als einer überwiegend wohl-

---

[54] Grundlage für diese Schätzung ist die Tabelle 4.A1 im Anhang zur Verteilung der Bevölkerung auf Klassen von Vielfachen des durchschnittlichen Nettoäquivalenzeinkommens.

habenden und auch reichen Gesellschaft gesprochen werden. Andererseits umfassen Armut und prekärer Wohlstand zusammen immerhin gut ein Drittel der Gesellschaft.
Eine andere Frage ist, ob hieraus auf die Existenz einer Zwei-Drittel-Gesellschaft geschlossen werden kann. Die Dreiteilung der Einkommenshierarchie - in Armut, prekären Wohlstand und gesicherten Wohlstand - beinhaltet keine rigide Aufspaltung der Gesellschaft. Durchlässigkeiten, d.h. (Einkommens-)Fluktuationen, sind gegeben und ein Wesensmerkmal der Gesellschaft. Obwohl dort Deprivationen häufiger auftreten, sind nicht wenige derjenigen, die dem prekären Wohlstand angehören, mit den wichtigen Gütern des alltäglichen Bedarfs versorgt. Und ebenso ist nicht nur eine kleine Minderheit unter den Armen von einer ausreichenden Versorgung in vielen Bereichen nicht per Definition ausgeschlossen. Armut ist nicht mit multipler Deprivation, einer alle Bereiche des Lebens umfassenden Mangelversorgung, gleichzusetzen. Dennoch konzentrieren sich materielle Unterversorgungen und große soziale Risiken im Armutsbereich und auch im prekären Wohlstand. Lothar Czaykas Beschreibung des Wohlstandssystems Deutschlands gibt treffend die Lage wieder:

> „Zu 'materiellem Wohlstand' in einem weiteren Sinne dürfte indessen tatsächlich ein bißchen mehr gehören als eine ausreichende Versorgung mit mehr oder weniger kurzlebigen Massenartikeln. Geht man von einem etwas anspruchsvolleren Wohlstandsbegriff aus, mögen in unserem Lande heute mehr Menschen als je zuvor im 'Wohlstand' leben, aber kaum die überragende Mehrheit der Bevölkerung. Die meisten Menschen müssen auf die eine oder andere Art immer noch hart arbeiten, und sie müssen bei der Einkommensverwendung durchaus scharf kalkulieren. (...) Denn für die meisten Menschen ist dieser Wohlstand nicht langfristig gesichert, sondern muß ständig neu erkämpft und verteidigt werden. Es ist die Angst vor dem jederzeit möglichen Abstieg, etwa durch Verlust des Arbeitsplatzes oder der Arbeitsfähigkeit" (Czayka 1994).

Ausgeblendet wurde in dieser Untersuchung die „subjektive Seite"[55], das „soziale Bewußtsein" und die „Handlungsdimension", worunter wichtige Fragestellungen fallen: Wie bewältigen die Angehörigen der nichtbegünstigten Einkommenslagen ihre materiellen Deprivationen? Die individuellen Reaktionen der Benachteiligten kommen, wie die

[55] Die „subjektive Seite" ist nicht zu verwechseln mit der personenbezogenen Perspektive, die allein die Befragten im Gegensatz zu deren Haushalten in den Blick faßt. Zu den personenbezogenen Untersuchungsmerkmalen gehören die Gesundheit, Besorgnisse, soziale Integration und die allgemeine Lebenszufriedenheit.

Ergebnisse dieser Untersuchung zeigen, sicherlich in dem erheblichen Zufriedenheitsdefizit und dem hohen Grad an Besorgnis zum Ausdruck. Jenen individual- und sozialpsychologischen Reaktionen auf Ungleichheitsphänomene und der Art und Weise, wie sie individuell und kollektiv erfahren und (auf individeller und kollektiver Handlungsebene) bewältigt werden, geht die Theorie relativer Deprivation nach (vgl. hierzu Wehler 1987b: 695-699). Bezogen auf die hier behandelten (materiellen) Ungleichheitsdimensionen wäre zu klären, welche Erwartungen, Wünsche, Hoffnungen bezüglich der Verwirklichung von Bedürfnissen bei den Betroffenen vorhanden sind. Welche Referenzgruppen dienen dabei der Orientierung, und welche Vergleichsmaßstäbe und Bezugsgrößen hinsichtlich des Lebensstandards vermitteln sie? Kumulieren verschiedene nicht erfüllte Erwartungen möglicherweise auch längerfristig? Welche psychischen Reaktionen und sozialen Aktionen folgen aus der Diskrepanz zwischen Erwartung und Erfüllung? Über alle diese interessanten Fragestellungen kann diese Untersuchung natürlich keine empirisch belegbare Antworten geben. Sie sollten zukünftig zum Gegenstand von Ungleichheits- und Armutsuntersuchungen gemacht werden.
Es stellt sich abschließend die Frage, ob das Fehlen ausreichender materieller und sozialer Ressourcen bei vielen Einkommensarmen und bei im prekären Wohlstand Lebenden nicht doch ein wichtiger Grund dafür ist, daß sie die potentiell allen Bürgern zustehenden politischen und gesellschaftlichen Teilnahmemöglichkeiten nicht oder nur unzureichend ausschöpfen.[56] Hier eröffnet sich ein Problemfeld, das bisher viel zu wenig wissenschaftliche Aufmerksamkeit erfahren hat. Der Zusammenhang von sozialer Lage (Einkommenslage und Lebenslage) und sozialer, politischer Partizipation bzw. politischen Einstellungen und Handlungspotentialen deutet auf eine brisante gesellschaftpolitische Problemlage hin (Falter 1994).[57]

---

[56] Vgl. hierzu das Essay „Die demokratische Frage" von Rödel u.a. (1989), insbesondere Kapitel VI. Die Autoren schreiben: „Dann nämlich stellt sich die Frage, ob es zur tatsächlichen Ausübung öffentlicher Freiheit ausreicht, allen Bürgern die formal gleichen Freiheiten politischer Kommunikation zu gewährleisten, im übrigen aber von ihrer sozialen Lage abzusehen" (S. 186).

[57] Falter (1994: 70f.) stellt fest, daß das „untere Fünftel" der Gesellschaft, all jene, „denen es schlechter geht als dem Durchschnitt, die weniger gebildet sind und sich (...) am unteren Ende der Schichtungspyramide einstufen", vor allem zur Wahl rechtsextremistischer Parteien neigt.

7. Zusammenfassung der Ergebnisse und Ausblick auf die Ungleichheits- und Armutsforschung

Jede empirische Untersuchung setzt einen (theoretischen) Orientierungsrahmen, ein Konzept oder leitende Fragestellungen voraus. Empirische Untersuchungen lassen sich einteilen in hypothesen- oder theorietestende und deskriptive Analysen. In der Praxis der empirischen Sozialforschung dürfte aber häufig die Vermischung beider Ansätze vorherrschen. Das gilt auch für diese Untersuchung. Die theoretischen Anknüpfungspunkte ergeben sich aus einer wichtigen Fragestellung der Sozialstrukturanalyse. Dabei steht die Frage zur Diskussion, ob „Konsistenz“ und eher eine Tendenz zu mehr Rigidität sozialer Ungleichheiten oder jedoch „Differenzierung“ und Tendenzen der Abschwächung und Auflösung von Klassenlagen und Schichtungstendenzen die (westdeutsche) Sozialstruktur bestimmen.

Auf globaler gesellschaftlicher Ebene, bei Betrachtung der Gesamtverteilung von Einkommenslagen und sozialer Schichtung, lassen sich im Zeitablauf weitgehend konstante Ungleichheitsrelationen feststellen. Eine entgegengesetzte Faktenlage baut sich scheinbar bei einer dynamischen, zeitbezogenen und auf die individuellen Mobilitäten in der Einkommens- und Schichtungshierarchie ausgerichteten Ungleichheitsanalyse auf. Folgt man den neueren Ergebnissen der dynamischen Armuts-, Einkommensverteilungs- und Ungleichheitsforschung, dann scheinen die gesellschaftlichen Ungleichheitslinien ihre Konturen zu verlieren. Leibfried u.a. (1995: 293f.) sehen, bezugnehmend auf die Becksche These von der Risikogesellschaft mit ihrem Individualisierungsdruck, soziale Ungleichheit als Resultat von Schwankungen und Brüchen im individuellen Lebenslauf. Unter dieser Perspektive ist eher die Verflüssigung der Sozialstruktur zu konstatieren, wie das Zapf u.a. (1987) umschreiben. Solche Prozesse müßten auch zu Veränderungen in der subjektiven Bedeutung sozialer Schichtung und Klassenzugehörigkeit führen.

Der vorliegenden Querschnittsuntersuchung sind natürlich deutliche Grenzen hinsichtlich der Analyse der Sozialstruktur in Westdeutschland gesetzt. In der Untersuchungspopulation sind soziale Unterschichten weit überdurchschnittlich vertreten, repräsentative Aussagen über die Gesamtbevölkerung sind somit nicht möglich. Der Datensatz, der der vorliegenden Arbeit zugrundeliegt, ist zur Erkennung sozialer Trends ungeeignet. Er ermöglicht aber eine umfassende Bestandsaufnahme der Einkommens- und Lebenslagen bei einer gesellschaftlichen

Problempopulation. Im Zentrum dieser Untersuchung steht nicht nur die Armut, sondern das gesamte Einkommensspektrum zwischen Armut und Wohlstand.
Im folgenden werden wichtige Ergebnisse der empirischen Analyse zusammengefaßt.

(a) Sozialen Unterschichten sind nicht nur die (erwerbstätigen) Befragtenhaushalte, sondern auch die Herkunftshaushalte zuzurechnen. Besaßen die Herkunftshaushalte den Status der Selbständigkeit, dann entstammen die Befragten vorwiegend den (klein-)bäuerlichen und handwerklichen Schichten. Waren sie abhängig Beschäftigte, dominieren die (einfachen) Arbeiterkategorien. Bei der überwiegend niedrigen sozialen Herkunft der Befragten verweisen die „sozialen Aufstiege" bei nur einem Viertel der Befragten auf die Stabilität der Schicht- und Klassenzugehörigkeit im Generationenwechsel. In über der Hälfte der Erwerbstätigen-Haushalte hat sich der soziale Status gegenüber dem Elternhaushalt nicht verändert, und bei fast jedem fünften Haushalt ist sogar ein sozialer Abstieg zu verzeichnen. Diese Ergebnisse sind rein deskriptiver Natur, sie erheben nicht den Anspruch, methodisch ausgreifend intergenerationale Mobilität hinreichend analysieren zu können.
(b) Die Armutsquote in der Untersuchungspopulation ist rund viermal so hoch wie in der Gesamtbevölkerung Westdeutschlands.

Fragt man danach, welche Faktoren die Höhe des Armutsgrads beeinflussen, so lassen sich nur wenige deutliche Graduierungen erkennen:

(c) Der Armutsgrad wird weder maßgeblich von den sozialdemographischen noch von den Bildungsmerkmalen der Befragten beeinflußt. Unter den haushaltsstrukurellen Merkmalen dominiert der signifikante Faktor „Kinderzahl". Nicht zu erwarten war, daß die kleineren Haushalte und solche ohne Kinder einen höheren Armutsgrad aufweisen als die größeren und kinderreichen Haushalte. Wie die Varianzanalyse ergibt, geht ein ausschlaggebender Einfluß von den Statusvariablen „Sozialhilfe-Status" und „Verdeckt-arm" aus. Die verdeckt Armen sind die ärmsten der Armen. Sie sind in den unteren Armutslagen angesiedelt, und meist klafft eine beachtliche Armutslücke zwischen ihrem Einkommen und der Armutsgrenze.
(d) Die Verteilung der Untersuchungspopulation zeigt eine große zahlenmäßige Konzentration der Untersuchungspopulation in der Nahzone der Armutsgrenze. Oft sind es nur geringe DM-Beträge, die

Haushalte unter die Armutsgrenze drücken oder über die Armutsgrenze heben.

Anders als beim Armutsgrad markieren beim Wohlstandsgrad die Einflußfaktoren deutlichere Grenzziehungen:

(e) Die sozialdemographischen Merkmale und die regionale Zuordnung spielen eine untergeordnete Rolle. Alle anderen Faktoren haben hochsignifikanten Einfluß auf den Wohlstandsgrad der Haushalte. Dabei ragen der „Erwerbsstatus" und wiederum die „Kinderzahl" klar hervor. Die Haushalte mit minderjährigen Kindern, ganz gleich ob es sich um Ehepaare oder Alleinerziehende handelt, befinden sich in einer viel ungünstigeren Wohlstandssituation als Haushalte ohne Kinder. Die Vollzeit- und Doppelerwerbstätigen sowie die kinderlosen Haushalte zählen zu den wohlhabendsten.

(f) Die mehrfaktorielle Analyse erbrachte beim Wohlstandsgrad ein wichtiges Ergebnis: Zwar hat der Umfang der Erwerbsbeteiligung eines Haushalts eine starke Bedeutung für das Ausmaß seines Wohlstands, doch die alleinige Erwerbsperspektive verdeckt einen weiteren wichtigen Einflußfaktor: die Haushaltszusammensetzung. Sind minderjährige Kinder zu versorgen, müssen die Haushalte, ganz gleich wieviele Personen und in welchem Umfang erwerbsbeteiligt sind, oft in erheblichem Maße Wohlstandseinbußen hinnehmen. Will man den Wohlstandsgrad also gut abschätzen, so müssen beide Faktoren, die Statusmerkmale und die haushaltsstrukturellen Merkmale, berücksichtigt werden.

(g) Die prekäre monetäre Lage der drei unteren Wohlstandslagen kommt dadurch zum Vorschein, daß auf sie zusammen weniger als ein Viertel des gesamten Wohlstandseinkommens entfällt, auf die oberste Wohlstandslage hingegen mehr als die Hälfte.

Eine zentrale Fragestellung der Untersuchung galt es in der Quintilenanalyse in Teil 4, Abschnitt 5. anzugehen. Wie sind die Sozialmerkmale und die Deprivationen in der Untersuchungspopulation verteilt? Dazu wurde die Untersuchungspopulation in jeweils fünf zahlenmäßig gleich stark besetzte Armutslagen und fünf zahlenmäßig gleich stark besetzte Wohlstandslagen gruppiert. Die Analyse zeigt nun nicht nur massive Unterversorgungen in den Armutslagen, sondern auch große Defizite in den unteren Wohlstandslagen. Damit korrespondiert auch das Sozialprofil, das deutliche Graduierungen zwischen den drei unteren und den beiden höheren Wohlstandslagen aufweist. Eine besondere Bedeutung kommt dem Ergebnis zu, daß sich die Angehörigen der beiden Einkommenslagen links und rechts der Armutsgrenze in der

Verfügbarkeit wichtiger Wohlstandsgüter und im Ausmaß ihres subjektiven Wohlbefindens nur wenig voneinander unterscheiden. Besonders auffallend bei den haushaltsbezogenen Lebenslagenmerkmalen ist ein „Strukturbruch" zwischen der dritten und der vierten Wohlstandslage, der sich durch eine „Wohlstandsschwelle" charakterisieren läßt. Die Unterschiede, die sich zwischen den Gesamtgruppen der Armen und Nichtarmen hinsichtlich der Sozialmerkmale und der Lebenslagenmerkmale feststellen lassen, sind somit in hohem Maße durch die beiden oberen Einkommenslagen im Wohlstandsbereich hervorgerufen. Dabei sind in der höchsten Wohlstandslage erhebliche Binnendifferenzierungen zu beobachten, sowohl hinsichtlich der Sozialmerkmale wie der verfügbaren finanziellen Mittel als auch in der Ausstattung mit wichtigen Wohlstandsgütern.
Auf Grund dieser empirischen Ergebnisse lassen sich einige Folgerungen ziehen:
Die Ergebnisse dieser Untersuchung, die zwar nicht repäsentativ für die Gesamtbevölkerung sind, aber doch für die unteren sozialen Schichten besondere Relevanz haben dürften, widersprechen jedenfalls einem leichtfertigen Ignorieren von gesellschaftlichen Ungleichheitslinien, der sozialstrukturellen Prägekraft von Bildung, sozialer Herkunft und beruflicher Stellung und zeigen den ganz herausragenden Einfluß des Einkommens für die Ausgestaltung der Lebenslage. Die weiter bestehende westdeutsche Klassen- und Schichtungsgesellschaft läßt sich am Beispiel der Untersuchungspopulation sehr gut illustrieren. Der Abschied von ihr scheint zu früh angekündigt worden zu sein, wie das Karl Ulrich Mayer und Hans Bertram bereits beklagt haben.
Eine kritische Sicht auf neuere Ergebnisse der Einkommensmobilitätsforschung zwingt auch dazu, die Einkommenssprünge und Fluktuationen, die laufenden Zugänge in die Armut und die laufenden Abgänge aus ihr heraus keineswegs überzubewerten. Anders formuliert: Das *Ausmaß der Dynamik* der Einkommensveränderungen auf individueller Ebene und die Auf- und Abbewegungen in den Stockwerken des Ungleichheitsgefüges fallen viel bescheidener aus, als es auf dem ersten Blick erscheinen mag. Wichtig ist der Befund, daß relative Einkommensarmut in den überwiegenden Fällen zwar nicht von langer Dauer ist. Doch reichen die Aufstiege aus der Armut allerdings oft nur bis in den unteren Bereich der Wohlstandsskala.
Die Lebenslage großer Anteile der Bevölkerung, die nach den bisher als üblich geltenden Maßstäben zwar nicht als arm gelten, aber im unteren Wohlstandsspektrum angesiedelt sind, unterscheidet sich - wie die Ergebnisse *dieser* Untersuchung zeigen - in vielen Bereichen nicht

wesentlich von der Lebenslage großer Teile der Armen. Diese Zone ist als prekärer Wohlstand bezeichnet worden. Sie müßte in Zukunft ein wichtiges Untersuchungsfeld gerade auch der Armutsforschung werden. Die Erweiterung ihres Blickfeldes auf die unteren Wohlstandslagen ist notwendig, denn Unterversorgungen, Benachteiligungen und sozialer Ausschluß, die heute im Mittelpunkt von vielen Armutsuntersuchungen stehen, sind keine Merkmale, die ausschließlich die Armen betreffen. Die Ergebnisse relativieren das Erscheinungsbild der Armut, besonders aber auch das Bild vom Wohlstand. In der Nahzone der Armut(-sgrenze) sind die Risikogruppen angesiedelt, die dem Abstieg in die Armut besonders ausgesetzt sind. Es genügt nicht, die Dauer des Verbleibs in Einkommensarmut auf der Grundlage von Längsschnittdatensätzen immer präziser berechnen zu können, ohne eingehender der Frage nachzugehen, wohin die Ausstiege aus der Armut führen und wie sich die Lebenslage der Aussteiger im Zeitverlauf gestaltet. Hier eröffnet sich also ein weitgehend unergründetes Terrain für die Armutsforschung.

Im Resümee findet das Konsistenzparadigma durch diese Untersuchung vielfache Bestätigung. Wenn auch die Ergebnisse keine Generalisierung zulassen, so ist zumindest zu belegen, daß im unteren Einkommensspektrum der Gesellschaft eher Merkmale der „Stabilität“ als der „Instabilität“ zu dominieren scheinen. Die sehr wohl ebenso erkennbaren Ausdifferenzierungen im Armuts- und unteren Wohlstandsbereich (inkonsistente Lagen) scheinen sich innerhalb enger Grenzen zu vollziehen. Vieles spricht dafür, davon auszugehen, daß bestimmte sozialstrukturelle Trennlinien selten überschritten werden. In den unteren Stockwerken des Ungleichheitsgefüges scheint der Terminus der „Verflüssigung“ kaum zur Beschreibung der Sozialstruktur zu taugen. Wenn sich aus den neueren Ergebnissen der dynamischen und lebenslageorientierten Armutsforschung bald ein verändertes Bild der Armut im modernen Wohlfahrtsstaat herauskristallisieren sollte, so wird es das Bild von der Gesellschaft - bei allen gruppen- und schichtspezifischen Differenzierungsprozessen im Detail - als einem noch immer weitgehend rigiden System sozialer Ungleichheiten letztlich nicht ersetzen können. Individualisierungs- und Pluralisierungstendenzen müssen nicht geleugnet werden, besonders wenn man sie als die zweite Seite der Medaille im „paradoxen Prozeß der Modernisierung“ begreift. Die Frage, welche Bevölkerungsteile die hieraus entstehenden „Optionen“ werden nutzen können und welche vor allem den Risiken und Deprivationen ausgesetzt sein werden, dürfte heute nicht schwer zu beantworten sein.

Anhang

Tabelle 4.A1: Die Verteilung aller Personen in Westdeutschland auf Klassen von Vielfachen des durchschnittlichen Netto-Äquivalenzeinkommens in den Jahren 1990 bis 1992

Nettoäquivalenzeinkommensvielfache	unter 0.50	0.5-0.75	0.75-1.00	1.00-1.25	1.25-1.50	1.50-2.00	über 2.00	Alle
Jahr								
1990	10.9%	25.2%	23.6%	18.6%	9.0%	8.2%	4.4%	100%
1991	10.7%	24.9%	23.8%	18.0%	9.7%	8.6%	4.2%	100%
1992	10.1%	25.3%	25.2%	16.9%	9.7%	9.0%	4.0%	100%

Anmerkung: Die Ergebnisse beruhen auf Auswertungen auf Basis des SOEP der Wellen 7,8,9.
Quelle: Müller u.a. (1995: 85).

Tabelle 4.A2: Soziale Merkmale der finanziell besonders Privilegierten im fünften Wohlstandsquintil

Merkmale	Gruppenanteile		
	Privilegiertes Segment im fünften Quin.	Fünftes Wohlstandsquintil	Alle Nichtarme
Schulische Bildung			
Ohne Abschluß	6.2%	8.4%	15.1%
Hauptschule	23.5%	48.6%	51.6%
Mittl. Reife/Abitur	70.3%	43.0%	33.2%
Berufliche Bildung			
Mit Abschluß	80.4%	72.8%	59.6%
Ohne Abschluß	19.6%	27.2%	40.4%
Erwerbstätigkeit			
Erwerbstätig	80.9%	79.8%	59.6%
Nicht erwerbstätig	19.1%	20.2%	40.4%
Staatsangehörigkeit			
Deutsch	90.1%	79.1%	73.3%
Ausländer	9.9%	20.9%	26.7%
Kinderstatus			
Ohne Kinder	84.6%	83.3%	60.0%
Mit Kindern	15.4%	16.7%	40.0%

Datenbasis: Ca-Dat. 91.

Tabelle 4.A3: Einfaktorielle Varianzanalysen zum Armutsgrad nach sozialdemographischen Merkmalen der Befragten und Ortstyp

Faktoren I : Geschlecht II : Alter III: Familienstand IV : Staatsangehörigkeit V : Ortstyp	Einfaktorielle Varianzanalyse			
	Gruppenmittelwert	95%-Konfidenzintervall	F-Wert	Beobachteter Signifikanzwert des F-Wertes
<u>Faktorstufen zu I</u>			2.033	0.1542
Weiblich	20.2	19.2-21-2		
Männlich	21.4	20.1-22.7		
<u>Faktorstufen zu II</u>			1.918	0.1249
16 bis unter 30	19.9	18.5-21.3		
30 bis 49	20.1	18.9-21.2		
50 bis 64	22.4	20.4-24.5		
65 u. älter	21.4	18.1-24.6		
<u>Faktorstufen zu III</u>			0.358	0.7834
Ledig	21.2	19.7-22.8		
Verheiratet	20.3	19.0-21.6		
Getrennt/geschieden	20.5	19.0-21.9		
Verwitwet	21.2	18.4-23.9		
<u>Faktorstufen zu IV</u>			0.557	0.4555
Deutsche	20.7	19.8-21.7		
Ausländer	20.1	18.8-21.4		
<u>Faktorstufen zu V</u>			0.943	0.4191
Dorf	21.3	19.5-23.1		
Kleinstadt	19.3	17.7-20.9		
Mittlere Stadt	20.6	19.0-22.2		
Großstadt	20.7	19.3-22.1		

Datenbasis: Ca-Dat. 91.

Tabelle 4.A4: Einfaktorielle Varianzanalysen zum Armutsgrad nach Bildungsmerkmalen der Befragten

Faktoren I: schulische Bildg. II: berufl. Bildung	Einfaktorielle Varianzanalyse			
	Gruppenmittelwert	95%-Konfidenzintervall	F-Wert	Beobachteter Signifikanzwert des F-Wertes
<u>Faktorstufen zu I</u>			3.544	0.0292
Ohne Schulabschluß/ Sonderschule	21.1	19.4-22.9		
Hauptschule	19.7	18.6-20.8		
Mittl. Reife/Abitur	22.1	20.7-23.6		
<u>Faktorstufen zu II</u>			0.275	0.5999
Ohne Ausbildung	20.9	19.8-22.1		
Mit Ausbildung	20.5	19.4-21.6		

Datenbasis: Ca-Dat. 91.

Tabelle 4.A5: Einfaktorielle Varianzanalysen zum Armutsgrad nach haushaltstrukturellen Merkmalen

Faktoren I: Haushaltsgröße II: Kinderzahl III: Haushaltstyp	Einfaktorielle Varianzanalyse			
	Gruppenmittelwert	95%-Konfidenzintervall	F-Wert	Beobachteter Signifikanzwert des F-Wertes
Faktorstufen zu I			3.632	0.0126
1-Personen-Haushalt	20.9	19.4-22.4		
2-Personen-Haushalt	22.9	21.0-24.8		
3-Personen-Haushalt	19.0	17.2-20.9		
4 u.m. Personen-Haushalt	19.8	18.6-21.1		
Faktorstufen zu II [a]			5.244	0.0014
Ohne Kinder	22.2	21.1-23.5		
Mit Kindern	19.2	18.2-20.2		
Darunter:				
Mit 1 minderjähr. Kind	19.9	18.2-21.7		
Mit 2 minderjähr. Kindern	18.7	16.9-20.5		
Mit 3 u.m. minderj. Kindern	19.0	17.4-20.7		
Faktorstufen zu III			4.573	0.0001
Alleinstehende	20.9	19.4-22.4		
(Ehe-)Paare ohne Kinder	25.5	22.3-28.6		
Familien 1/2 Kinder	18.4	16.6-20.2		
Familien 3/m.Kinder	19.0	17.4-20.7		
Alleinerziehende	19.9	18.3-21.4		
Haushalte mit Kindern ü. 18	25.2	21.4-29.1		
Sonstige Haushalte	21.4	18.0-24.9		

Anmerkung: a) Die F-Statistik gilt für die Faktorstufen: Ohne Kinder, 1 Kind, 2 Kinder, 3 und mehr Kinder.
Datenbasis: Ca-Dat. 91.

Tabelle 4.A6: Einfaktorielle Varianzanalysen zum Armutsgrad nach Statusmerkmalen des Haushalts

Faktoren I: Sozialrechtl. Status II: Beschäftigungsstatus III: Sozialhilfe-Status IV: Verdeckt-Arm	Einfaktorielle Varianzanalyse			
	Gruppenmittelwert	95%-Konfidenzintervall	F-Wert	Beobachteter Signifikanzwert des F-Wertes
Faktorstufen zu I			1.705	0.1466
Hauptberufl. erwerbstätig	20.2	18.5-21.9		
Arbeitslos	21.8	20.3-23.3		
Hausfrau	19.8	17.9-21.8		
Rentner	21.6	19.8-23.4		
Sonst. Nichterwerbstätigkeit	18.9	17.1-20.8		
Faktorstufen zu II			3.668	0.0120
Nicht erwerbstätig	20.8	19.9-21.7		
Teilzeit (TZ)	25.5	21.3-29.8		
Vollzeit (VZ)	18.9	17.0-20.8		
2 Vollzeit/1 VZ+1 TZ	(-)	(-)		
Faktorstufen zu III			11.575	0.0000
HLU-Bezug	22.9	21.3-24.5		
Früher HLU-Bezug	20.7	18.3-23.1		
Nie HLU-Bezug	18.8	17.9-19.6		
Faktorstufen zu IV			115.384	0.0000
Verdeckt arm	26.8	25.4-28.3		
Nicht verdeckt arm	17.9	17.0-18.8		

Datenbasis: Ca-Dat. 91.

Tabellen 4.A7: Einfaktorielle Varianzanalysen zum Wohlstandsgrad nach sozialdemographischen Merkmalen der Befragten

Faktoren I: Geschlecht II: Alter III: Familienstand IV : Staatsangehörigkeit V: Ortstyp	Einfaktorielle Varianzanalysen			
	Gruppen-mittel-wert	95%-Konfi-denzinter-vall	F-Wert	Beobach-teter Signifi-kanzwert des F-Wertes
Faktorstufen zu I			5.63	0.0177
Weiblich	64.0	59.8-68.2		
Männlich	72.6	66.6-78.7		
Faktorstufen zu II			2.113	0.0969
16 bis unter 30	67.0	60.4-73.6		
30 bis 49	67.5	62.1-72.9		
50 bis 64	74.5	66.3-82.7		
65 u. älter	56.1	45.9-66.3		
Faktorstufen zu III			1.704	0.1644
Ledig	71.1	64.5-77.7		
Verheiratet	64.2	59.4-69.0		
Getrennt/geschieden	65.5	56.8-74.2		
Verwitwet	76.7	63.0-90.3		
Faktorstufen zu IV			2.058	0.1516
Deutsche	69.0	64.7-73.2		
Ausländer	63.3	57.5-69.1		
Faktorstufen zu V			2.182	0.0885
Dorf	68.1	59.1-77.0		
Kleinstadt	66.9	60.2-73.6		
Mittlere Stadt	59.7	52.5-67.1		
Großstadt	71.8	66.1-77.6		
Mittelwert	67.3			

Datenbasis: Ca-Dat. 91.

Tabelle 4.A8: Einfaktorielle Varianzanalysen zum Wohlstandsgrad nach Bildungsmerkmalen der Befragten

Faktoren I: schulische Bildung II: berufliche Bildung	Einfaktorielle Varianzanalyse			
	Gruppenmittelwert	95%-Konfidenzintervall	F-Wert	Beobachteter Signifikanzwert des F-Wertes
Faktorstufen zu I			8.174	0.0003
Ohne Schulabschluß/Sondersch.	55.0	47.7-62.3		
Hauptschule	65.7	61.0-70.4		
Mittl. Reife/Abitur	76.3	69.6-83.1		
Faktorstufen zu II			26.597	0.0000
Ohne Ausbildung	56.6	51.9-61.3		
Mit Ausbildung	75.1	70.2-79.9		
Mittelwert	67.3			

Datenbasis: Ca-Dat. 91.

Tabelle 4.A9: Einfaktorielle Varianzanalysen zum Wohlstandsgrad nach haushaltsstrukturellen Merkmalen

Faktoren I: Haushaltsgröße II: Kinderzahl III: Haushaltstyp	Einfaktorielle Varianzanalysen			
	Gruppenmittelwert	95%-Konfidenzintervall	F-Wert	Beobachteter Signifikanzwert des F-Wertes
Faktorstufen zu I			14.589	0.0000
1-Personen-Haushalt	72.8	66.5-79.2		
2-Personen-Haushalt	81.3	73.6-89.1		
3-Personen-Haushalt	65.9	57.7-74.1		
4 u.m. Personen-Haushalt	50.5	45.0-55.9		
Faktorstufen zu II [a)]			36.601	0.0000
Ohne Kinder	81.0	76.1-85.9		
Mit Kindern	47.5	43.5-51.5		
Darunter:				
Mit 1 minderjähr. Kind	56.9	50.4-63.4		
Mit 2 minderjähr. Kindern	44.8	38.4-51.1		
Mit 3 u.m. minderj. Kindern	29.0	22.8-35.2		
Faktorstufen zu III			24.614	0.0000
Alleinstehende	72.8	66.5-79.2		
(Ehe-)Paare ohne Kinder	90.8	80.4-101.2		
Familien 1/2 Kinder	57.0	51.0-63.1		
Familien 3/m.Kinder	29.0	22.8-35.2		
Alleinerziehende	36.8	31.0-42.5		
Haushalte mit Kindern ü. 18	101.2	86.8-115.5		
Sonstige Haushalte	69.0	54.2-83.8		
Mittelwert	67.3			

Anmerkung: a) Die F-Statistik gilt für die Faktorstufen: Ohne Kinder, 1 Kind, 2 Kinder, 3 und mehr Kinder. Der F-Wert der Faktorstufen "ohne Kind" und "mit Kind" ist 93.9 bei einer emprischen Signifikanz für F von 0.0000. Das ist der höchste, der ermittelt wurde.
Datenbasis: Ca-Dat. 91.

Tabelle 4.A10: Einfaktorielle Varianzanalysen zum Wohlstandsgrad nach Statusmerkmalen des Haushalts

Faktoren I: Sozialrechtl. Status II: Beschäftigungsstatus III: Sozialhilfestatus	Einfaktorielle Varianzanalyse			
	Gruppenmittelwert	95%-Konfidenzintervall	F-Wert	Beobachteter Signifikanzwert des F-Wertes
Faktorstufen zu I			22.364	0.0000
Hauptberufl. erwerbstätig	79.7	74.9-84.6		
Arbeitslos	36.7	29.8-43.6		
Hausfrau	42.1	32.4-51.8		
Rentner	57.0	49.7-64.3		
Sonst. Nichterwerbstätigkeit	59.3	48.3-70.4		
Faktorstufen zu II			41.528	0.0000
Nicht erwerbstätig	49.5	45.2-53.9		
Teilzeit (TZ)	49.8	36.5-63.2		
Vollzeit (VZ)	77.7	72.3-83.1		
2 Vollzeit/1 VZ+1 TZ	111.0	96.9-125.2		
Faktorstufen zu III			27.579	0.0000
HLU-Bezug	37.0	31.7-42.2		
Früher HLU-Bezug	62.6	53.8-71.4		
Nie HLU-Bezug	74.4	70.1-78.7		
Mittelwert	67.3			

Datenbasis: Ca-Dat. 91.

Tabelle 4.A11: Wohlstandsgrad Range-Test für den Faktor „Haushaltsgröße“

	Multipl. R-Test "Haushaltsgröße"		
	1	2	3
1			
2			
3		**	
4	**	**	**

Anmerkungen: Faktorstufen: 1: 1-Personen-Haushalt, 2: 2-Personen-Haushalt, 3: 3-Personen-Haushalt, 4: 4-und-mehr-Personen-Haushalt; Signifikanzniveau: ** = 0.01.
Datenbasis: Ca-Dat. 91.

Tabelle 4.A12: Wohlstandsgrad Range-Test für den Faktor „Sozialrechtlicher Status"

	Multipler Range-Test "Soz.rechtl. Status"			
	1	2	3	4
1				
2	**			
3	**			
4	**	**		
5	**	**		

Anmerkungen: Faktorstufen: 1: Hauptberufl. erwerbstätig, 2: Arbeitslos, 3: Hausfrau, 4: Rentner, 5: Sonstige Nichterwerbstätigkeit, Signifikanzniveau: ** = 0.01. Datenbasis: Ca-Dat. 91.

Tabelle 4.A13: Wohlstandsgrad Range-Test für den Faktor „Beschäftigungsstatus"

	Multipl. R-Test "Beschäft.status"		
	1	2	3
1			
2			
3	**	**	
4	**	**	**

Anmerkungen: Faktorstufen: 1: Nichtwerbstätig, 2: 1 Teilzeit (TZ), 3: 1 Vollzeit (VZ), 4: 2 Vollzeit/ 1 VZ und 1 TZ; Signifikanzniveau: ** = 0.01.
Datenbasis: Ca-Dat. 91.

Tabelle 4.A14: Dreifaktorielle Varianzanalyse zum Armutsgrad (Modell II)

Faktoren I: Beschäftigungsstatus II: Kinderzahl III: Sozialhilfestatus	F-Wert	Beobachteter Signifikanzwert des F-Wertes
Haupteffekte	8.135	0.0000
Beschäft.status	5.115	0.0240
Kinderzahl	3.375	0.0180
Verdeckte Armut	16.786	0.0000
2-faktorielle Interaktionseffekte	2.420	0.0060
I und II	3.086	0.0260
I und III	0.027	0.9730
II und III	1.976	0.0660
Alle Effekte zusammen (Explained)	4.437	0.0000

Datenbasis: Ca-Dat. 91.

Tabelle 4.A15: Einfaktorielle Varianzanalyse zu Einschränkungen aus finanziellen Gründen nach Armutslagen

	Einfaktorielle Varianzanalyse				
	Gruppenmittelwert	Standardabweichung	95%-Konfidenzintervall	F-Wert	Beobachteter Signifikanzwert des F-Wertes
Armutslagen				2.402	0.0485
I	7.88	1.77	7.59-8.17		
II	8.19	1.59	7.96-8.42		
III	8.05	1.75	7.78-8.33		
IV	8.23	1.68	7.98-8.48		
V	8.43	1.60	8.19-8.68		
Gesamtmittelwert	8.17	1.68	8.05-8.28		

Anmerkung: Die Gruppenmittelwerte geben die aus den fünf Versorgungsbereichen (Ernährung, Kleidung, Möbel, Urlaub, Freizeit) zusammengefaßten Skalenmittelwerte wieder.
Datenbasis: Ca-Dat. 91.

Tabelle 4.A16: Einfaktorielle Varianzanalyse zu Einschränkungen aus finanziellen Gründen nach Wohlstandslagen

	Einfache Varianzanalyse				
	Gruppenmittelwert	Standardabweichung	95%-Konfidenzintervall	F-Wert	Beobachteter Signifikanzwert des F-Wertes
Wohlstandslagen				15.451	0.0000
I	7.54	2.08	7.21-7.86		
II	7.67	1.86	7.37-7.97		
III	7.31	2.18	6.95-7.68		
IV	6.50	2.09	6.08-6.93		
V	5.77	2.57	5.23-6.30		
Gesamtmittelwert	7.11	2.13	6.93-7.29		

Anmerkung: Die Gruppenmittelwerte geben die aus den fünf Versorgungsbereichen (Ernährung, Kleidung, Möbel, Urlaub, Freizeit) zusammengefaßten Skalenmittelwerte wieder.
Datenbasis: Ca-Dat. 91.

Tabelle 4.A17: Range-Test im Wohlstandsspektrum für den Faktor „Einschränkungen"

	Multipler Range-Test Wohlstandsspektrum			
	1	2	3	4
1				
2				
3				
4	**	**	**	
5	**	**	**	**

Anmerkung: Faktorstufen: 1 bis 5: erste bis fünfte Wohlstandslage;
Signifikanzniveau: ** = 0.01.
Datenbasis: Ca-Dat. 91.

Tabelle 4.A18: Vorliegen von Deprivationen in einzelnen Bereichen nach Einkommensstatus

Deprivations-komponenten	Einkommensstatus	
	Arm	Nichtarm
Wohnen Weniger als ein Raum o. weniger als 20 qm	42.6%	30.1%
Einschränkungen Bei Ernährung sehr einschränken	31.8%	18.5%
Besorgnisse a) Drei oder mehr von fünf Besorgnis-symptomen	54.1%	46.5%

Anmerkung: a) Die Besorgnissymptome im einzelnen: Erschöpft oder zerschlagen, unglücklich oder niedergeschlagen, Zittern oder Schütteln, aufgeregt oder nervös, Ängste und Sorgen.
Datenbasis: Ca-Dat. 91.

Tabelle 4.A19: Range-Test im Wohlstandsspektrum für den Faktor „Kumulation von Deprivationen“

	Multipler Range-Test Wohlstandsspektrum			
	1	2	3	4
1				
2	*			
3	**			
4	**	**	**	
5	**	**	**	**

Anmerkungen: Faktorstufen: 1 bis 5: erstes bis fünftes Wohlstandsquintil
Signifikanzniveau: ** = 0.01, * = 0.05.
Datenbasis: Ca-Dat. 91.

Tabelle 4.A20: Verbleib und Fluktuation von Personen in Klassen von Nettoäquivalenzeinkomensvielfachen in Westdeutschland von 1990 bis 1992 - Anteile in %

Nettoäquivalenzeinkommensvielfache 1990	Nettoäquivalenzeinkommensvielfache 1992						
	unter 0,50	0,50-0,75	0,75-1,00	1,00-1,25	1,25-1,50	1,50-2,00	über 2,00
unter 0,50	52,7	31,1	9,7	4,6	*	*	*
0,50-0,75	13,5	55,4	22,6	5,7	1,7	*	*
0,75-1,00	3,2	22,2	51,2	16,1	5,6	1,7	*
1,00-1,25	1,4	8,0	26,1	40,7	16,3	6,8	*
1,25-1,50	*	3,7	10,6	32,1	30,2	18,1	4,0
1,50-2,00	*	*	5,9	10,0	20,2	52,3	10,3
über 2,00	*	*	*	*	7,5	26,3	55,1

Anmerkung: * = Fallzahl in der Stichprobe kleiner als zehn.
Quelle: Müller u.a. (1995: 88).

Literatur

Adamy, Wilhelm (1993): Sozialhilfeniveau und Arbeitnehmereinkommen. Neue Armut als Folge der Regierungspolitik. In: Soziale Sicherheit, Heft 6/1993, S. 161-168.

Adamy, Wilhelm/ Hanesch, Walter (1990): Erwerbsarbeit und soziale Ungleichheit - Benachteiligung und Ausgrenzung am Arbeitsmarkt. In: Döring u.a. (1990a): Armut im Wohlstand. Frankfurt am Main, S. 161-184.

Andreß, Hans-Jürgen (1994): Steigende Sozialhilfezahlen. Wer bleibt, wer geht, und wie sollte die Sozialverwaltung darauf reagieren? In: Zwick (1994), S. 75-105.

Andretta, Gabriele (1991): Zur konzeptionellen Standortbestimmung von Sozialpolitik als Lebenslagepolitik. Regensburg.

Antwort der Budesregierung auf die Große Anfrage der Abgeordneten Bueb, Frau Wagner und der Fraktion der Grünen (1996). Bundestagsdrucksache 10/6055.

Armutsbericht des Paritätischen Wohlfahrtsverbandes für die Bundesrepublik Deutschland (1989), in: Blätter der Wohlfahrtspflege 1989, Stuttgart.

Atkinson, Anthony B. (1983): The Economics of Inequality. Oxford.

Atkinson, Anthony B. (1989): How Should We Measure Poverty? Some Conceptual Issues. In: ders. (1989): Poverty and Social Security. Hemel Hampstead, pp. 7-24.

Bäcker, Gerhard (1993): Moderne Zeiten - Alte Sozialpolitk. Sozialer Wandel, Flexibilität und Stabilität von sozialpolitischen Systemen. In: Soziale Sicherheit, Heft 5/1993, S. 140-146.

Balsen, Werner/ Nakielski, Hans/ Rössel, Karl/ Winkel, Rolf (1984): Die neue Armut: Ausgrenzung von Arbeitslosen aus der Arbeitslosenunterstützung, Köln.

Bahrdt, Hans Paul (1984): Schlüsselbegriffe der Soziologie. München.

Bane, Mary Jo/ Ellwood, David T. (1986): Slipping into and out of Poverty: The Dynamics of Spells. In: The Journal of Human Resources, Vol. 12, pp. 1-23.

Beck, Martin (1993): Sozialhilfeempfänger 1991. In: Statistisches Bundesamt (Hg.): Wirtschaft und Statistik, Heft 4/1993, S. 279-291.

Beck, Martin/ Seewald, Hermann (1994): Zur Reform der amtlichen Sozialhilfestatistik. In: Nachrichtendienst des Deutschen Vereins für öffentliche und private Fürsorge, Heft 1/1994, S. 27-31.

Beck, Ulrich (1983/1994): Jenseits von Stand und Klasse? In: Beck/ Beck-Gernsheim (1994a), S. 43-60.

Beck, Ulrich (1986): Risikogesellschaft. Auf dem Weg in eine andere Moderne. Frankfurt am Main.

Beck, Ulrich (1991): Politik in der Risikogesellschaft. Frankfurt am Main.
Beck, Ulrich/ Beck-Gernsheim, Elisabeth (1990): Das ganz normale Chaos der Liebe. Frankfurt am Main.
Beck, Ulrich (1993): Die Erfindung des Politischen. Zu einer Theorie reflexiver Modernisierung. Frankfurt am Main.
Beck, Ulrich/ Beck-Gernsheim, Elisabeth (1994a): Riskante Freiheiten. Frankfurt am Main.
Beck, Ulrich/ Beck-Gernsheim, Elisabeth (1994b): Individualisierung in modernen Gesellschaften - Perspektiven und Kontroversen einer subjektorientierten Soziologie. In: Beck/ Beck-Gernsheim (1994a), S. 10-39.
Benninghaus, Hans (1991): Einführung in die sozialwissenschaftliche Datenanalyse. München.
Berger, Peter A. (1990): Ungleichheitsphasen. Stabilität und Instabilität als Aspekte ungleicher Lebenslagen. In: Berger, Peter A./ Hradil, Stefan (Hg.) (1990): Lebenslagen, Lebensläufe, Lebensstile. Sonderband 7 der Sozialen Welt. Göttingen, S. 319-350.
Berger, Regina (1984a): Zusammenhänge und Abhängigkeiten zwischen Lebensbereichen. In: Glatzer/ Zapf (1984), S. 249-263.
Berger, Regina (1984b): Problemgruppen. In: Glatzer/ Zapf (1984), S. 264-285.
Berger-Schmitt, Regina (1989): Wohnverhältnisse. In: Datenreport (1989), S. 434-441.
Berntsen, Roland (1991): Dynamik in der Einkommensverteilung privater Haushalte - Eine empirische Längsschnittanalyse für die Bundesrepublik. Frankfurt am Main.
Berntsen, Roland/ Rendtel, Ulrich (1991): Zur Stabilität von Einkommensarmut im Längsschnitt. In: Rendtel/ Wagner (1991), S. 457-487.
Bertram, Hans (1991b): Familie und soziale Ungleichheit. In: ders. (1991a), S. 235-273.
Bertram, Hans (1991c): Soziale Ungleichheit, soziale Räume, sozialer Wandel. In: Zapf (1991), S. 636-666.
Bertram, Hans (Hg.) (1991a): Die Familie in Westdeutschland. Stabilität und Wandel familialer Lebensformen. Opladen.
Bien, Walter/ Marbach, Jan (1991): Haushalt - Verwandtschaft - Beziehungen: Familienleben als Netzwerk. In: Bertram (1991a), S. 3-44.
Blanke, Bernhard/ Heinelt, Hubert/ Macke, Carl-Wilhelm (1986): Großstadt und Arbeitslosigkeit - Das Beispiel Hannover. Hannover.
Blessing, Karlheinz (1987): Die Zukunft des Sozialstaats. Grundlagen und Vorschläge für eine lokale Sozialpolitik. Opladen.
Blosser-Reisen, Lore (1983): Erfolgsbestimmung in privaten Haushalten mit Hilfe einzelwirtschaftlicher Analysen - Demonstration der Methode an Fallstudien in Haushalten von Sozialhilfeempfängern. In: Hauswirtschaft und Wissenschaft, Heft 5/1983, S. 240-253.

Bonß, Wolfgang/ Plum, Wolfgang (1990): Gesellschaftliche Differenzierung und sozialpolitische Normalitätsfiktion. In: Zeitschrift für Sozialreform, Heft 11/12 1990, S. 692-715.

Borg, Ingwer/ Noll, Heinz-Herbert (1990): Wie wichtig ist "wichtig"? In: ZUMA-Nachrichten 27, 11/1990, S. 36-48.

Bourdieu, Pierre (1982): Die feinen Unterschiede. Frankfurt am Main.

Brentano von, Dorothee (1978): Zur Problematik der Armutsforschung. Konzepte und Auswirkungen. Berlin.

Brock, Dietmar (1994): Rückkehr der Klassengesellschaft? Die neuen sozialen Gräben in einer materiellen Kultur. In: Beck/ Beck-Gernsheim (1994a), S. 61-73.

Brosius, Gerhard (1988): SPSS/PC+. Advanced Statistics und Tables. London u.a.O.

Brosius, Gerhard (1989): SPSS/PC+. Basics and Graphics. London u.a.O.

Buhmann, Brigitte (1991): Wohlstand und Armut in der Schweiz. Eine empirische Analyse für 1982. Chur/ Zürich.

Buhmann, Brigitte/ Leu, Robert E. (1988): Ganz unten: Wer ist arm in der reichen Schweiz? In: Frey, René L./ Leu, Robert E. (1988): Der Sozialstaat unter der Lupe. Wohlstandsverteilung und Wohlstandsungleichheit in der Schweiz. Basel/ Frankfurt am Main, S. 75-123.

Buhmann, Brigitte/ Rainwater, Lee/ Schmaus, Günther/ Smeeding, Timothy (1988): Equivalence Scales, Well-Beeing, Inequality, and Poverty: Sensitivity Estimates Across the Countries Using the Luxembourg Income Study (LIS). In: The Review of Income and Wealth, 34; S. 502-546.

Buhr, Petra/ Leibfried, Stephan (1992): Sind wir auf dem Weg zu einer verbesserten Armutsberichterstattung? Anmerkungen zur geplanten Reform der Sozialhilfestatistik. In: Nachrichtendienst des Deutschen Vereins für öffentliche und private Fürsorge, Heft 7/1992, S. 215-221.

Buhr, Petra (1995): Dynamik von Armut. Dauer und biographische Bedeutung von Sozialhilfebezug.

Buhr, Petra (1991): Plädoyer für eine dynamische Armutsforschung - das Modell der USA. In: Zeitschrift für Sozialreform, Jahrgang 37, S. 415-433.

Buhr, Petra/ Ludwig, Monika/ Priester, Tom (1990): Die Bremer 10%-Stichprobe von Sozialhilfeakten. Konstruktion und Auswertungsperspektiven, Arbeitspapier Nr. 1, Zentrum für Sozialpolitik der Universität Bremen. Bremen.

Buhr, Petra/ Voges, Wolfgang (1991): Eine Ursache kommt selten allein... Ursachen und Ursachenwechsel in der Sozialhilfe. In: Sozialer Fortschritt, Heft 11/1991, S. 261-270.

Bundesarbeitsgemeinschaft der freien Wohlfahrtspflege (Hg.) (1985): Die Spitzenverbände der freien Wohlfahrtspflege - Aufgaben und Finanzierung. Freiburg im Breisgau.

Bundesministerium für Arbeit und Sozialordnung (BMfAS) (1993): Statistisches Taschenbuch 1993. Arbeits- und Sozialstatistik. Bonn.
Busch-Geertsema, Volker/ Ruhstrat, Ekke-Ulf (1992): Kein Schattendasein für Langzeitarme. Wider die Verharmlosung von Langzeitarmut im Zusammenhang mit der dynamischen Armutsforschung. In: Nachrichtendienst des Deutschen Vereins für öffentliche und private Fürsorge, Heft 11/1992, S. 366-370.
Busch-Geertsema, Volker/ Ruhstrat, Ekke-Ulf (1993): „Das macht die Seele so kaputt ...“ Armut in Bremen, herausgegeben von der Arbeitsgemeinschaft der Freien Wohlfahrtsverbände Bremen. Bremen.
Clemens, Wolfgang (1994): "Lebenslage" als Konzept sozialer Ungleichheit - Zur Thematisierung sozialer Differenzierung in Soziologie, Sozialpolitik und Sozialarbeit. In: Zeitschrift für Sozialreform, Jahrgang 36, Heft 3/1994, S. 141-165.
Coser, Lewis (1992): Soziologie der Armut: Georg Simmel zum Gedächtnis. In: Leibfried/ Voges (1992a), S. 34-47.
Czayka, Lothar (1994): Mehr Wettbewerb ist kein Allerheilmittel. Und ausreichende Soziale Sicherung ist keine Wohltätigkeitsveranstaltung. In: Frankfurter Rundschau vom 20.9.1994, S. 16.
Datenreport (1985): herausgegeben vom Statistischen Bundesamt, in Zusammenarbeit mit dem Sonderforschungsbereich 3 der Universitäten Frankfurt und Mannheim. Bonn.
Datenreport (1987): herausgegeben vom Statistischen Bundesamt, in Zusammenarbeit mit dem Sonderforschungsbereich 3 der Universitäten Frankfurt und Mannheim. Bonn.
Datenreport (1989): herausgegeben vom Statistischen Bundesamt, in Zusammenarbeit mit dem Sonderforschungsbereich 3 der Universitäten Frankfurt und Mannheim. Bonn.
Datenreport (1992): herausgegeben vom Statistischen Bundesamt, in Zusammenarbeit mit dem Wissenschaftszentrum Berlin für Sozialforschung und dem Zentrum für Umfragen, Methoden und Analysen, Mannhein. Bonn.
Datenreport (1994): herausgegeben vom Statistischen Bundesamt, in Zusammenarbeit mit dem Wissenschaftszentrum Berlin für Sozialforschung und dem Zentrum für Umfragen, Methoden und Analysen, Mannhein. Bonn.
Dahrendorf, Ralf (1986): Die gegenwärtige Lage der Theorie der sozialen Schichtung. In: ders. (1986): Pfade aus Utopia. Zur Theorie und Methode der Soziologie. München.
Dettling, Warnfried (1994): Illusion Vollbeschäftigung. In: Die Zeit, Nr. 3/1994, S. 23.
Deutscher Caritasverband (1983): Caritasverband in Kirche, Staat und Gesellschaft. Ein Positionspapier des Deutschen Caritasverbandes zu Selbstverständnis und Auftrag verbandlich organisierter Caritas im heutigen kirchlichen und gesellschaftlichen Kontext. Freiburg.

Deutscher Verein für öffentliche und private Fürsorge (1989): Neues Bedarfsbemessungssystem für die Regelsätze in der Sozialhilfe. Ableitung der Regelsätze für sonstige Haushaltsangehörige. Gutachtliche Äußerung. Frankfurt am Main.
Diewald, Martin (1986): Sozialkontakte und Hilfeleistungen in informellen Netzwerken. In: Glatzer, Wolfgang/ Berger-Schmitt, Regina (Hg.): Haushaltsproduktion und Netzwerkhilfe. Die alltäglichen Leistungen der Familien und Haushalte. Frankfurt am Main/ New York, S. 51-84.
Diewald, Martin (1990): Pluralisierung oder Polarisierung? Empirische Ergebnisse zur gesellschaftspolitischen Bedeutung von Familien- und Netzwerkbeziehungen in der Bundesrepublik. In: Zeitschrift für Sozialreform, Jahrgang 36, Heft 11/12 1990, S. 746-763.
Diewald, Martin/ Zapf, Wolfgang (1984): Wohnbedingungen und Wohnzufriedenheit. In: Glatzer/ Zapf (1984), S. 97-123.
Doeringer, Peter B./ Piore, Michael J. (1971): International Labor Markets an Manpower Analyses. Lexington, Mass.
Döring, Diether/ Hanesch, Walter/ Huster, Ernst-Ulrich (1990a): Armut im Wohlstand. Frankfurt am Main.
Döring, Diether/ Hanesch, Walter/ Huster, Ernst-Ulrich (1990b): Armut als Lebenslage. Ein Konzept für Armutsberichterstattung und Armutspolitik. In: Döring u.a. (1990a), S. 7-27.
Duncan, Greg J. (1984): Years of Poverty, Years of Plenty. The Changing Economic Fortunes of American Workers an Families. Ann Arbor/Michigan: The University of Michigan.
Duncan, Greg J./ Morgan, James N. (1984): Behavioral Research with the Panel Study of Income Dynamics in Retrospect and Prospect. In: Vierteljahreshefte zur Wirtschaftsforschung, Heft 4/1984, S. 415-427.
Enderle, Georges (1987): Sicherung des Existenzminimums im nationalen und internationalen Kontext. Eine wirtschaftsethische Studie. Bern/Stuttgart.
Faik, Jürgen (1995): Theoretische Erörterung, empirische Ermittlung und verteilungsbezogene Anwendung von Äquivalenzskalen. Eine Zeitverlaufsstudie für die Bundesrepublik Deutschland anhand der Einkommens- und Verbrauchsstichproben 1969, 1973, 1978 und 1983. Dissertation. Frankfurt am Main.
Falter, Jürgen W. (1994): Wer wählt rechts? Die Wähler und Anhänger rechtsextremistischer Parteien im vereinigten Deutschland. München.
Fischer, Ingo/ Roth, Michael (1986): Datenquellen für eine Armutsberichterstattung in der Bundesrepublik Deutschland. In: Blätter der Wohlfahrtspflege, Heft 11/1986, S. 253-256.
Flierl, Hans (1992): Freie und öffentliche Wohlfahrtspflege. Aufbau, Finanzierung, Geschichte, Verbände. München.
Foucault, Michel (1973): Die Geburt der Klinik. München.
Foucault, Michel (1976): Überwachen und Strafen. Frankfurt am Main.
Frick, Joachim/ Lahmann, Herbert (1992): Wohnen. In: Datenreport 1992, S. 496-505.

Galpertin, Peter (1985): Sozialhilfe und Bedarfsprinzip. Zum Streit um die Konkretisierung der Bedarfsdeckung. In: Leibfried/ Tennstedt (1985), S. 153-168.
Geißler, Heiner (1976): Die neue soziale Frage, Freiburg.
Geißler, Rainer (Hg.) (1994a): Soziale Schichtung und Lebenschancen in Deutschland. Stuttgart.
Geißler, Rainer (1994b): Die pluralisierte Schichtstruktur der modernen Gesellschaft: Zur aktuellen Bedeutung des Schichtbegriffs. In: Geißler (1994a), S. 6-36.
Geißler, Rainer (1994c): Soziale Schichtung und Bildungschancen. In: Geißler, Rainer (Hg.) (1994a), S. 111-159.
Giddens, Anthony (1988): Die Konstitution der Gesellschaft. Frankfurt am Main.
Giesen, Bernhard/ Haferkamp, Hans (Hg.) (1987): Soziologie der sozialen Ungleichheit. Opladen.
Glatzer, Wolfgang (1977): Einkommenspolitische Zielsetzungen und Einkommensverteilung. In: Zapf (1977), S. 323-384.
Glatzer, Wolfgang (1980): Wohnungsversorgung im Wohlfahrtsstaat. Objektive und subjektive Indikatoren zur Wohlfahrtsentwicklung in der Bundesrepublik Deutschland. Frankfurt am Main/ New York.
Glatzer, Wolfgang (1984): Lebenszufriedenheit und alternative Maße subjektiven Wohlbefindens. In: Glatzer/ Zapf (1984), S. 177-191.
Glatzer, Wolfgang/ Berger-Schmitt, Regina (Hg.) (1986): Haushaltsproduktion und Netzwerkhilfe. Die alltäglichen Leistungen der Familien und Haushalte. Frankfurt am Main.
Glatzer, Wolfgang (1986): Haushaltsproduktion, wirtschaftliche Stagnation und sozialer Wandel. In: Glatzer/ Berger-Schmitt (1986), S. 9-50.
Glatzer, Wolfgang/ Hübinger, Werner (1990): Lebenslagen und Armut. In: Döring u.a. (1990a), S. 31-55.
Glatzer, Wolfgang/ Klein, Peter/ Leibfried, Stephan (1990): Was heißt heute Armut und Existenzminimum? Vom Wandel der Armut und Armenfürsorge. In: Der Bürger im Staat. Landeszentrale für politische Bildung Baden-Württemberg, Heft 4/1990, S. 218-225.
Glatzer, Wolfgang/ Neumann, Udo (1993): Der Beitrag des Lebenslagenkonzepts zur Armuts- und Sozialberichterstattung. In: Hanesch, Walter (Hg.): Lebenslagenforschung und Sozialberichterstattung in den neuen Bundesländern. Düsseldorf.
Glatzer, Wolfgang/ Zapf, Wolfgang (Hg.) (1984): Lebensqualität in der Bundesrepublik. Frankfurt am Main.
Glotz, Peter (1984): Die Arbeit der Zuspitzung. Berlin.
Goll, Eberhard (1991): Die freie Wohlfahrtspflege als eigener Wirtschaftssektor. Theorie und Empirie ihrer Verbände und Einrichtungen. Baden-Baden.
Gutberlet, Gabi/ Hauser, Richard (1991): Armut im Alter - ein lösbares Problem. In: Deutscher Caritasverband (Hg.): caritas '92: Jahrbuch des Deutschen Caritasverbandes. Freiburg, S. 23-30.

Habermas, Jürgen (1985): Die neue Unübersichtlichkeit. Frankfurt am Main.
Habich, Roland/ Bruce Heady/ Krause, Peter (1991): Armut im Reichtum. Ist die Bundesrepublik Deutschland eine Zwei-Drittel-Gesellschaft? In: Rendtel/ Wagner (1991), S. 488-509.
Habich, Roland/ Krause, Peter (1994): Armut. In: Datenreport 1994, S. 598-607.
Habich, Roland/ Spellerberg, Annette (1994): Komponenten des Wohlbefindens. In: Datenreport 1994, S. 417-427.
Hagenaars, Aldi (1986): The Perception of Poverty. North-Holland.
Handl, Johann/ Mayer, Karl Ulrich/ Müller, Walter (1977): Klassenlagen und Sozialstruktur. Frankfurt am Main und New York.
Hanefeld, Ute (1987): Das Sozio-ökonomische Panel. Grundlagen und Konzeption. Wiesbaden.
Hanesch, Walter (1986): Dezentrale Armutsberichterstattung durch Armutsberichte der Kommunen. In: Blätter der Wohlfahrtspflege, Heft 11/1986, S. 264-267.
Hanesch, Walter (1992): Armut und Armutsberichterstattung in Kommunen. In: Theorie und Praxis der Sozialen Arbeit, Heft 1/1992, S. 20-26.
Hanesch, Walter/ Adamy, Wilhelm/ Schneider, Ulrich (1994): Armut in Deutschland. Der Armutsbericht des DGB und des Paritätischen Wohlfahrtsverbandes. Hamburg.
Hansen, Eric Jorgen (1989): The Concept and Measurement of Poverty. A Danish Point of View. In: The Danish National Institute of Social Research, Booklet No. 29. Copenhagen.
Hartmann, Helmut (1981): Sozialhilfebedürftigkeit und "Dunkelziffer" der Armut. Stuttgart u.a.O.
Hartmann, Helmut (1985): Armut trotz Sozialhilfe. Zur Nichtinanspruchnahme von Sozialhilfe in der Bundesrepublik. In: Leibfried/ Tennstedt (1985), S. 169-189.
Hartmann, Helmut (1986): Offizielle und alternative Armutsgrenzen in der Bundesrepublik Deutschland. In: Blätter der Wohlfahrtspflege, Heft 11/1986, S. 259-261.
Hartmann, Helmut (1992): Lebenslage Armut - ein Konzept zur Armutsbeschreibung und Armutspolitk. In: Theorie und Praxis der sozialen Arbeit, Heft 12/1992, S. 452-459.
Hartmann, Peter H. (1990): Wie repräsentativ sind Bevölkerungsumfragen? Ein Vergleich des Allbus und des Mikrozensus. In: ZUMA-Nachrichten, Heft 26, S. 7-30.
Hauser, Richard/ Berntsen, Roland (1992): Einkommens-Armut - Determinanten von Aufstiegen und Abstiegen. In: Hujer, Reinhard/ Schneider, Hilmar/ Zapf, Wolfgang (Hg.): Herausforderungen an den Wohlfahrtsstaat im strukturellen Wandel. Frankfurt am Main, S. 73-97.

Hauser, Richard (1987): Armut - Erscheinungsformen, Ursachen, Wirkungen. In: Rauscher, Anton (Hg.): Armut im Wohlfahrtsstaat. Köln, S. 9-44.

Hauser, Richard/ Cremer-Schäfer, Helga/ Ncuvertné, Udo (1981): Armut, Niedrigeinkommen und Unterversorgung in der Bundesrepublik Deutschland. Bestandsaufnahme und sozialpolitische Perspektiven, Frankfurt am Main.

Hauser, Richard/ Becker, Irene (1994): The Development of the Income Distribution in the Federal Republic of Germany during the Seventies and Eighties. Working Paper No. 1 of the EVS-Project. Frankfurt am Main.

Hauser, Richard/ Hübinger, Werner (1993a): Arme unter uns. Teil 1: Ergebnisse und Konsequenzen der Caritas-Armutsuntersuchung, herausgegeben vom Deutschen Caritasverband. Freiburg.

Hauser, Richard/ Hübinger, Werner (1993b): Arme unter uns. Teil 2: Dokumentation der Erhebungsmethoden und der Instrumente der Caritas-Armutsuntersuchung, herausgegeben vom Deutschen Caritasverband. Freiburg.

Hauser, Richard/ Hübinger, Werner (1993c): Die offenen Dienste des Deutschen Caritasverbandes - Klienten-Sonderauswertung und Auswertung der Mitarbeiterbefragung im Rahmen der Caritas-Untersuchung. Frankfurt am Main. (Nichtveröffentlichter Forschungsbericht).

Hauser, Richard (1993a): Die Arbeiten des Sonderforschungsbereichs 3 - ein Überblick. In: Deutsche Forschungsgemeinschaft. Mikroanalytische Grundlagen der Gesellschaftspolitik. Band 1 Ausgewählte Probleme und Lösungsansätze, herausgegeben von Hauser, Richard/ Hochmuth, Uwe/ Schwarze, Johannes. Berlin, S. 1-36.

Hauser, Richard (1993b): Die Caritas-Armutsuntersuchung - ein neuer Ansatz zur Analyse des Armutsproblems in der Bundesrepublik Deutschland. In: Zeitschrift für Sozialreform, 5/1993, S. 297-315.

Hauser, Richard/ Neumann, Udo (1992): Armut in der Bundesrepublik Deutschland. Die sozialwissenschaftliche Thematisierung nach dem Zweiten Weltkrieg. In: Leibfried/ Voges (1992a), S. 237-271.

Holland, Paul W./ Leinhardt, Samuel (eds.) (1979): Perspectives in Social Network Research. New York.

Hondrich, Karl Otto (1992): Gesellschaftliche Trends und unternehmerisches Handeln. In: Rürup, Bert/ Steger, Ulrich (Hg.): Arbeit 2000. Soziale, ökonomische und politische Trends für Unternehmen, Frankfurt am Main/ New York, S. 119-153.

Hondrich, Karl Otto/ Koch-Arzberger, Claudia (1992): Solidarität in der modernen Gesellschaft. Frankfurt am Main.

Honneth, Axel (1993): Die Wiederkehr der Armut. In: Merkur "Deutsche Zeitschrift für europäisches Denken", Heft 6/1993, S. 518-524.

Hradil, Stefan (1987): Die "neuen sozialen Ungleichheiten" - und wie man mit ihnen (nicht) theoretisch zurechtkommt. In: Giesen/ Haferkamp (1987), S. 115-144.
Hradil, Stefan (1987): Sozialstrukturanalyse in einer fortgeschrittenen Gesellschaft. Opladen.
Hradil, Stefan (1991): Sozialstrukturelle Paradoxien und gesellschaftliche Modernisierung. In: Zapf (1991), S. 361-369.
Hübinger, Werner (1991): Zur Lebenslage und Lebensqualität von Sozialhilfeempfängern. Eine theoretische und empirische Armutsuntersuchung. Frankfurt am Main.
Hübinger, Werner (1994a): Armut und soziale Benachteiligung in Deutschland. In: Kinderrechte - Plädoyers für eine kinderfreundliche Gesellschaft, Schriftenreihe Jugendpolitik beim SPD-Parteivorstand, Bd. VI. Bonn, S. 28-44.
Hübinger, Werner (1994b): Armut im Alter. Unveröffentlichtes Manuskript, Institut für Sozialberichterstattung und Lebenslagenforschung ISL, Frankfurt am Main im November 1994.
Hübinger, Werner/ Hauser, Richard (Hg.) (1995): Die Caritas-Armutsuntersuchung: Eine Bilanz, hrsg. im Auftrag des Deutschen Caritasverbandes. Freiburg.
Hübinger, Werner/ Knoke, Wolfgang (1995): Inanspruchnahme und Bewertung sozialer Dienste der freien Wohlfahrtspflege aus der Sicht ihrer Klienten. Das Beispiel des Caritasverbandes. In: Hübinger/ Hauser (1995), S. 42-69.
Hugo, Maybritt/ Markus, Martina (1987): Versorgungs- und Einkommensspielraum. In: Lompe (1987), S. 157-184.
Huster, Ernst-Ulrich (1990): Gesundheit, Risiken und Unterversorgung. In: Döring u.a. (1990a), S. 244-269.
Hütter, Ulrike (1984): Lebensphase und gesundheitliches Befinden als Aspckte der Lebenslage. Arbeitspapier 147 des Sonderforschungsbereichs 3 der Universitäten Frankurt am Main und Mannheim.
Iben, Gerhard (1971): Randgruppen der Gesellschaft. München.
ISG - Institut für Sozialforschung und Gesellschaftspolitik (1987): Erscheinungsformen und Auswirkungen sozialer Not und Verarmung. Köln.
Institut der Deutschen Wirtschaft Köln 1992: Zahlen zur wirtschaftlichen Entwicklung der Bundesrepublik Deutschland. Köln.
Jacobs, Herbert (1994a): Die Armutssoziologie Georg Simmels. Zur Aktualität eines beziehungssoziologischen Armutsbegriffs. In: Zeitschrift für Sozialreform, Jahrgang 40, Heft 1/1994, S. 24-43.
Jacobs, Herbert (1994b): Wer dramatisiert denn hier? Anmerkungen zum Forschungsprojekt "Sozialhilfekarrieren". In: Sozialer Fortschritt, Heft 5/1994, S. 121-128.
Jenkins, Stephen P. (1990): Poverty Measurement And The Within-Houshold Distribution. Agenda for Action, Arbeitspapier Nr. 331 des

Sonderforschungsbereichs 3 der Universitäten Frankfurt und Mannheim.
Jütte, Robert (1986): Disziplinierungsmechanismen in der städtischen Armenfürsorge der Frühneuzeit. In: Sachße/ Tennstedt (1986a), S. 101-118.
Kähler, Wolf-Michael (1994): SPSS für Windows. Braunschweig/ Wiesbaden.
Kapteyn, Arie/ Kooreman, Peter/ Willemse, Rob (1987): Some methodological issues in the implementation of subjective poverty definitions, Working Paper No. 245, Tilburg University, Department of Economics. Tilburg.
Keupp, Heiner (1987): Soziale Netzwerke. Eine Metapher des gesellschaftlichen Umbruchs. In: Keupp/ Röhrle (1987), S. 11- 53.
Keupp, Heiner (1994): Ambivalenzen postmoderner Identität. In: Beck/ Beck-Gernsheim (1994a), S. 336-350.
Keupp, Heiner/ Röhrle, Bernd (Hg.) (1987): Soziale Netzwerke. Frankfurt am Main.
Klanberg, Frank (1978): Armut und ökonomische Ungleichheiten in der Bundesrepublik Deutschland. Frankfurt am Main.
Klein, Thomas (1985): Umfang und Strukturen der Armut unter dem Einfluß von Zweitverdiensten. Arbeitspapier Nr. 170 des Sonderforschungsbereichs 3 der Universitäten Frankfurt und Mannheim.
Klein, Thomas (1987): Sozialer Abstieg und Verarmung von Familien durch Arbeitslosigkeit, Eine mikroanalytische Untersuchung für die Bundesrepublik Deutschland. Frankfurt/ New York.
Klocke, Andreas (1993): Sozialer Wandel, Sozialstruktur und Lebensstile in der Bundesrepublik Deutschland. Frankfurt am Main u.a.O.
Klocke, Andreas/ Hurrelmann, Klaus (1995): Armut und Gesundheit. Inwieweit sind Kinder und Jugendliche betroffen? In: Zeitschrift für Gesundheitswissenschaften, Zweites Beiheft, S. 138-151.
Kohl, Jürgen (1992): Armut im internationalen Vergleich. Methodische Probleme und empirische Ergebnisse. In: Leibfried/ Voges (1992a), S. 272-299.
Kohli, Martin (1994): Institutionalisierung und Individualisierung der Erwerbsbiographie. In: Beck/ Beck-Gernsheim (1994a), S. 219-244.
Köhler, Helmut (1992): Bildungsbeteiligung und Sozialstruktur in der Bundesrepublik. Berlin.
Köppen, Ruth (1985): "Die Armut ist weiblich". Berlin.
Korczak, Dieter/ Pfefferkorn, Gabriela (1990): Forschungsvorhaben zur "Überschuldungssituation und Schuldnerberatung in der Bundesrepublik Deutschland" im Auftrag des Bundesministeriums für Jugend, Familie, Frauen und Gesundheit und des Bundesministeriums der Justiz. München.
Korpi, Walter (1992): Armutsforschung in den USA. Kritische Anmerkungen aus europäischer Sicht. In: Leibfried/ Voges (1992a), S. 300-323.

Kortmann, Klaus (1990): Observatory on Policies to Combat Social Exclusion. Annual Report 1990 for the Federal Republic of Germany. Munich.

Krause, Detlev/ Schäuble, Gerhard (1986): Einkommensquellen und Lebenschancen. Eine Untersuchung zur Einkommenssituation der Haushalte in der Bundesrepublik Deutschland. Berlin.

Krause, Detlev/ Schäuble, Gerhard (1988): Jenseits von Klasse und Schicht. Verteilung von Lebensschancen zwischen traditionellem Reduktionismus und aktueller Formenvielfalt. Stuttgart.

Krause, Peter (1994): Zur zeitlichen Dimension von Einkommensarmut, In: Hanesch/ Adamy/ Schneider (1994), S. 189-214.

Kreckel, Reinhard (1987): Neue Ungleichheiten und alte Deutungsmuster. Über die Kritikresistenz des vertikalen Gesellschaftsmodells in der Soziologie. In: Giesen/ Haferkamp (1987), S. 93-114.

Kreckel, Reinhard (1992): Politische Soziologie der sozialen Ungleichheit, Frankfurt a.M./ New York.

Krieger, Ingrid/ Schläfke, Bernd (1987): Weitere Indikatoren zur Bestimmung von Lebenslagen. In: Lompe (1987), S. 183-213.

Kromrey, Helmut (1983): Empirische Sozialforschung. Modelle und Methoden der Datenerhebung und Datenauswertung. Opladen.

Krug Walther/ Rehm, Norbert (1986): Disparitäten der Sozialhilfedichte, Schriftenreihe des Bundesministeriums für Jugend, Familie und Gesundheit, Bd. 190. Stuttgart.

Krysmanski, Hans J. (1982): Gesellschaftsstruktur der Bundesrepublik. Köln.

Krysmanski, Hans J. (1989): Entwicklung und Stand der klassentheoretischen Diskussion. In: Kölner Zeitschrift für Soziologie und Sozialpsychologie, Heft 1/1989, S. 149-167.

Landua, Detlef (1992): Komponenten des Wohlbefindens und Zufriedenheit nach Lebensbereichen. In: Datenreport 1992. Zahlen und Fakten über die Bundesrepublik Deutschland, herausgegeben vom Statistischen Bundesamt. Bonn, S. 568-580.

Lang, Sabine/ Müller-Andritzky, Maria (1984): Gesundheit und soziale Integration. In: Glatzer/ Zapf (1984), S. 141-156.

Lazarsfeld, Paul F. (1955): Interpretation of Statistical Relations as a Research Operation. In: ders./ Rosenberg, Morris (Hg.): The Language of Social Research. New York, S. 115-125.

Leibfried, Stephan/ Tennstedt, Florian (Hg.) (1985a): Politik der Armut und die Spaltung des Sozialstaats. Frankfurt am Main.

Leibfried, Stephan/ Tennstedt, Florian (1985b): Die Spaltung des Sozialstaats und die Politik der Armut. In: Leibfried/ Tennstedt (1985a), S. 13-37.

Leibfried, Stephan/ Hansen, Echhard/ Heisig, Michael (1985c): Vom Ende einer bedarfsorientierten Armenpolitik? Anmerkungen zu einem Regime sozialer Grundsicherung und seinen Gefährdungen. In: Leibfried/ Tennstedt (1985a), S. 125-151.

Leibfried, Stephan/ Voges, Wolfgang (1992b): Vom Ende einer Ausgrenzung? - Armut und Soziologie. In: dies. (1992a), S. 9-33.
Leibfried, Stephan/ Voges, Wolfgang (1993): Sozialhilfedynamiken. Projekt "Sozialhilfekarrieren": Ergebnisbericht (1991-1993) und Fortsetzungsantrag (1994-1996). Sonderforschungsbereich 1986 "Statuspassagen und Risikolagen im Lebensverlauf" Universität Bremen und Zentrum für Sozialpolitik Universität Bremen.
Leibfried, Stephan/ Voges, Wolfgang (Hg.) (1992a): Armut im modernen Wohlfahrtsstaat, Sonderheft 32/1992 der Kölner Zeitschrift für Soziologie und Sozialpsychologie. Opladen.
Leibfried, Stephan/ Leisering, Lutz/ Buhr, Petra/ Ludwig, Monika/ Mädje, Eva/ Olk, Thomas/ Voges, Wolfgang/ Zwick, Michael (1995): Zeit der Armut. Lebensläufe im Sozialstaat. Frankfurt am Main.
Leisering, Lutz (1993a): Armut hat viele Gesichter. Vom Nutzen dynamischer Armutsforschung. In: Nachrichtendienst des Deutschen Vereins für öffentliche und private Fürsorge, Heft 8/1993, S. 297-305.
Leisering, Lutz (1993b): Zwischen Verdrängung und Dramatisierung. Zur Wissenssoziologie der Armut in der bundesrepublikanischen Gesellschaft. In: Soziale Welt, Heft 4/1993, S. 486-511.
Leisering, Lutz/ Zwick, Michael (1990): Heterogenisierung der Armut: Alte und neue Perspektiven zum Strukturwandel der Sozialhilfeklientel in der Bundesrepublik Deutschland. In: Zeitschrift für Sozialreform, Jahrgang 36, 11/12 1990, S. 715-745.
Leu, Robert E. (1991): Wandel der Lebensformen und Soziale Sicherheit in der Schweiz, Forschungsgesuch. Bern/Schweiz.
Lidy, Klaus (1974): Definition und Messung der Armut, Dissertation. Heidelberg.
Lompe, Klaus (Hg.) (1987): Die Realität der Neuen Armut. Analysen der Beziehungen zwischen Arbeitslosigkeit und Armut in einer Problemregion. Regensburg.
Ludwig, Monika (1992): Sozialhilfekarrieren: Ein Teufelskreis der Armut? In: Nachrichtendienst des Deutschen Vereins für öffentliche und private Fürsorge, Heft 12/1992, S. 359-365.
Ludwig, Monika (1994): Armutskarrieren zwischen sozialem Abstieg und Aufstieg. Eine soziologische Studie über Lebensverläufe und soziales Handeln von Sozialhilfeempfängern, Dissertation. Bremen.
Mayer, Karl Ulrich (1987): Zum Verhältnis von Theorie und empirischer Forschung zur sozialen Ungleichheit. In: Giesen/ Haferkamp (1987), S. 370-392.
Mayer, Karl Ulrich/ Brückner, Erika (1989): Lebensverläufe und Wohlfahrtsentwicklung. Konzeption, Design und Methodik der Erhebung von Lebensverläufen der Geburtsjahrgänge 1929-1931, 1939-1941, 1949-1951, Materialien aus der Bildungsforschung Nr. 35, Max-Planck-Institut für Bildungsforschung. Berlin.
Mayer, Karl Ulrich (1991): Soziale Ungleichheit und die Differenzierung von Lebensverläufen. In: Zapf, Wolfgang (1991), S. 667-687.

Meulemann, Heiner (1979): Soziale Herkunft und Schullaufbahn. Frankfurt am Main.

Meulemann, Heiner (1985): Bildung und Lebensplanung. Die Sozialbeziehung zwischen Elternhaus und Schule. Frankfurt am Main/ New York.

Meulemann, Heiner (1992): Expansion ohne Folgen? Bildungschancen und sozialer Wandel. In: Glatzer/ Wolfgang (Hg.) (1992): Entwicklungstendenzen der Sozialstruktur. Frankfurt am Main/ New York., S. 123-156.

Mitchell, Roger E./ Trickett, Edison J. (1980): Social Networks as Mediators of Social Support. An Analysis of the Effects and Determinants of Social Networks. In: Community Mental Health Journal, Vol. 16, No. 1, pp. 27-44.

Mooser, Josef (1983): Auflösung proletarischer Milieus. Klassenbildung und Individualisierung in der Arbeiterschaft vom Kaiserreich bis in die Bundesrepublik Deutschland. In: Kreckel, Rainhard (Hg.): Soziale Ungleichheiten. Sonderband 2 der Sozialen Welt. Göttingen, S. 270-306.

Müller, Hans Ulrich (1991): Familie und Wohnen - Wohnen und Wohnumfeld. In: Bertram (1991a), S. 311-349.

Müller, Klaus/ Hauser, Richard/ Frick, Joachim/ Wagner, Gert (1995): Zur Entwicklung der Einkommensverteilung und Einkommenszufriedenheit in den neuen und alten Bundesländern in den Jahren 1990 bis 1993. In: Glatzer, Wolfgang/ Noll, Heinz-Herbert (Hg.): Getrennt vereint. Lebensverhältnisse in Deutschland seit der Wiedervereinigung, Soziale Indikatoren XVIII. Frankfurt am Main/ New York, S. 73-108.

Münke, Stephanie (1956): Die Armut in der heutigen Gesellschaft. Berlin.

Naegele, Gerhard (1985): Das System der Sozialhilfe in der Bundesrepublik Deutschland. Strukturprinzipien, Leistungsgrundsätze und aktuelle Problemlagen. In: Sozialwissenschaftliche Informationen für Unterricht und Studium, Heft 3/1985, S. 176-193.

Nahnsen, Ingeborg (1975): Bemerkung zum Begriff der Sozialpolitik in den Sozialwissenschaften. In: Osterland, Martin (Hg): Arbeitssituation, Lebenslage und Konfliktpotential. Frankfurt am Main, S. 145-166.

Nave-Herz, Rosemarie (1991): Einführung zum Plenum 9 "Wandel der Lebensführung und Lebensformen" auf dem 25. Deutschen Soziologentag in Frankfurt. In: Zapf (1991), S. 633-635.

Neurath, Otto (1981): Empirische Soziologie (zuerst 1931). In: Haller, Rudolf/ Rutte, Heiner (Hg.): Gesammelte philosophische und methodologische Schriften, Bd. 1. Wien, S. 423-527.

Noll, Heinz-Herbert (1985): Schichtung und Mobilität. In: Datenreport 1985, S. 477-486.

Noll, Heinz-Herbert/ Schuster, Friedrich (1992): Soziale Ungleichheit: Strukturen und subjektive Bewertung. In: Datenreport 1985, S. 536-545.
Oexle, Otto Gerhard (1986): Armut, Armutsbegriff und Armenfürsorge im Mittelalter. In: Sachße/ Tennstedt (1986a), S. 73-100.
Ostlender, Ingrid (1994): Der Mythos von der Chancengleichheit. In: Süddeutsche Zeitung, Nr. 17/1994, S. 47.
Piachaud, David (1992): Wie mißt man Armut? In: Leibfried/ Voges (1992a), S. 63-87.
Pollman, Birgit (1987): Arbeitslosigkeit und Sozialhilfebezug - doch ein Bild homogener Lebenslagen? In: Lompe (1987), S. 279-287.
Priester, Tom/ Klein, Peter (1992): "Hilfe zur Arbeit". Ein Instrument für die kommunale Arbeitsmarktpolitik? Augsburg.
Rainwater, Lee (1974): What Money Buys. Inequality and the Social Meanings of Income. New York.
Rendtel, Ulrich/ Wagner, Gert (Hg.) (1991): Zur Einkommensdynamik in Deutschland seit 1984. Frankfurt am Main/ New York.
Ringen, Stein (1987): The Possibility of Politics. A study in the political economy of the welfare state. Clarendon Press. Oxford.
Rödel, Ulrich/ Frankenberg, Günter/ Dubiel, Helmut (1989): Die demokratische Frage. Frankfurt am Main.
Ross-Strajhar, Gisela (1988): Armut in einem reichen Land. Armut, Arbeitslosigkeit und Sozialhilfe in der Bundesrepublik Deutschland. Literatur- und Forschungsdokumentation 1984-1987. Herausgegeben vom Informationszentrum Sozialwissenschaften bei der Arbeitsgemeinschaft Sozialwissenschaftlicher Institute e.V., Bonn.
Sachße, Christoph/ Tennstedt, Florian (1980): Geschichte der Armutsversorgung in Deutschland. Vom Spätmittelalter bis zum 1. Weltkrieg. Stuttgart.
Sachße, Christoph/ Tennstedt, Florian (Hg.) (1986a): Soziale Sicherheit und soziale Disziplinierung. Frankfurt am Main.
Sachße, Christoph/ Tennstedt, Florian (1986b): Sicherheit und Disziplinierung: Eine Skizze zur Einführung. In: Sachße/ Tennstedt (1986a), S. 11-44.
Sachverständigenrat zur Begutachtung der gesamtwirtschaftlichen Entwicklung (1991): Jahresgutachten 1991/92, Bundestags-Drucksache 12/1618 vom 18.11.1991. Bonn.
Saurwein, Karl-Heinz/ Hönekopp, Thomas (1990): SPSS/PC+. Eine anwendungsorientierte Einführung zur professionellen Datenanalyse. Bonn u.a.O.
Sautter, Hermann/ Serries, Christoph (1993): Inhalt und Methodik von Armutsanalysen, Forschungsberichte des Bundesministeriums für wirtschaftliche Zusammenarbeit und Entwicklung, Bd. 110, München u.a.O.

Schäfer, Claus (1994): Armut in der Arbeit. Ein (höherer) Mindestlohn als Gerechtigkeits-Instrument. In: Soziale Sicherheit, Heft 4/1994, S. 126-132.

Schäfers, Bernhard (1992): Zum öffentlichen Stellenwert im sozialen Wandel der Bundesrepublik Deutschland. In: Leibfried/ Voges (1992a), S. 104-123.

Scharf, Bodo (1977): Armut: Eine Neue Soziale Frage? In: Soziale Sicherheit, Heft 2/1977, S. 43-48.

Schäuble, Gerhard (1984): Theorien, Definitionen und Beurteilung der Armut. Berlin.

Schellhorn, Walter (1989): Neues Bedarfsbemessungssystem für die Regelsätze der Sozialhilfe: Ableitung der Regelsätze für sonstige Haushaltsangehörige. In: Nachrichtendienst des Deutschen Vereins für öffentliche und private Fürsorge, Heft 5/1989, S. 157-161.

Schenk, Michael (1984): Soziale Netzwerke und Kommunikation. Tübingen.

Scherer, Wolfgang (1992): Kommunale Armutsberichterstattung. Eine Bibliograhie. In: von Freyberg, Thomas/ Koch, Karl/ Petersen, Karsten H. (Hg.): Armut in Frankfurt. Probleme der Armutsberichterstattung. Offenbach, S. 19-33.

Schlomann, Heinrich (1990): Vermögen und Schulden der Armen. In: Döring u.a. (1990), S. 142-158.

Schneider, Ulrich (1989): Armut in der Bundesrepublik Deutschland. In: Blätter der Wohlfahrtspflege, Heft 11/12 1989, S. 271-275.

Schott-Winterer, Andrea (1990): Wohlfahrtsdefizite und Unterversorgung. In: Döring u.a. (1990), S. 56-78.

Seifert, Wolfgang (1992): Soziale Lage von Ausländern. In: Datenreport 1992, S. 526-536.

Semrau, Peter (1990): Entwicklung der Einkommensarmut. In: Döring u.a. (1990), S. 111-128.

Sen, Amartya K. (1976): Poverty. An Ordinal Approach to Measurement. In: Econometrica 44, pp. 219-231.

Sen, Amartya K. (1980): Levels of Poverty. Policy and Change. In: World Bank Staff Working Paper No 401. Washington D. C.

Sen, Amartya K. (1983): Poor, Relatively Speaking. In: Oxford Economics Papers 35, pp. 153-169.

Sengenberger, Werner (Hg.) (1975): Arbeitsmarktstruktur - Ansätze zu einem Modell des segmentierten Arbeitsmarkts. Frankfurt am Main.

Sengenberger, Werner (Hg.) (1978): Der gespaltene Arbeitsmarkt. Probleme der Arbeitsmarktsegmentation. Frankfurt am Main.

Simmel, Georg (1968 [1908]): Der Arme. In: Soziologie. Untersuchungen über die Formen der Vergesellschaftung, 5. Auflage. Berlin, S. 345-374

Sonderforschungsbereich 3 (1991): 12 Jahre Sonderforschungsbereich 3. Verzeichnis der Publikationen, zusammengestellt und bearbeitet von der Geschäftsführung des Sfb-3. Frankfurt am Main.

Sopp, Peter (1994): Das Ende der Zwei-Drittel-Gesellschaft? Zur Einkommensmobilität in Westdeutschland. In: Zwick (1994), S. 47-74.
Sozialhilfebericht für die Stadt Stuttgart (1990): Soziale Ungleichheit und Armut. Allgemeine Bestandsaufnahme und Diskussionsgrundlage für die weitere Arbeit, herausgegeben von der Landeshauptstadt Stuttgart (Beiträge zur Stadtentwicklung Band 30).
Stadt München (1991): Münchner Armutsbericht '90. Neue Armut in München. Ursachen - Strukturen - Entwicklungstendenzen. (Sozialreferat der Stadt München). München.
Statistisches Bundesamt (1991): Statistisches Jahrbuch 1991 für das vereinte Deutschland. Wiesbaden.
Statistisches Bundesamt (1992): Statistisches Jahrbuch 1992 für die Bundesrepublik Deutschland. Wiesbaden.
Statistisches Bundesamt (1994): Statistisches Jahrbuch 1994 für die Bundesrepublik Deutschland. Wiesbaden.
Strang, Heinz (1970): Erscheinungsformen der Sozialhilfebedürftigkeit. Beitrag zur Geschichte, Theorie, und empirischen Analyse der Armut. Stuttgart.
Strang, Heinz (1985): Erscheinungsformen der Sozialhilfebedürftigkeit - Struktur, Ursachen, Wirkung unter besonderer Berücksichtigung der Effektivität der Sozialhilfe, Institut für Sozialpädagogik der Hochschule Hildesheim.
Strasser, Hermann (1987): Diesseits von Stand und Klasse: Prinzipien einer Theorie der sozialen Ungleichheit. In: Giesen/ Haferkamp (1987), S. 50-92.
Tobias, Gertrud/ Boettner, Johannes (Hg.): Von der Hand in den Mund. Armut und Armutsbewältigung in einer westdeutschen Großstadt. Essen.
Townsend, Peter (1979): Poverty in the United Kingdom. London.
Townsend, Peter (1993): The International Analysis of Poverty. New York et al.
Trommer-Krug Luitgard (1980): Soziale Herkunft und Schulbesuch. In Max-Planck-Institut für Bildungsforschung (Hg.): Bildung in der Bundesrepublik Deutschland. Bd. 1. Stuttgart, S. 217-282.
Ühlein, Herbert (1994): Verarmung und Suizidalität. In: Deutscher Caritasverband (Hg.): caritas '95. Jahrbuch des Deutschen Caritasverbandes. Freiburg, S. 307-312.
Ulbrich, Rudi (1992): Wohnungsversorgung in der Bundesrepublik Deutschland. In: caritas, Zeitschrift für Caritasarbeit und Caritaswissenschaft, Heft 5/1992, S. 202-214.
Van den Bosch, Karel (1994): Poverty measures in comparative research. In: Berghmann, Jos/ Cantillon, Bea (eds.) (1993): The European Face of Social Security. In Honour of Herman Deleeck. Avebury, pp. 3-23.
Van der Loo, Hans/ van Reijen, Willem (1992): Modernisierung. Projekt und Paradox. München.

Van Praag, B./ Hagenaars A./ Van Weeren, J. (1982): Poverty in Europe. In: The review of Income an Wealth, Vol. 28., pp. 345-359.
Vaskowics, Laszlo A./ Weins, Werner (1979): Stand der Forschung über Obdachlose und Hilfen für Obdachlose. Herausgegeben vom Bundesministerium für Jugend, Familie, Frauen und Gesundheit. Stuttgart.
Vester, Michael/ von Oertzen, Peter/ Geiling, Heiko/ Hermann, Thomas/ Müller, Dagmar (1993): Soziale Milieus im gesellschaftlichen Strukturwandel. Zwischen Integration und Ausgrenzung, Köln.
Voges, Wolfgang/ Rohwer, Götz (1991): Zur Dynamik des Sozialhilfebezugs. In: Rendtel/ Wagner (1991), S. 510-531.
Walper, Sabine (1991): Finanzielle Belastungen und soziale Beziehungen. In: Bertram (1991a), S. 351-386.
Weber, Ingbert (1994): Soziale Schichtung und Gesundheit. In: Geißler (1994a), S. 195-219.
Wegener, Bernhard (1986): Armut und psychische Erkrankung. Reflexion zum therapeutischen und politischen Doppelcharakter des Psychologen. In: Schorr, A. (Hg.): Bericht über den 13. Kongreß für Angewandte Psychologie, Bd. II, Bonn, S. 41-47.
Wehler, Hans-Ulrich (1989a): Deutsche Gesellschaftsgeschichte. Erster Band 1700-1815. München.
Wehler, Hans-Ulrich (1989b): Deutsche Gesellschaftsgeschichte. Zweiter Band 1815-1845/49. München.
Wehrt, Klaus (1985): Beschreibende Statistik. Frankfurt am Main/ New York.
Weick, Stefan/ Riede, Thomas (1989): Gesundheit. In: Datenreport 1989, S. 402-407.
Weisser, Gerhard (1972): Sozialpolitik. In: Bernsdorf W. (Hg.): Wörterbuch der Soziologie, Bd. 3. Frankfurt am Main.
Weisser, Gerhard (1956): Wirtschaft. In: Ziegenfuß, Werner (Hg.): Handbuch der Soziologie. Stuttgart, S. 970-1101.
Wiedenbeck, Michael (1993): Das Stichprobenverfahren. Grundgesamtheit und Stichprobe der Caritas-Untersuchung. In: Hauser/ Hübinger (1993a), S. 425-434.
Wolff, Klaus G./ Beck, Martin (1993): Defizite der amtlichen Sozialhilfestatistik, Armutsdiskussion und Statistikreform. In: Zeitschrift für Sozialreform, Jahrgang 39, Heft 7/1993, S. 417-442.
Wulff, Erich (1985): Materielles Elend, soziale Not und seelisches Leid. In: Keupp, Heiner/ Kleiber, Dieter/ Scholten, Bernhard (Hg.): Im Schatten der Wende. Tübingen, S. 72-81.
Zapf, Wolfgang (Hg.) (1977): Lebensbedingungen in der Bundesrepublik. Sozialer Wandel und Wohlfahrtsentwicklung. Frankfurt am Main/ New York.
Zapf, Wolfgang (Hg.) (1991): Die Modernisierung moderner Gesellschaften. Verhandlungen des 25. Deutschen Soziologentages in Frankfurt am Main 1990, herausgegeben im Auftrag der Deutschen Gesell-

schaft für Soziologie von Wolfgang Zapf. Frankfurt am Main/ New York.
Zapf, Wolfgang/ Breuer, Sigrid/ Hampel, Jürgen/ Krause, Peter/ Mohr, Hans-Michael/ Wiegand, Erich (1987): Individualisierung und Sicherheit. Untersuchungen zur Lebensqualität in der Bundesrepublik Deutschland. München.
Zapf, Wolfgang/ Noll, Heinz-Herbert/ Habich, Roland (1989): Soziale Schichtung und soziale Lagen. In: Datenreport 1989. Zahlen und Fakten über die Bundesrepublik Deutschland, herausgegeben vom Statistischen Bundesamt. Bonn, S. 505-513.
Zoll, Rainer (1993): Alltagssolidarität und Individualismus. Zum soziokulturellen Wandel. Frankfurt am Main.
Zwick, Michael M. (1994) (Hg.): Einmal arm, immer arm? Neue Befunde zur Armut in Deutschland. Frankfurt/ New York.

Autor

Werner Hübinger, Dr. phil., geb. 1957. Geschäftsführender Gesellschafter des Instituts für Sozialberichterstattung und Lebenslagenforschung - ISL - in Frankfurt am Main, Lehrauftrag am FB Sozialarbeit der Fachhochschule Frankfurt am Main. Zur Zeit Forschungsleiter am ISL für das vom Diakonischen Werk der evangelischen Kirche in Deutschland e.V. und vom Deutschen Caritasverband e.V. in Auftrag gegebene Forschungsprojekt: „Lebenslagen in Ostdeutschland: Eine empirische Untersuchung über den Wandel von Lebenslagen im gesellschaftlichen Transformationsprozeß“ sowie einer empirischen Studie über soziales Ehrenamt in Ostdeutschland. Neuere Veröffentlichung: Die Caritas-Armutsuntersuchung. Eine Bilanz, herausgegeben im Auftrag des Deutschen Caritasverbandes, Freiburg im Breisgau 1995 (hrsg. mit Richard Hauser).

Werner Hübinger,
Richard Hauser (Hrsg.)

Eine Caritas-Armutsuntersuchung
Eine Bilanz

Herausgegeben im Auftrag des Deutschen Caritasverbandes e. V.
1995, 232 Seiten, kart.lam.,
DM 34,– / öS 242,– / sFr 34,–
ISBN 3-7841-0830-X

Im Auftrag des Deutschen Caritasverbandes führten Richard Hauser und Werner Hübinger von 1989 bis 1992 eine umfangreiche Armutsuntersuchung in den ambulanten Diensten des Verbandes durch. Die 1993 veröffentlichten Befunde bildeten die Grundlage für differenzierte Empfehlungen zur Bekämpfung der Armut, für konkrete Forderungen nach strukturellen Verbesserungen in der bundesdeutschen Sozialpolitik und in der Caritasarbeit im Umgang mit armen Menschen.

Die Herausgeber legen in diesem Buch Befunde aus verschiedenen Sonderauswertungen und einer Mitarbeiterbefragung vor. Außerdem werden die Ergebnisse der Armutsstudie mit anderen Untersuchungen verglichen sowie die wissenschaftlichen, verbandlichen und politischen Auswirkungen der Studie einer kritischen Würdigung unterzogen.

LAMBERTUS